巻頭図版 1

四平山積石塚出土の黒陶と紅褐陶鬲

巻頭図版 2

1　四平山積石塚出土玉石器

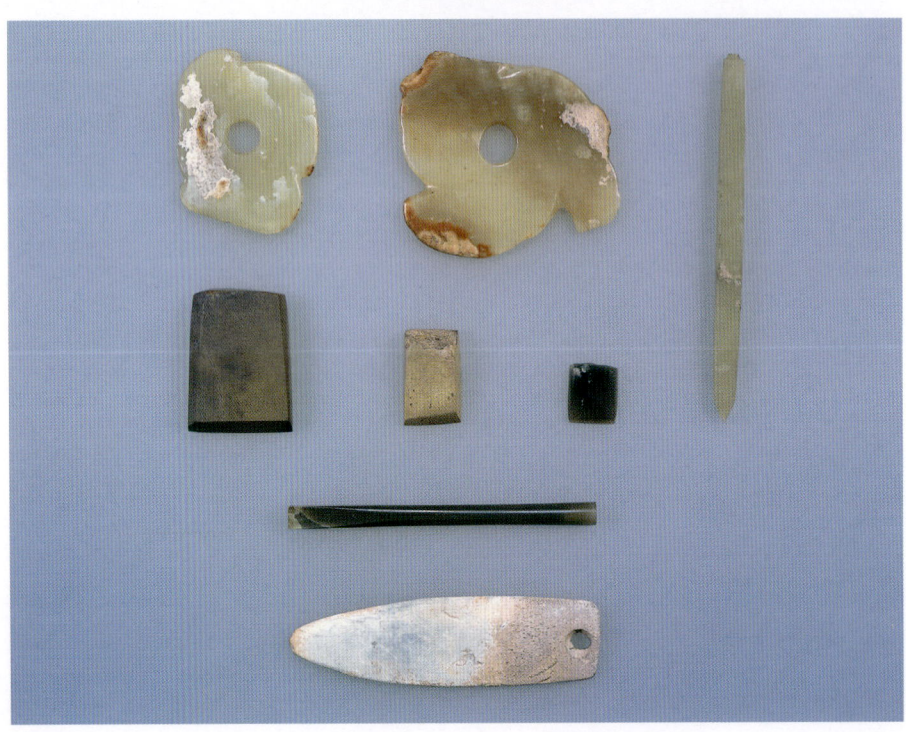

2　四平山積石塚出土玉石器

図版
◆
遼東半島四平山積石塚発掘の記録

図版1

1　四平山遠景（東大山より）

2　四平山遠景（黄龍尾屯より）

図版 2

1　四平山北峰遠景（南から）

2　大頂山（左）と于大山（右）遠景

図版3

1　高麗城（左）と旗山（右）の遠景（四平山南峰より）

2　鍋頂山（左）と大牛巻山の遠景（四平山南峰より）

図版 4

1　四平山32号墓発掘後の状況

2　四平山35号墓にて記念撮影の梅原末治教授（左）と澄田正一（右）
　　（1942年10月文家屯貝塚調査時）

図版5

1　四平山35号墓全景（南から）

2　四平山35号墓C・D石室外壁

3　四平山35号墓南端の状況

図版 6

1　四平山35号墓東外壁（南から）

2　四平山35号墓C石室内牙璧出土状況

3　四平山35号墓C石室内牙璧出土状況

図版7

1　四平山36号墓全景

2　四平山36号墓E石室内土器出土状況

図版 8

1　四平山36号墓P石室蓋石出土状況

2　四平山36号墓P石室外壁

3　四平山36号墓P石室内甕出土状況

図版9

1　四平山36号墓P石室内壁

2　四平山36号墓Q石室内牙璧出土状況

図版10

1　四平山36号墓S石室内牙璧出土状況

2　四平山36号墓W石室内状況

図版11

1　四平山37号墓発掘前の状況

2　四平山37号墓近景

図版12

1　四平山37号墓蓋石出土状況

2　四平山37号墓蓋石出土状況

3　四平山37号墓石室内状況

図版13

1　四平山38号墓G－H石室内蓋石落下状況

2　四平山38号墓G－H石室内状況

図版14

1　四平山38号墓E石室内出土状況

2　旗山積石塚近景

図版15

1　四平山積石塚出土土器

2　四平山積石塚出土土器

四平山積石塚出土黒陶鼎（1・4・12）・鉢（21）・豆（24・26）

図版17

四平山積石塚出土黒陶豆（23）・高柄杯（36）・杯（37〜40・42）

図版18

四平山積石塚出土黒陶杯

図版19

四平山積石塚出土黒陶杯

図版20

四平山積石塚出土黒陶壺（88・89・92）・罐（108・109・112・117）

図版21

四平山積石塚出土黒陶蓋（120・121）、紅褐陶鉢（163・164）・豆（183・207）

図版22

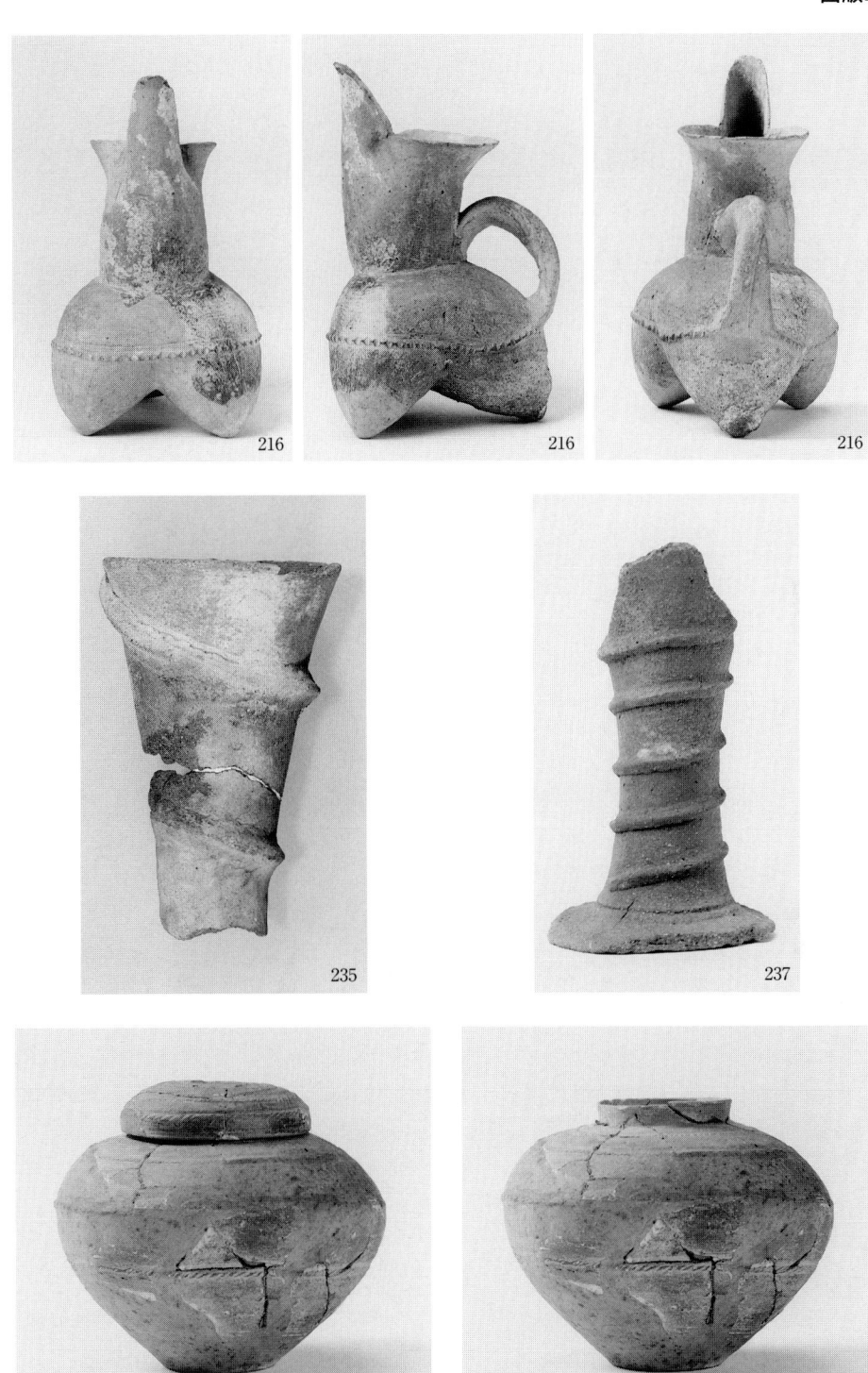

四平山積石塚出土紅褐陶鬶（216）・杯（235・237）・有蓋壺（277）

図版23

四平山積石塚出土紅褐陶杯（238）・罐（319・322・337・341）・蓋（354・357・368）

図版24

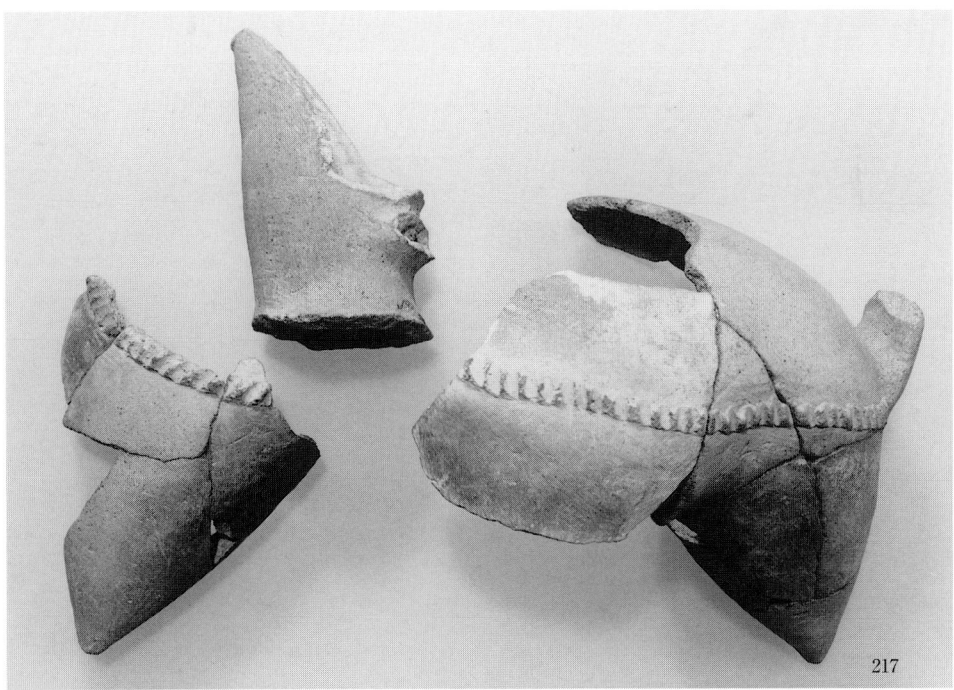

四平山積石塚出土白陶鬲（211〜214）・紅褐陶鬲（217・219〜222）

図版25

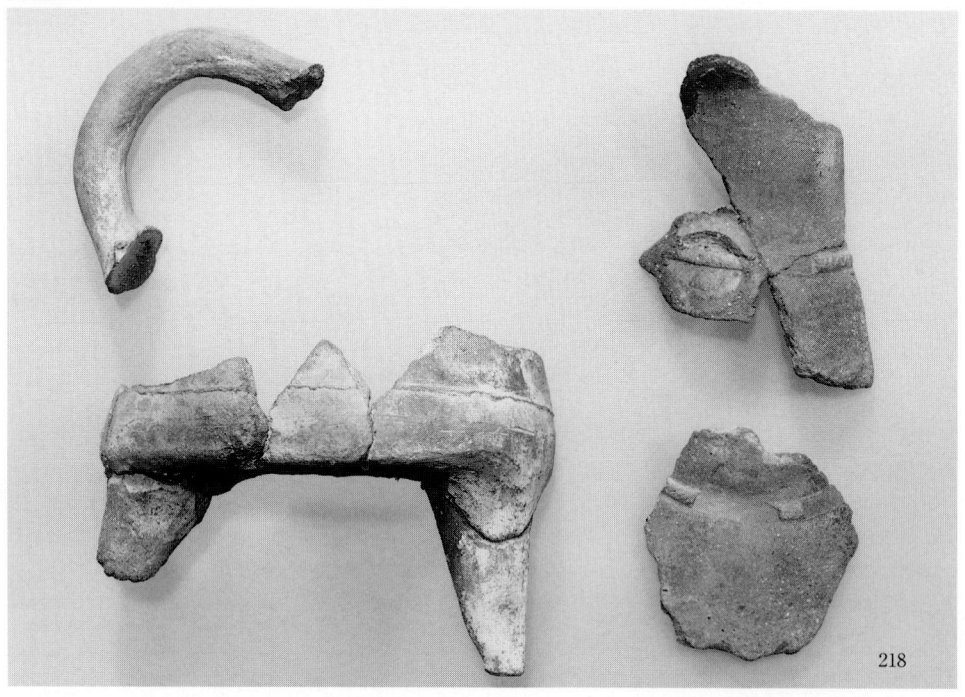

218

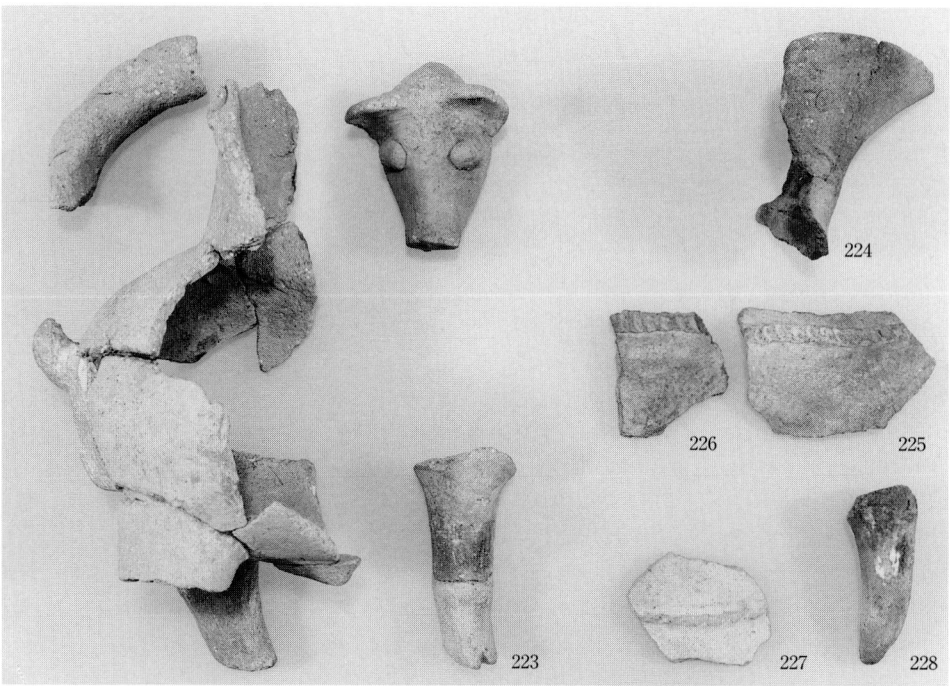

224
226 225
223 227 228

四平山積石塚出土紅褐陶鬲

図版26

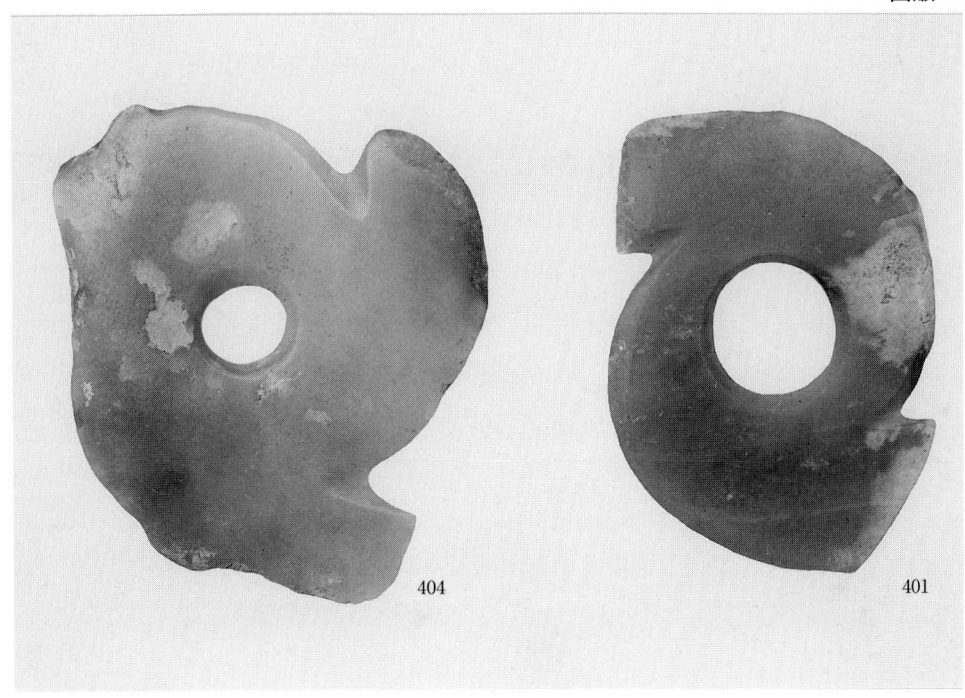

404　　　　　　　　　　401

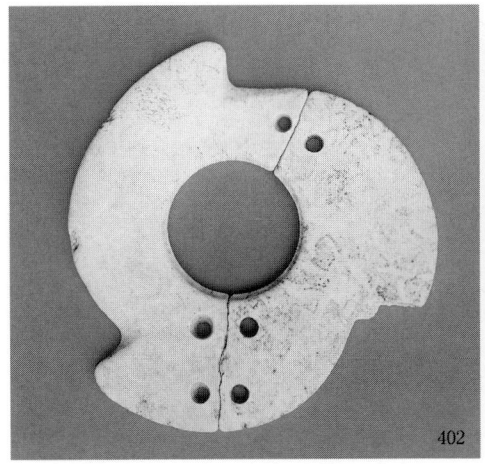 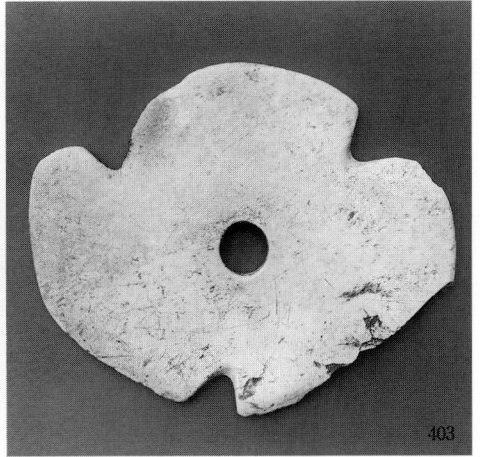

402　　　　　　　　　　403

四平山積石塚出土玉石器

図版27

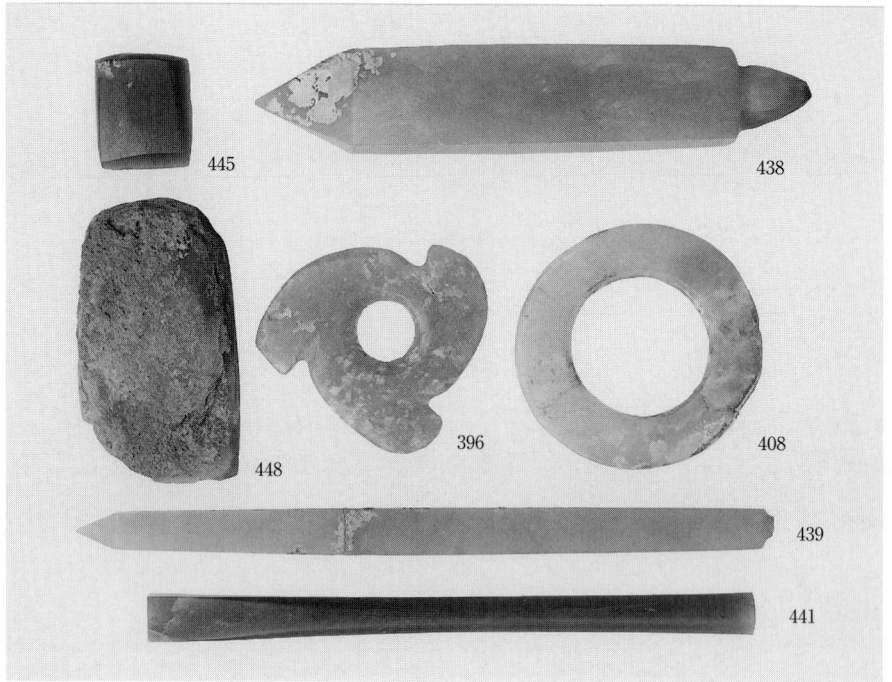

四平山積石塚出土玉石器

図版28

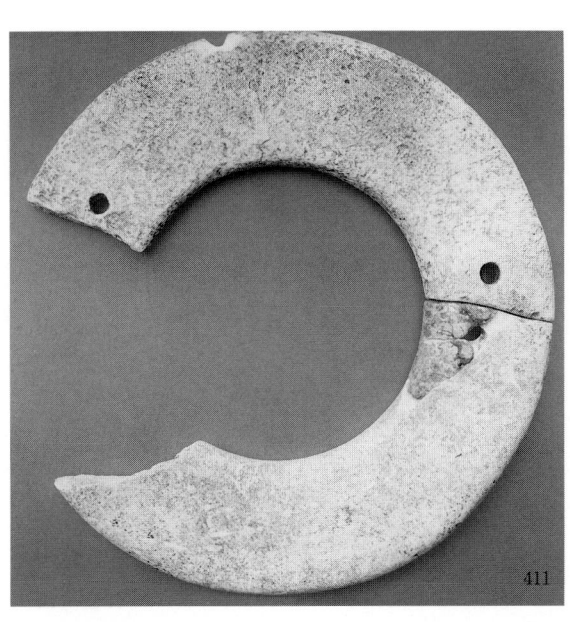
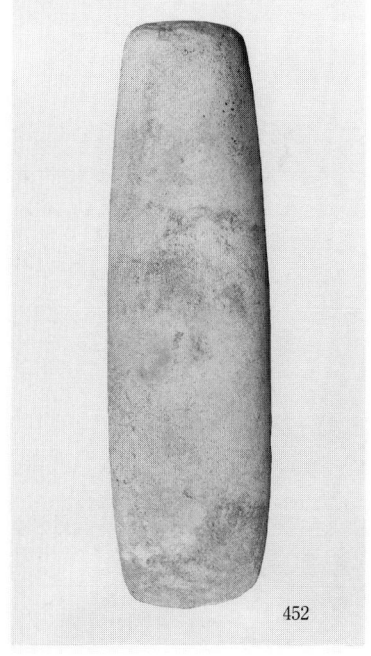

四平山積石塚出土玉石器

図版 ◆ 遼東半島四平山積石塚発掘の記録 ── 29

図版29

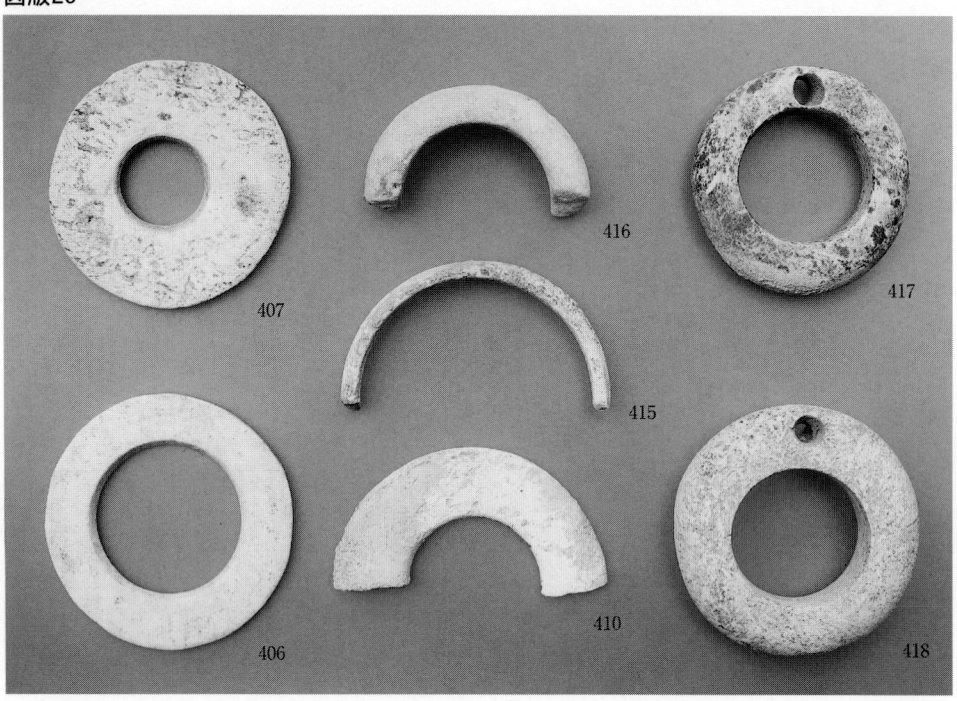

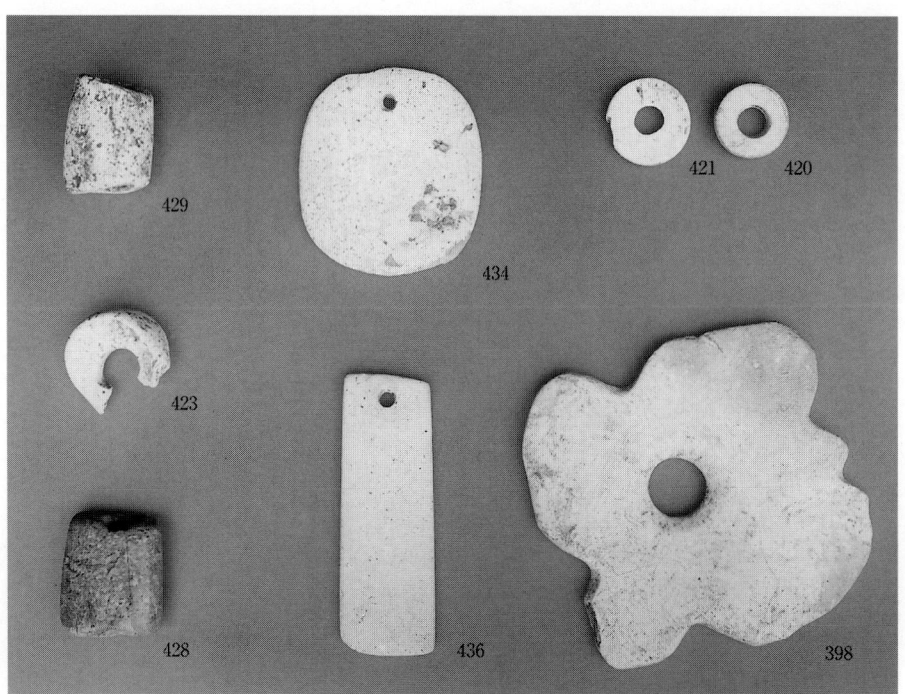

四平山積石塚出土玉石器

図版30

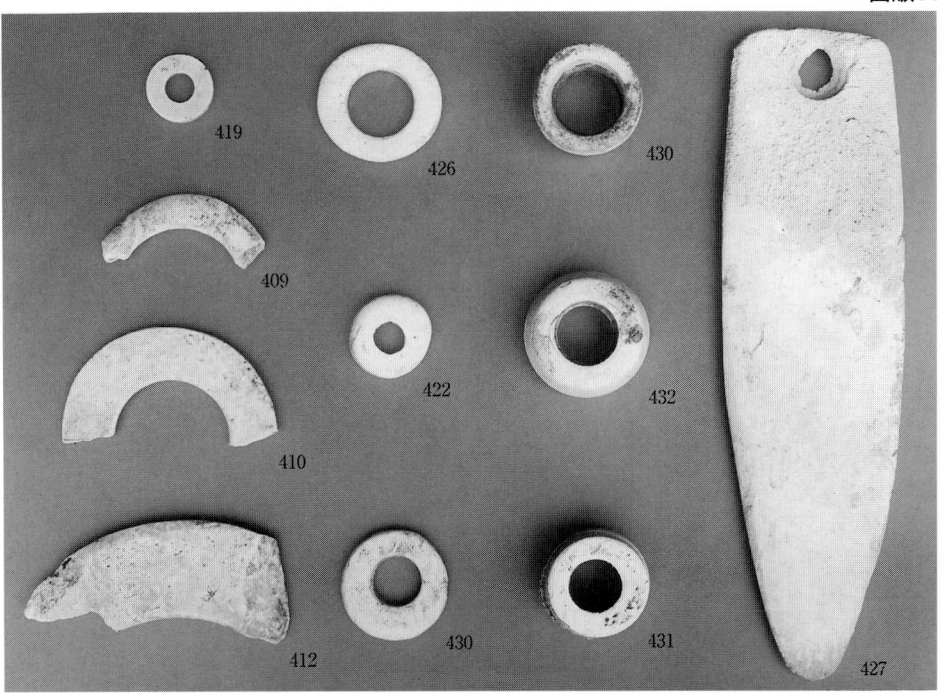

四平山積石塚出土玉石器・骨角器・貝製品

図版31

1　四平山32号墓C石室出土人骨

2　四平山35号墓B‐C石室出土人骨

3　四平山36号墓E石室出土人骨

図版32

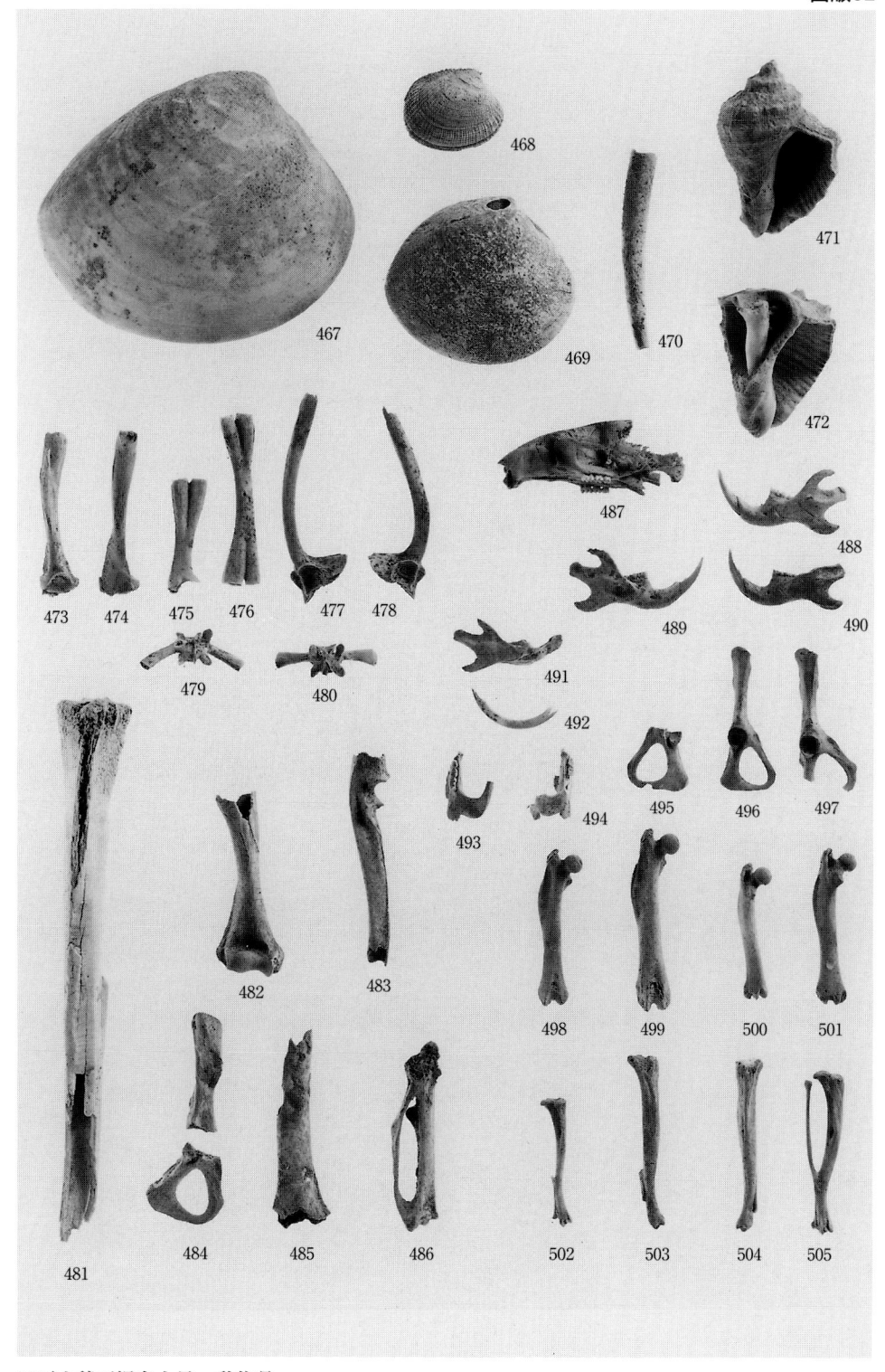

四平山積石塚出土貝・動物骨

序 Preface

　先ず　本冊の刊行が九州大学宮本一夫教授の友情に基づくことに感動し、敬意を捧げる。

　四平山積石塚の整理に最も熱心であった澄田正一君が、小野山節京都大学教授に本格的な整理調査を強く求めたのは1980年代後半という。私は、澄田君が京都帝大大学院生であった1939年に、山西省大同の雲岡石窟の測量を一緒にした。

　昭和63（1988）年2月発行の長廣敏雄著『雲岡日記』（NHKブックス544）の43頁図16が宙吊りの足場板に並ぶ澄田君と私の情景を示す。日本軍の占領下、測量機具は入手できず、巻尺と垂球を結びつけての計測であった。

　当時、朝鮮総督府学務局の古蹟係員であった私が、山西省大同に出張するについては、総督府古蹟調査事業を統括しておられた藤田亮策京城帝大教授の配慮による。藤田教授は担当者が朝鮮半島内のことばかりに凝りかたまっていては、進歩がない。東亜大陸の調査の機会があれば、積極的に参加すべきであるというのが持論であった。

　それにしても急なことだった。私が昭和14（1939）年慶尚北道高霊の古墳を発掘調査していたとき、総督府学務局長から、山西省大同に出張せよとの命令がきた。藤田教授の指示で、調査中の古墳を埋め戻して、別の職場にいた米田美代治古建築担当の嘱託と共に、山西省大同に向かった。華北各地の大水害より前に大同に到着したのは幸運であった。

　長廣敏雄著『雲岡日記』8月31日の条に「有光・米田・澄田の三君は臨時に短期間、応援に来てもらったのだ」と記す。そもそも京都大学人文科学研究所による『雲岡石窟』はB4判の巨冊である。その第七巻に澄田君と私が協力した第十洞の調

査研究がまとめられている。雲岡石窟に限ってみても、7年度にわたる調査を一ヵ月間協力したのであるから、まさに九牛の一毛にも足らぬと言うべきであろう。

　2007年10月

京都大学名誉教授　有光教一

遼東半島四平山積石塚の研究

◆

目　次

もくじ

巻頭図版

図版——四平山積石塚発掘の記録——

序　有光教一

第1章　調査の経過と周辺の遺跡……… 2

1　四平山積石塚の調査の経過　澄田正一・小野山節・宮本一夫……… 2
2　遺跡の地形と周辺の遺跡　澄田正一・宮本一夫……… 7
3　調査日誌抄　八幡一郎・森　修・澄田正一……… 12
4　遼東半島における戦後の遺跡調査と四平山積石塚の意義　宮本一夫……… 18

第2章　四平山積石塚の石室と周辺の積石塚……… 22

1　四平山積石塚の概要　小野山節・宮本一夫……… 22
2　32号墓　森　修・宮本一夫……… 27
3　35号墓　八幡一郎・森　修・澄田正一・宮本一夫……… 29
4　36号墓　八幡一郎・森　修・澄田正一・宮本一夫……… 36
5　37号墓　八幡一郎・森　修・宮本一夫……… 50
6　38号墓　森　修・宮本一夫……… 56
7　39号墓　八幡一郎・宮本一夫……… 57
8　高麗城積石塚48号墓　八幡一郎・宮本一夫……… 61
9　高麗山積石塚65号墓　八幡一郎・宮本一夫……… 63
10　旗山積石塚60号墓　森　修・宮本一夫……… 63
11　大牛巻山積石塚　森　修・宮本一夫……… 64
12　鍋頂山積石塚　宮本一夫……… 66

第3章　四平山積石塚出土遺物……… 68

1　土器の名称と遺物の種類　宮本一夫……… 68
2　黒陶　宮本一夫……… 70

3　紅褐陶　　宮本一夫…………81
　　4　玉石器　　岡村秀典…………95
　　5　土製品　　岡村秀典…………102
　　6　貝・骨角牙器　　岡村秀典…………103

第4章　自然科学的分析…………105
　　1　土器の胎土分析　　清水芳裕………105
　　2　龍山文化期黒陶片試料の炭素安定同位体比分析
　　　　三原正三・宮本一夫・小池裕子…………109
　　3　四平山積石塚で出土した人骨　　大藪由美子・片山一道…………114
　　4　35号墓B－C石室出土人骨歯牙　　神原庄一…………120
　　5　四平山積石塚出土の動物遺存体　　藤田正勝・菊池大樹・松井章…………124

第5章　結　語…………126
　　1　積石塚の石室構造と編年　　宮本一夫…………126
　　2　黒陶と紅褐陶の編年からみた積石塚の変遷　　宮本一夫…………131
　　3　四平山積石塚の玉石器　　岡村秀典…………141
　　4　四平山積石塚の社会——黒陶の器種構成と墓葬の配置——　　宮本一夫…………150
　　5　積石塚からみた遼東半島先史社会　　小野山節・宮本一夫…………159

附篇1　関東州内石塚分布調査報告　　森　修…………165
附篇2　第2回関東州史前遺跡——石塚——調査概報　　森　修…………202

あとがき　宮本一夫…………206

中文抄訳…………207
英文抄訳…………210
参考文献／巻頭図版一覧／図版一覧／挿図一覧／表一覧／附篇挿図一覧…………213

遼東半島四平山積石塚の研究

第 1 章 ● 調査の経過と周辺の遺跡

1　四平山積石塚の調査の経過

　遼東半島での考古学的な調査は、鳥居龍蔵の調査旅行から始まっている〔鳥居1910〕。第1回は1895（明治28）年に始まり、貔子窩、熊岳城、析木城などの調査が行われた。1905（明治38）年の第2回調査では遼陽における漢代磚室墓の発掘調査を行い、1909（明治42）年には遼東半島での積石塚や貝塚の調査を行った。その際、旅順老鉄山積石塚の調査を行い、積石塚が先史時代に遡る遺跡であることを明らかにしている〔鳥居1910・1915〕。続いて1910（明治43）年には、濱田耕作は老鉄山付近の遺跡を踏査し、老鉄山積石塚と刁家屯の古墳の発掘を行った〔濱田1911〕。濱田により積石塚の構造や出土品について報告されることはなかったが、積石塚の出土品はすべて京都大学考古学教室に運ばれて所蔵された。

　1920（大正9）年、濱田は旅順博物館において八木奘三郎から白色土器の小破片を1、2片提示された。翌1921年には、内藤湖南を介して太田貞造から白色土器数片と象牙彫刻片が京都大学に寄贈された。1922（大正11）年には、濱田によってこれら殷墟出土と伝える二種の資料が学会に報告され〔濱田1922〕、白色土器片にみられる雷文が殷墟青銅器の雷文と一致し、同時代であること、さらに白色土器片が良質の高嶺土であり、殷代の粗質の黝黒色あるいは黒褐色の土器が農民式とよばれるならば、白色土器はそれと並行して祭儀あるいは王や貴族の使用した特殊な土器であって、奢侈式ともよばれる土器であろうとした。濱田は1925（大正14）年、東京帝国大学原田淑人とともに河南省安陽市の殷墟を踏査して、白色土器が殷墟に出土することを確認している〔濱田1926〕。

　一方、八木奘三郎は1919（大正8）年に遼陽や撫順などを踏査し先史遺跡での遺物の採集を行った〔八木1928〕。八木は引き続いて1922（大正11）年から1923（大正12）年にかけて広範な調査を行い、遺跡の分布を記録している。また、森修は1927年に大台山遺跡の簡単な発掘による報告を行った〔森1927〕。

1911（明治44）年の辛亥革命により、北京から日本に亡命し京都に滞在していた羅振玉により将来された殷墟出土品を見て、殷墟の発掘を考えていた濱田耕作は、1926（昭和元）年、原田淑人・島村孝三郎らとともに、東京・京都両帝国大学を中心にして東亜考古学会を組織した。殷墟発掘は李済ら中央研究院歴史語言研究所によって進められたところから、これを断念した濱田は、1927（昭和2）年、既に鳥居龍蔵らによって発見されていた単砣子島や高麗寨遺跡からなる貔子窩を第一回の東亜考古学会の発掘調査とした〔濱田編1929〕。これをもって、遼東半島における組織的な発掘調査が始まったのである。なお、貔子窩の土器を検討する際に、老鉄山積石塚などの土器も併せて比較検討され、1929（昭和4）年には濱田によってかつて発掘された老鉄山積石塚の報告がなされている〔濱田1929〕。

　東亜考古学会は、引き続き遼東半島を中心に牧羊城〔原田1931〕、南山裡〔濱田・島田1933〕、営城子〔森・内藤1934〕の一連の調査を行った。同じく1933（昭和8）年には羊頭窪の調査が行われ〔金関・三宅・水野1943〕、自然遺物の調査も含めた成果を提供している。1935（昭和10）年には今日紅山文化と命名された標準遺跡である赤峰紅山後の調査が行われた〔濱田・水野1938〕。このような一連の調査は日本の大陸侵略と呼応した動きであり、遼東半島を中心とする中国東北部での考古学的な調査は日本人の手により開始したといってもよいであろう。

　一方、三宅俊成も指摘するように〔三宅1985〕、昭和初年には旅順周辺の遺跡が好事家によりかなり荒らされたようである。双砣子遺跡の遺物も1930（昭和5）年に地元民が採集したものを日本人好事家が購入した資料であり、ここを踏査した江上波夫らにより報告がなされている〔江上・駒井・水野1934〕。九州大学考古学研究室に保管されている文家屯遺跡や双砣子遺跡の松永憲蔵採集資料〔渡辺1958、宮本・村野2002〕も、1927（昭和2）年～1930（昭和5）年にかけて採集が行われており、科学的な発掘を経ないものである。また、同じく松永憲蔵は南山裡遺跡の遺物の採集をそれを遡る1923（大正12）年に行っている。

　中央研究院歴史語言研究所による殷墟の発掘は、1928年10月の秋期発掘を第1次としてから、1937年6月の秋期発掘を第15次とするまで、15回の発掘が10年間にわたり行われた。1928（昭和3）年春、呉金鼎は、山東省歴城県において城子崖と呼ばれる大地の西側の崖上層で遺物包含層を発見した。ここには、石器・骨器と薄手の光沢のある黒陶が共存していた。1929（昭和4）年秋期の殷墟第3次の発掘ののち、翌1930（昭和5）年には殷墟の発掘を中止して、中央研究院歴史語言研究所は

同年秋に城子崖遺跡第一次発掘を実施し、龍山文化の存在が確認された〔傅斯年・李済ほか1934〕。1931年秋には、城子崖遺跡の第二次発掘ならびに安陽市後岡遺跡の第二次発掘が実施され、前期と後期の文化の時期的関係が文化層の上で明らかにされた。1932年春、河南省安陽市高井台子遺跡が発掘され、後岡遺跡と類似した文化層が検出され、河南省濬県大賚店においても後岡、高井台子と相似た文化層が検出された。濬県辛村の発掘では、やや後の時期の墓地の下方で龍山文化の遺跡が発見されている。また、1933年には濬県劉荘、山東省滕県の龍山文化の遺跡が発掘され、山東省西南部においても臨城県鳳凰台において、龍山文化の遺跡が発見された。1934年春には、山東省南東部の沿岸地域が調査され、9ヵ所の龍山文化遺跡が発見された。河南省広武県（現在の成皋と推定される）青台の龍山文化遺跡が発掘された。また、河南省鞏県付近で龍山文化遺跡が発見された。1934年秋には、河南省安陽市同楽寨が発掘されて後岡遺跡と類似した文化層が発見された。「安徽省寿県史前遺址調査報告」として『中国考古学報』第二冊（国立中央研究院歴史語言研究所専刊13、1947年）に報告されている。翌1935年春には河南省北部が調査され、安陽市を初め温、穫嘉、輝、渉、武安などの県において、龍山文化遺跡が発見された。1936年春には山東省日照県両城鎮で龍山文化遺跡が発掘された〔劉敦愿1958〕。この遺跡は発見された諸遺跡のうち最も豊富な出土品が検出された遺跡である。1936年に秋には河南省東部の永城県で龍山遺跡2ヵ所が発掘されている。また、西湖博物館は浙江省杭州市良渚付近で6ヵ所の龍山文化遺跡を試掘している〔施昕更1938〕。それらの文化様相は、河南省や山東省の龍山文化と明確に区別される。今日、良渚文化として河南龍山文化や山東龍山文化とは区別されている。以上のように、1930年代には、中国各地で龍山文化の代表的な遺跡が発見され、発掘調査が始まっていた。

　濱田の発掘した老鉄山積石塚の卵殻黒陶1片と白陶鬶3片への関心は、呉金鼎・梁思永による城子崖の調査と相俟って、山東龍山文化の遼東半島への伝播について関心を高め、1941・1942（昭和16・17）年、日本学術振興会は梅原末治を調査主任として遼東半島先史遺跡の調査を行った。

　三宅俊成は、1932（昭和7）年〜1934（昭和9）年にかけて4回にわたって長山列島の先史遺跡を調査している〔三宅1975〕。日本学術振興会は、1941（昭和16）年春、三宅俊成の「長山列島先史時代の小遺跡」により報告されていた大長山島の上馬石貝塚〔三宅1936〕を発掘した。これが日本学術振興会による第1回の遼東半

島先史遺跡調査であった。当時、旅順博物館にいた森修は、第1回の上馬石貝塚の発掘に参加したのち、本書附篇1に述べられているように、引き続き単身で、老鉄山を起点として営城子付近まで渤海湾に面した丘陵を踏査して、積石塚の分布調査を行った。その予備調査の成果を踏まえて、日本学術振興会は1941（昭和16）年秋、旅順の老鉄山積石塚と営城子の四平山積石塚を発掘調査した。これが第2回の日本学術振興会による遼東半島先史調査である。翌1942（昭和17）年秋には、さらに営城子の文家屯貝塚を発掘し、第3回の遼東半島先史遺跡調査とした〔岡村編2002〕。

　第1回の上馬石貝塚の調査により、遼東半島先史時代には黒陶系の土器文化とともに、北方系の櫛目文土器的文様要素を摂取した土器文化が明らかとなった。これは山東龍山文化にみられる黒陶文化と北方系文化の融合であると想定されたが、遼東半島における黒陶文化をより明らかにする必要が考えられた。森修の踏査で積石塚は黒陶文化からなるものであることが予想され、積石塚を調査することにより黒陶文化の実態が明らかになることが想定された。そこで第2回の日本学術振興会による調査は、老鉄山（将軍山）積石塚と四平山積石塚を調査対象とすることとした。

　本書附篇2に記されているように、第2回の日本学術振興会の調査は二班に分かれて実施された。老鉄山および将軍山積石塚を発掘する第1班と、四平山積石塚を発掘する第2班である。隊長は藤田亮策（京城帝国大学教授）であり、四平山積石塚を発掘した第2班の隊員は、八幡一郎（東京帝国大学理学部講師）、森修（旅順博物館嘱託）、澄田正一（京都帝国大学大学院生）からなる。この第2回の遼東半島先史遺跡調査は、1941（昭和16）年8月28日に旅順に調査団が集合し開始された。四平山積石塚の発掘調査それ自体は8月31日から開始し9月15日に終了した。発掘調査は四平山を中心として総計20基あまりの積石塚石室を発掘し、同年9月17日に撤収した。

　第1班の老鉄山および将軍山積石塚の調査は、あいにく大半が既に盗掘などの二次的な混乱を受けており、出土遺物はほとんどなかった。代わりに詳細な遺構図が作成された。これに対し第2班の四平山積石塚の発掘資料は豊富であり、大量の黒陶・紅褐陶ならびに玉器などが出土した。発掘後、四平山積石塚の遺物は京都帝国大学文学部考古学教室に送られ、ここで整理が始まった。森修らによって復元整理が開始された。その後、戦後中国から帰国した澄田正一によって1960年代に図面作成などの整理がなされ、原稿作成段階にまで達したが、発掘調査の責任者であった梅原末治教授からは報告書出版への許可が下りなかった。

その後、四平山積石塚の整理調査はしばらく停止したが、澄田正一から小野山節へ京都大学文学部陳列館所蔵であった四平山積石塚発掘資料の再整理の申し出があった。1970年代後半には当時の学生であった藤原喜信らによって遺物実測が再開されたが、資料が膨大であったため、頓挫せざるを得なかった。この間、澄田は自身参加した日本学術振興会による遼東半島先史遺跡調査の概報を、上馬石遺跡〔澄田1986・1988・1989〕、四平山積石塚〔澄田1990ｂ〕、文家屯遺跡〔澄田1987〕と個別に報告し、併せて貔子窩遺跡付近の分布調査〔澄田1990ａ〕も報告することとした。

　1980年代後半となり、再度、澄田正一の強い申し出の中で、京都大学文学部考古学研究室を中心として小野山節によって本格的な整理調査が再開されることとなった。整理調査には当時の文学部助手であった岡村秀典、宮本一夫、菱田哲朗があたることとなった。岡村は玉器や骨角器を、宮本は黒陶を、菱田が紅褐陶を主として担当することとなった。宮本は愛媛大学への転任に伴い、四平山の土器資料の一部を愛媛大学に借り受け、黒陶を中心として実測調査を行った。これに参加したのは当時の愛媛大学法文学部考古学研究室の学生であった越智真由美、山本昌弘らである。一方、紅褐陶の大半は京都大学文学部博物館において菱田らによって実測が進められた。これに参加したのは当時の京都大学学生であった伊藤淳史、今井晃樹、小濱成、河野一隆、杉本厚典、多賀茂治、高橋照彦、竹内義治、次山淳、中川寧、平川佳世、廣川守らである。この間、澄田正一、小野山節、岡村秀典、宮本一夫、菱田哲朗、さらには胎土分析担当の清水芳裕（京都大学文学部助教授）、人骨担当の片山一道（京都大学理学部助教授）、動物遺存体担当の松井章（奈良文化財研究所埋蔵文化財センター主任研究員）がたびたび集まり、編集会議などを行い、出版に備えた。この間、基礎的な資料整理はほぼ終了していた。しかしながら、その後、担当者の職場移動などに伴い、各自の仕事が遅遅として進まず最終的な原稿が仕上がらない状況にあった。1996（平成8）年2月16日には澄田正一が亡くなり、さらに仕事が停滞した。その後、澄田正一の遺志に報いるべく文家屯貝塚の整理が京都大学人文科学研究所において岡村秀典を中心に行われ、2002（平成14）年3月には『文家屯　1942年遼東先史遺跡発掘報告書』として出版された。その後すぐにでも四平山積石塚の報告書を出版すべきであったが、編者である小野山と宮本の都合により遅延していた。ここに遅ればせながら四平山積石塚の発掘調査報告ならびにそれに付随する研究成果を発表する次第である。

　なお、遺物のトレースは主に執筆担当者が行ったが、その他の遺構・遺物のトレ

ースを九州大学大学院生であった今村佳子や谷直子・上條信彦（九州大学大学院人文科学府博士課程学生）が行った。特に谷直子には編集全体にわたる雑事の任に当たっていただいた。ここに感謝申し上げたい。さらに遺物の撮影は、高橋猪之介、杉本雅実と宮本一夫が担当した。

（澄田正一・小野山節・宮本一夫）

2　遺跡の地形と周辺の遺跡

　中国東北部の南端に位置する遼東は、華北から延びる長城地帯と朝鮮半島の結節点にある。その遼東から黄海に突出するのが遼東半島である。遼東半島は、廟島列島を介して山東半島とも対峙した位置関係にある。遼東半島の南端は戦前関東州と呼ばれ、そこに旅順や大連が位置していたが、現在、旅順は旅順口区として遼寧省大連市の一部となっている。大連市の市街地は大連湾に面しており、旅順口区は遼

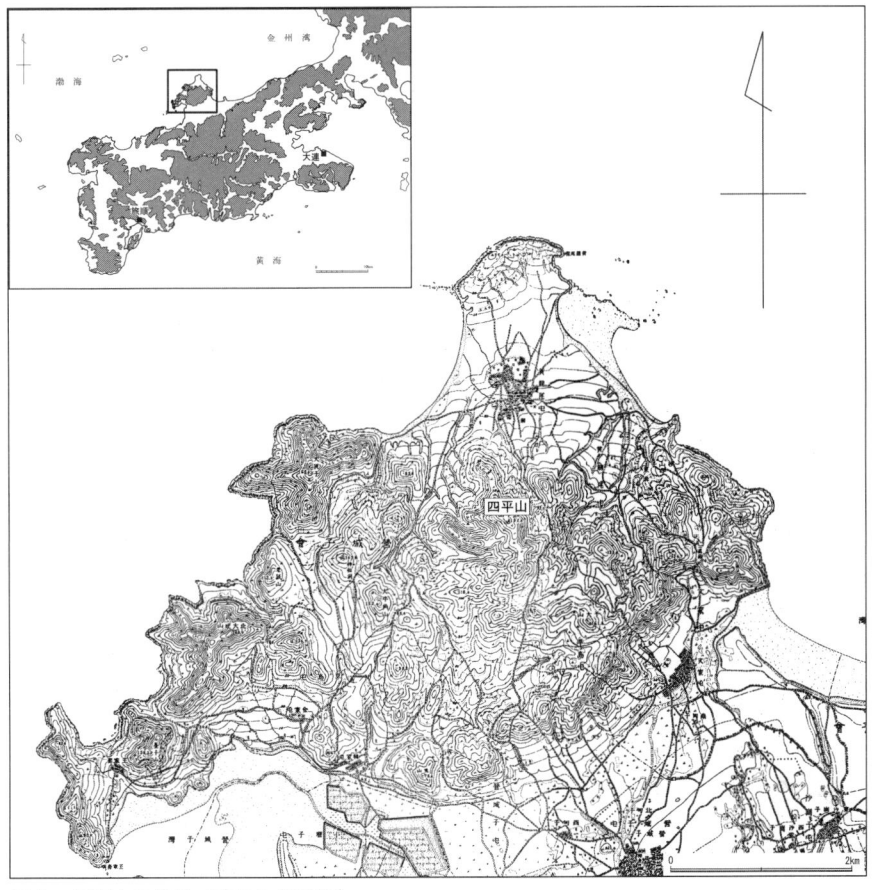

図1　四平山の位置（縮尺1/80000）

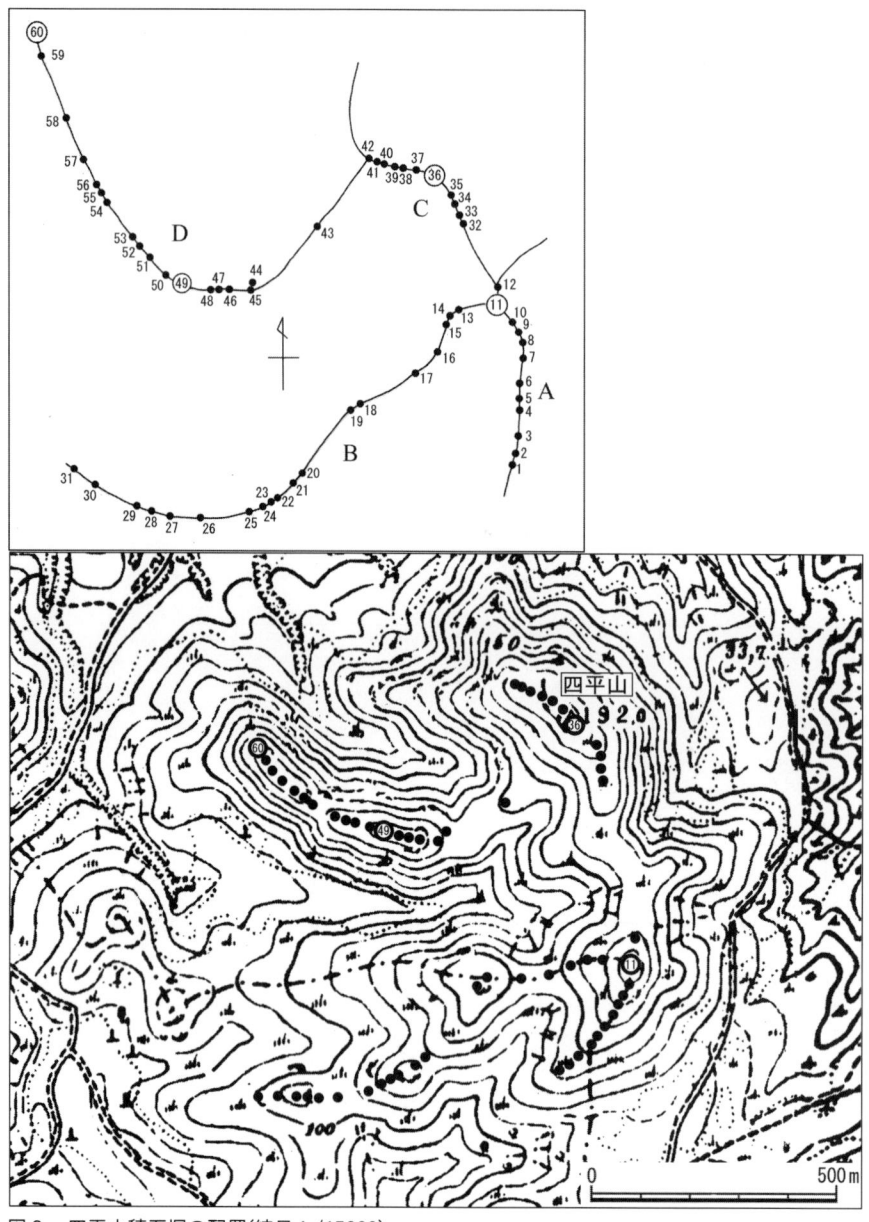

図2　四平山積石塚の配置(縮尺1/15000)

東半島の最先端に位置する。黄海に面するのが大連湾であるが、それとは反対の北側に位置する金州湾は渤海に面する。この金州湾の西側で渤海に突出した小さな半島が黄龍尾半島である。大連市の北西部である甘井子区営城子の西側に位置している。この黄龍尾半島の最高峰が四平山であり、四平山積石塚はこの最高峰に位置している（図1）。

図3　四平山積石塚と周辺の遺跡（縮尺1/65000）

　黄龍尾半島にある四平山は南大山とも呼ばれ、主脈は南北方向を示して南北二峰が連なる。標高192mの主峰は、北方の峰にあって南方の峰より高く、その南北二峰を連ねた稜線に分布する石塚の景観は実に見事である（図版1・2）。そのような主脈から派生する支脈にも積石塚は点在するが、主脈の積石塚分布の見事さには及ばない。附篇1にある森修の分布調査で明らかにされているように、四平山の主脈には、南方の峰に12基（1号墓〜12号墓）、北方の主峰に10基（32号墓〜42号墓）の計22基が分布する（図2）。そのうちの北峰の35号墓は積石塚の構築状態がよく観察できた例であり、全長18.25mに及ぶ。その35号墓から北へ約6.5mの距離をおいて36号墓がはじまる。36号墓は約120mにわたり連結した最長の例である。さらに36号墓より約6mの間隔をおいて37号墓が存在する。

第1章 ◆ 調査の経過と周辺の遺跡 ─── 9

表1　遼東半島土器編年表

	中原	山東	煙台地区	遼東半島	遼河下流域	鴨緑江下流域
BC5000—	仰韶半坡類型	北辛	白石村	小珠山下層	新楽下層	
	仰韶史家類型	大汶口前期	邱家荘	小珠山下層		後窪下層
BC4000—	仰韶廟底溝類型	大汶口前期	北荘1期	小珠山中層	馬城子	後窪上層
	仰韶半坡晩期	大汶口中期	北荘2期	呉家村	偏堡	堂山下層
BC3000—	廟底溝2期	大汶口後期	楊家圏1期	郭家村3層	偏堡	堂山上層
	王湾3期	龍山前期	楊家圏2期	小珠山上層	肇工街1期	堂山上層
BC2000—	王湾3期	龍山中後期	楊家圏3期	双砣子1期	高台山	新岩1期
	二里頭	岳石	照格荘	双砣子2期	高台山	新岩里第3地点第1文化層
	二里岡	大辛荘	芝水	双砣子3期	高台山	新岩里2期
BC1000—	殷墟期	大辛荘	珍珠門	双砣子3期	高台山	新岩里2期
	西周	西周		上馬石上層	新楽上層	美松里上層

　丘陵性の黄龍尾半島の先端部、渤海に面した北側に四平山（標高192m）があり、その東側には東大山（標高135m）などの峰々がつづき、そして標高数メートルの山麓の低平な砂地へとくだる。その山麓の文家屯の集落から東方へ海岸伝いに進めば江上波夫、駒井和愛、水野清一の諸氏が踏査されて滑石製の鳥頭形石器（鶴嘴）を採集された双台子（双砣子）の遺跡がある〔江上・駒井・水野1934〕。標高4mと40mの小丘が並んで海岸に突出した地形で、それぞれの小丘に積石塚と貝塚がある（図3）。

　四平山の東に連なる東大山を中心にはさんで東西に、東胡廬山と張墓後山の峰が続く稜線には積石塚が点在する。張墓後山の西には大頂山（標高157m）・于大山（標高162m）と続き、于大山の西方の峰つづきに四平山が連なる。東大山の南麓の低地には文家屯貝塚が立地する。標高10mで、混貝土層に包含される貝殻はカキを主としてハマグリ、アサリ、オキシジミ、カガミガイ、サルボウ、アカニシの鹹水産の貝類であり、イノシシ、シカの骨や歯も混在する。呉家村期から小珠山上層期にかけての貝塚であるが、石鏃の未成品や玉芯などの玉器の未成品も出土しており、呉家村期の住居址が検出されているように、拠点的な集落遺跡である可能性が高い〔岡村編2002〕。四平山周辺で発見された集落遺跡は、この文家屯貝塚に限られ、四平山積石塚の被葬者がここに住んでいた可能性もあろう。

　東大山から東胡廬山あるいは張墓後山に延びる峰には積石塚が連なり、1942年の文家屯貝塚の発掘調査に併せて東大山の積石塚も発掘されている〔岡村編2002〕。戦前に文家屯遺跡で採集されたという現九州大学所蔵の玉器（松永憲蔵採集資料）

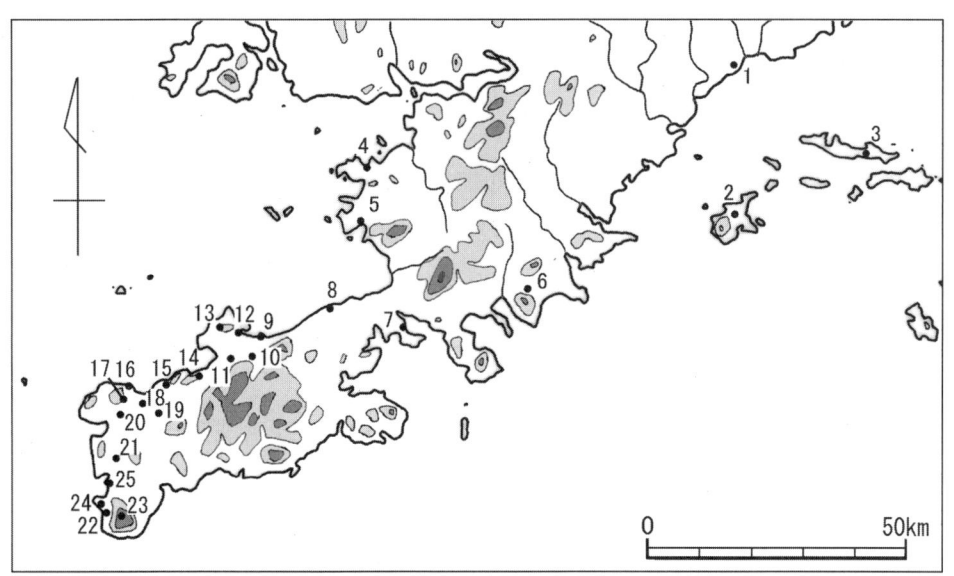

1 貔子窩，2 小珠山・呉家村，3 上馬石，4 廟山・土龍，5 王宝山，6 臥龍泉，7 大嘴子，8 羊圏子，9 双子，10 崗上・楼上，11 営城子，12 文家屯・東大山，13 四平山，14 望魚山，15 小黒石，16 二嘴子，17 大子，18 王家屯，19 三澗堡，20 李家溝，21 大潘家村，22 牧羊城・尹家村，23 郭家村・将軍山・老鉄山，24 于家村，25 羊頭窪

図4　遼東半島主要先史時代遺跡（縮尺140万分の1）

の大半は、こうした積石塚から採集されたものである可能性がある〔渡部1958、宮本・村野2002〕。

　ここで、遼東半島先史時代の基本的な土器編年を宮本の作成した編年表をもとに示すならば、表1のようになる。小珠山下層期は小長山島の小珠山遺跡をはじめ、大長山島の上馬石貝塚などに存在する（図4）。小珠山中層期になると、小珠山遺跡以外では旅順口区の郭家村遺跡などにも認められ、さらに呉家村・郭家村3層期には、小珠山遺跡や郭家村遺跡以外で文家屯貝塚や小長山島の呉家村遺跡に認められる。同じ時期、瀋陽など遼東を中心とする土器系統である偏堡類型土器が存在する〔宮本1995b〕。金州区の三堂遺跡などでは偏堡類型が主体的であるが、一部が文家屯遺跡や上馬石遺跡でも認められる。ともかく新石器時代において遼東半島先端部は遼東とは異なった文化系統を示している。その意味で、積石塚は遼東では遼東半島先端部のみに認められる墓制である〔宮本1995a〕。新石器時代末期の郭家村上層（小珠山上層）期に積石塚が出現するが、その分布は大きく旅順の老鉄山・将軍山積石塚と黄龍尾半島の四平山・東大山積石塚に分かれる。それぞれに拠点的な集落として郭家村遺跡と文家屯貝塚が存在する。

　青銅器時代に移行する段階である双砣子1〜3期は、甘井子区の双砣子遺跡や廟

山遺跡、羊頭窪遺跡、貔子窩遺跡、上馬石貝塚でも認められる（図4）。その後、上馬石A地点下層・上層を経て、崗上・楼上墓期を迎える。この段階の遺跡は上馬石貝塚、貔子窩遺跡などに認めれられ、そのほか尹家村遺跡、牧羊城下層などにも認められる。双砣子1期～崗上・楼上墓期までは、遼東半島先端部では一貫して積石塚が墓制として採用されており、遼東の支石墓とは大きく様相を異にしている〔宮本1995a、宮本2000〕。この段階の積石塚には、土龍、砣頭、崗上墓、楼上墓、臥龍泉があたる。また、崗上墓、楼上墓、臥龍泉、尹家村では遼寧式銅剣が副葬されている。

　旅順に位置する牧羊城遺跡は、戦国後期に燕の都城として始まった可能性があるが、漢代は県城として使用されていた〔大貫編2007〕。同じく営城子にも県城が存在していた可能性があるが、営城子には前漢の貝墓や後漢の営城子1号墓・2号墓のような磚室墓がたくさん存在している。旅順と営城子では、漢代においても大きく地域単位を異にしていたのである。

（澄田正一・宮本一夫）

3　調査日誌抄

1941（昭和16）年

［8月28日　晴］

　本日、営城子で森は八幡・澄田両君と落ち合う約束になっていた。炊事道具その他は馬車に積載して営城子に向けて午前8時に旅順を発たせた（荷物を不便な馬車に頼らなければならなかったのは、戦局のため鉄道当局が一般荷物の取り扱いを極端に制限していたからである）。これら諸道具の監視は炊事夫として雇った中国人にお願いし、森は自転車に乗って一足先に出発した。午前10時に営城子に着き、午前10時30分営城子駅着の列車の八幡・澄田両君を待ち受ける。両君は予定通りに到着したが、旅順からの馬車が到着しない。しかし、その間に黄龍尾行きの荷馬車の斡旋を中上山林主事に依頼し、同氏のご厚意によって荷物の到着次第に目的に向かう手はずも順調に運んだ。その時あたかも大連から電話があり（後に知ったことであるが、電話は警察電話を利用した島田貞彦君からであった）、今日はひとまず旅順に落ち合い調査上の打ち合わせを行いその後各班が各々目的地に向かう話し合いになったため、ひとまず旅順に引き返すべきとのことである。しかし、旅順からの荷物が到着しない限り引き返すわけにもいかないといささか当惑しているところに、午前11時過ぎになってようやく荷物も到着した。

我々は一応旅順に引き返さねばならないため、せっかく中上山林主事を煩わして万事の手はずを整えた営城子から黄龍尾の荷物運搬は翌日に変更するより仕方がない。そこで荷物は一時果樹組合の倉庫に預け、中国人炊事夫は果樹組合会事務所に一夜を頼み、明朝荷物と炊事夫を黄龍尾に出発させるように予定を立てる。それらに要すべき荷馬車等を中上氏に依頼して、我々は午後2時半発のバスにて旅順に引き返す。大連からの一行は午後7時に旅順に到着し、打ち合わせを行った。

［8月29日　晴］
　老鉄山調査班の荷物をまとめ、八幡、澄田、小林、今関、森の5名は正午頃馬車にて南山裡に向かう。途中派出所に立ち寄り岡村巡査を煩わして宿舎として決めてもらった会長の家に荷物を搬入後、老鉄山積石塚の見学に向かった。藤田、島田の両氏は旅順民政署、警察署等の関係筋に出向いた関係で南山裡には遅れて到着した。我々が積石塚を一巡して下山の途中、我々の後を追って登山した藤田氏に出会った。八幡、澄田、森の四平山調査班は夕刻南山裡を立ち、日も落ちて旅順に着いた。

［8月30日　晴］
　八幡、澄田、森の四平山調査班は午前8時30分旅順発のバスで乗車し、営城子に9時20分到着。下車すると予期しなかった荷馬車が待っていた。とにかく黄龍尾道路は文家屯以北になると客馬車使用は不可能であって、荷馬車以外は用を足さないのである。これらの事情に精通した中上山林主事は特に我々のために用意してくれたのであった。一応派出所に敬意を表してのち荷馬車の人となる。荷馬車の旅も俳味豊かで興味あるが、岩石で凹凸の多い道では堅い鉄輪から突き上げてくる衝動で内臓の異常を気遣わねばならない。途中は意外に悪い道路でおおよそ2時間を費やして宿に着いた。昼食をすませて四平山に登り、明日から着手する発掘調査の手筈を決める。

［8月31日　晴］
　発掘第1日。35号墓の外壁を明瞭にするため、人夫に周囲を掘らせ、積石塚の範囲の確認に努める。また第32号墓が比較的小型であるため発掘する予定にし周囲を清掃する。午後2時頃、大連中学校生徒2名が見学に訪れる。引き続き貔子窩の森脇六十二氏来訪。同氏は一泊する。

［9月1日　晴］
　森は午前8時半宿を出て旅順に不足用具を取りに帰る。乗り物は極めて順調に運んだが、旅順博物館到着は午前11時頃になった。この日はちょうど関東局の施政記

念日で博物館は全員不在、日直員森看視の語るところによって藤田氏が11時半発のバスで営城子に向かわれ一足違いであることを知った。目的の用具を携帯して直ちに藤田氏を追い、図らずも同氏乗車のバスに乗り合わせた。営城子へ行くには旧市街から新たにバスを乗り換えねばならない。時間は優に間に合ったが、あいにく営城子方面の車は12時半までは売り切れ。次発の午後1時半を待つことを余儀なくされた。営城子に着いて先ず派出所に立ち寄り、藤田氏は同所に不要品を預け身軽になって黄龍尾に向かう。途中文家屯までは馬車を駆り、そこから迎えの人夫に荷物を担がせ徒歩にて午後5時宿舎に到着する。

　その他の隊員は発掘を終日続ける。作業は午前9時開始する。32号墓は八幡が引き続き発掘する（人夫5名）。澄田は他の人夫を監督しながら35号墓の発掘に取りかかる。午後、森脇氏帰られる。午後2時半32号墓の発掘はだいたい終わり、全員35号墓A石室にかかる。澄田は人夫二人を使い、測量に専念する。調査は午後5時終了。

［9月2日　曇］

　一同8時40分過ぎには山頂に至り、直ちに作業を開始する。今日は藤田氏を交えそれぞれ作業に従事。35号墓A石室は澄田が続行し、35号墓A－B石室は八幡が担当する。森は写真撮影を担当するとともに、35号墓C石室を発掘する。藤田氏は全体を監督しながら35号墓D石室を発掘する。午後には藤田氏はE石室に移り発掘する。午後3時頃より藤田氏は32号墓の東側に接する堆石を人夫3名を監督して掘る。午後5時作業終了。

［9月3日　晴］

　午前8時20分宿舎出発。澄田は藤田氏の指導により実測を行う。森は午前35号墓C石室の実測図を作成し、午後は36号墓最頂部P石室の発掘に着手する。八幡は35号墓B－C石室を掘る。B－C石室の発掘が終了後、八幡は昨日藤田氏が調査されていた32号墓東南にあけられたトレンチの底を浚うものの、骨片1点、紅褐陶片1点を得たのみ。藤田氏は昼食後帰られる。入れ替わりに、営城子駐在所松尾氏、山林主事中上氏、営城子会副会長坂元氏ら来訪。八幡は36号墓南側斜面に独立した積石塚らしきものが認められたため、発掘してみるが石室と認めるべきものがなく、底部に達したところで発掘を中止する。森の発掘する36号墓P石室から黒陶の優品や玉斧が出土し喜ぶ。優品の出土ごとに写真撮影する。澄田は終日測量に従事する。全員引き上げは午後5時。

［9月4日　晴］
　森は前日からの36号墓P石室の作業を継続し、午後には澄田実測の35号墓平面図に断面石積の実測を記入する。八幡は午前から36号墓P石室の発掘を続行する。午後、澄田は36号墓Q石室の発掘を担当する。八幡の発掘していた36号墓P石室は午後4時過ぎには石室底部の発掘を終え、作業は午後4時半終了。
　午前11時頃、大連の沖野安造氏とご子息ご友人3名が来観。菓子ならびに近日の新聞をお土産とされる。午後2時頃、旅順博物館の紺野氏来着。菓子や清酒などの差し入れあり。午後4時には帰られる。

［9月5日　曇時々小雨］
　調査員3名の協議の上、まず36号墓の石室区分を行う。踏査の結果、35号墓の方から一応A、B、Cの順に24区画を確定する。これらの区画は石室の有無には関係なく確定したものである。八幡は36号墓E石室を新たに選び発掘する。澄田は36号墓Q石室の作業を継続。森は35号墓東外壁の積石状態の実測を継続し、午後3時頃には完了する。午後、澄田は新たに36号墓W石室を掘る。午後4時調査終了。

［9月6日　晴］
　休業

［9月7日　晴］
　調査は午後2時開始し、午後5時に終了する。森は平板測量の関係で未発掘のままであった35号墓B石室の発掘に着手する。八幡は36号墓E石室の発掘を継続する。その後36号墓K石室に移動。澄田は36号墓V石室を発掘する。

［9月8日　晴］
　作業を9時に始める。八幡は36号墓K石室の発掘を継続するが、不幸にも石室の壁に遭遇できなかったため、やむなくL石室側の接触部分を掘ってみたところ、上部石除去後直ちに多量の土器破片を見る。あるいはこの部分に石室が存在するのではないかとの疑問がわく。さらに深掘りすると両側壁が出土する。これを36号墓K－L石室とする。午後1時半にはK－L石室の遺物もほとんど尽きたので、U－V石室に移動。発掘後まもなく、U石室とV石室の壁が割然と出てきた。澄田は36号墓V石室とW石室の底部を清掃する。V石室は午前中のみで、W石室は午後3時終了。森は午前中は32号墓の平面実測を作成し、午後は36号墓S石室の発掘に着手する。午後5時調査作業終了。

[9月9日　曇]

　午前9時調査作業開始、午後5時終了。本日は昨夜来泊された島田貞彦氏に示すため、八幡は36号墓より西方4m隔たった37号墓を発掘する。澄田は午前中35号墓の断面図を作成。午後は四平山積石塚分布状態の平板実測を始める。森は午前中は36号墓S石室の底部に残存する土壌を除去し平面図を作成。午後は35号墓の断面積石の実測を行う。

[9月10日　晴]

　午前9時調査作業を始める。八幡は37号墓の上石、蓋石露出状況を森が撮影してのち、蓋石除去後、石室内部を掘る。石室底部付近で黒陶を中心とした遺物を発見する。底部を浚うに至らず作業を終える。森は38号墓E石室を発掘する。午後5時作業を終了後、宿舎に戻ると旅順博物館の有村氏来る。

[9月11日　晴]

　有村氏も発掘を見学するため隊員と共々登る。午前9時作業開始。八幡は37号墓の発掘を慎重に継続する。正午完掘し清掃する。正午から39号墓を発掘する。中央の窪み部分から石を除去しながら発掘するものの、石室壁や墓室構造部分を発見することができない。森は32号墓の断面実測を行い、傍ら本日まで掘り切ったトレンチの埋め戻しを開始し、これを監督する。八幡は37号墓の外槨部分まで掘り広げるものの石室壁を発見できないまま、4時半になったので作業を中止する。

[9月12日　晴]

　八幡は高麗山頂に連なり続ける石積の一区画に試掘を入れるものの、石室を発見することができなかった。森は四平山支脈である旗山積石塚の一つの石室を発掘する。土器も上層部分に紅褐陶があるのみで、やむなく中止する。同じ高麗山頂にある独立石積み区画を選び掘る。午後に至り、石室壁を発見する。これを高麗城48号墓と呼ぶ。石室内には蓋石とも見るべき扁平石3枚以上が並んで発見される。二重の蓋石とも称すべき状況で、人夫二人で除去しようと試みるが果たせず、午後5時には作業を終える。

[9月13日　晴]

　午前9時作業を開始する。八幡は前日に引き続き高麗城48号墓を継続する。蓋石下の土砂を清掃し、中央部分で二分した玉環を発見する。午後も引き続き牙壁などの玉器が出土する。石室底部の地山部分を清掃し発掘を終了する。森は四平山南方に続く大牛巻山上の積石塚のA、B、C石室を発掘する。午後5時調査を終了する。

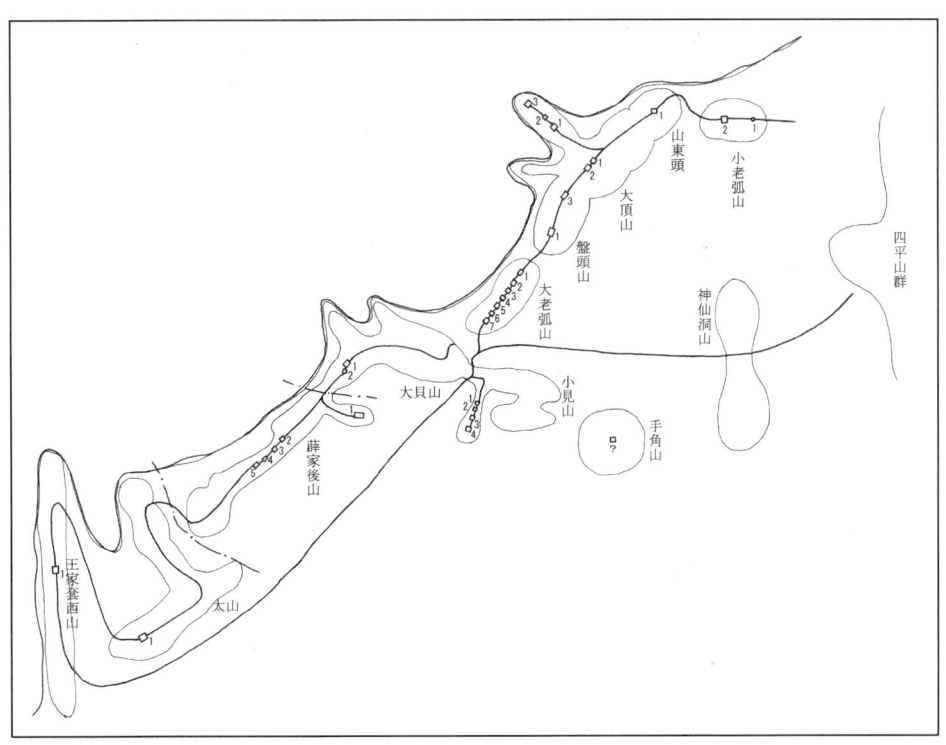

図5　四平山西側の積石塚

［9月14日　晴］
　黄龍尾半島内の山峰で森が未踏査区域である四平山以西における積石塚分布調査を行う（図5・6）。八幡、澄田、森3名で1日を割いて行う。午前8時出発。大老狐山の山頂上の積石塚群は遺存状況がよく、多数の積石塚が存在していた。他はそれほどめぼしいものはなかったが、太山の頂上付近の積石塚は雄大である。牛角山および仙洞山は夕刻となったため未踏査。午後7時過ぎ宿舎に帰着。

［9月15日　晴］
　本日は最終日であるので隊員3人協力して、さらに小林行雄氏を加えて有終の美を飾ることとする。澄田は午前中、大牛巻山の実測を継続。四平山、旗山、高麗城、鍋頂山の積石塚分布図の平板測量調査を午前中に終える。午後、人夫4名とともに最後の発掘である38号墓G－H石室の発掘を行う。森は四平山、大牛巻山、高麗城、旗山に於けるトレンチの埋め戻しを監督する。八幡は39号墓の発掘を継続する。石室壁の発見が容易ではなかったが、午前中についに東壁を皮切りにすべての石室壁を発見する。小林氏も時々来観加勢する。午後、八幡は39号墓の石室底部を調査。午後4時すべての調査を終え、全調査を終了する。

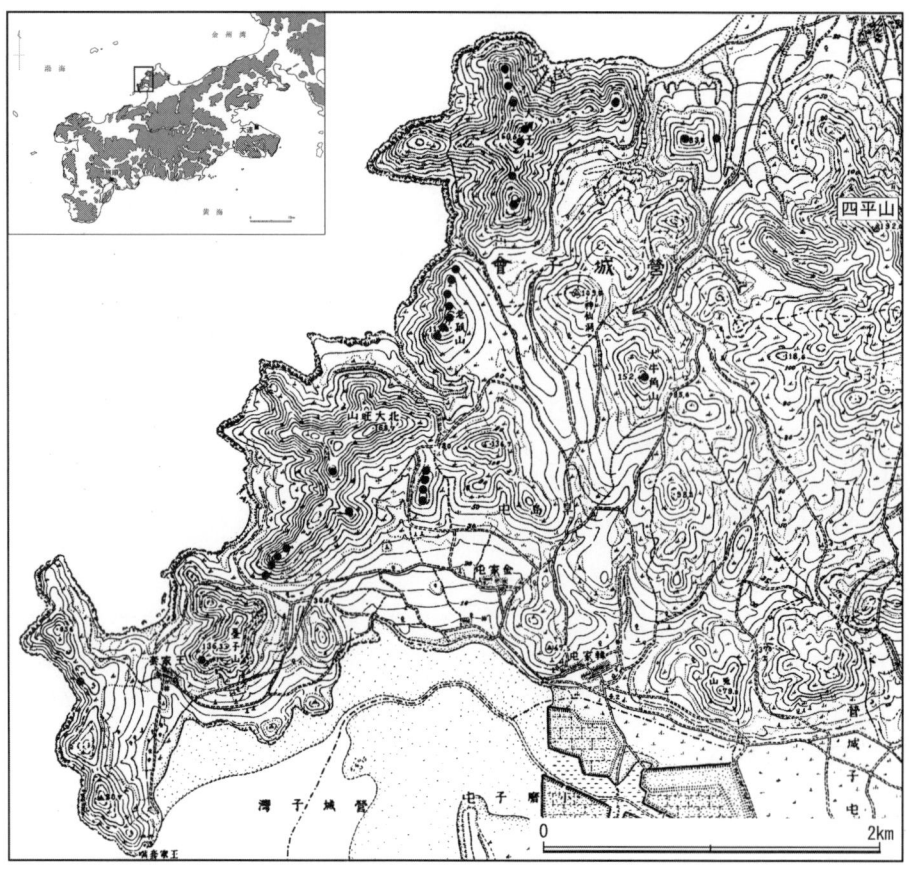

図6　四平山西側の積石塚の配置（縮尺1/44000）

［9月16日　晴］
　発掘品の荷作りを行う。
［9月17日　晴］
　引き上げ。

（八幡一郎・森　修・澄田正一）

編者注：発掘調査日誌は八幡一郎、森修、澄田正一の3名がそれぞれ記していた。それらを編者が1日ごとにまとめたものである。

4　遼東半島における戦後の遺跡調査と四平山積石塚の意義

　この地域の考古活動は中華人民共和国が成立した1949年よりいち早く、1948年には東北文物管理委員会が成立し、文物の保護が始まった。その後、1953年から旅順博物館を中心に解放後の考古学調査が事実上本格的に始まっている。1961年には佟

佟柱臣による先史土器の編年案が提示された〔佟柱臣1961〕。1963～1965年には中国社会科学院考古研究所東北隊と朝鮮民主主義人民共和国との共同調査によって、崗上・楼上墓や双砣子遺跡などが調査された〔中朝共同発掘隊1966〕。双砣子遺跡や尹家村遺跡の分層的発掘調査は、遼東半島の基礎的編年における重要な指標を与えた。共和国側からは、この成果を基に飛躍的に進歩した編年観が1969年に発表されている〔社会科学院考古研究所・歴史研究所1969〕。しかし、この間こうした共同調査の成果は、中国側からは一切発表がなかった。共同調査の成果が中国側から正式に発表されたのは、発掘後30年経った1996年のことであった〔中国社会科学院考古研究所1996〕。

　1973～1975年には、旅大市文物管理委員会が老鉄山積石塚を発掘調査し、その構造の一端が明らかになった〔旅大市文物管理組1978〕。1977年には、遼寧省博物館と旅順博物館が、遼東半島や長山列島での一連の発掘を行い、重要な編年学的な成果をあげている。遼東半島では郭家村遺跡〔遼寧省博物館・旅順博物館1984〕や于家村遺跡〔旅順博物館・遼寧省博物館1981〕であり、長山列島では小珠山遺跡や上馬石遺跡〔遼寧省博物館・旅順博物館・長海県文化館1981〕である。これらの遺跡の分層発掘により、基本的な編年観が確立したのである。これらの資料を使い、1982年には許玉林・許明綱が編年案を示し〔許玉林・許明綱・高美璇1982〕、同じ年、共和国側の編年案とその後の層位的資料を基に大貫（小川）静夫が検討している〔小川（大貫）1982〕。さらに、戦前の日本学術振興会が調査した上馬石貝塚や文家屯貝塚の出土資料を実見した宮本一夫は、それらの資料を踏まえ、かつ羊頭窪や貔子窩あるいは長山列島の資料をもとに大貫の編年をさらに細かなものとした〔宮本1985〕。特に商代併行期以降の土器編年の細分に関しては、大貫静夫の西北朝鮮の新岩里遺跡の細分〔大貫1989〕を踏まえながら、上馬石A地点の層位資料をもとに、土器編年の細分案を提示した〔宮本1991〕。1990年には三堂遺跡の調査が行われ〔遼寧省文物考古研究所ほか1992〕、遼東半島北部にも遼河下流域の偏堡類型が分布することが判明した〔陳全家・陳国慶1992〕。宮本一夫は、1941年の日本学術振興会の文家屯貝塚資料の一部を提示しながら、偏堡類型の位置づけや細分案を示し、遼東半島の新石器時代編年や周辺地域との併行関係を再吟味した〔宮本1995b〕。こうして、1990年代半ばには遼東半島の先史時代の土器編年に関してはほぼ固まったものが成立した〔宮本1995b〕ということがいえるであろう。ほぼ同じ時期に発表された安志敏の土器編年〔安志敏1993〕も、旅順地区と長山列島を地

域的に分けて土器編年を示す工夫がなされているが、従来の説を超えるものではない。

　その後、北呉屯遺跡〔遼寧省文物考古研究所ほか1994〕、大潘家村遺跡〔大連市文物考古研究所1994〕、大嘴子遺跡〔大連市文物考古研究所2000〕、大砣子遺跡〔大連市文物考古研究所・遼寧師範大学歴史文化旅游学院2006〕などの調査結果が発表されているが、土器編年に関して新たな知見はないといえよう。近年では古澤義久によって、遼東半島と朝鮮半島西部との土器編年の併行関係に関して見直しがなされているが、偏堡類型の始まりの位置づけについて多少の見解の違いはあるものの、遼東半島の基本的な土器編年には変更がない〔古澤2007〕。なお、紀元前1千年紀の土器編年に関しては、近年、大貫静夫によって土器編年の再検討がなされている〔大貫2007〕。

　ところで積石塚の調査は、解放後1975年の老鉄山積石塚の調査が6基行われた〔旅大市文物管理組1978〕ものの、龍山併行期の積石塚の良好なものは、1941年に日本学術振興会が調査した四平山積石塚や将軍山積石塚〔澄田1979、澄田1990b〕であった。それを除けば、石室構造が分かるものは1909年の鳥居龍蔵の調査のみ〔鳥居1910〕であった。ところが龍山併行期以降の積石塚としては、朝中共同調査によって1963・1964年に崗上・楼上積石塚の調査〔朝中共同発掘隊1966〕が行われ、1977年には砣頭積石塚〔遼寧省博物館・旅順博物館1983〕、1991年には王山頭積石塚の日中共同測量調査〔宮本1995a、宮本1997〕が行われた。この調査成果をまとめた宮本一夫は、さらに伴出する副葬土器の編年から、これらの積石塚の遼東半島における変遷を明らかにし、系統的な積石塚の変遷過程を示した〔宮本1995a、宮本1997〕。また、千葉基次も砣頭積石塚の分期を中心に積石塚の変遷を検討している〔千葉1988〕。しかしながら、最も古い段階の四平山積石塚の実態が不明である点は、当該地域の積石塚の変遷を考える上でも大きな障壁となっている。なお、1991年には双砣子3期の積石塚である王宝山積石塚〔王冰・万慶1996〕と土龍積石塚〔華玉冰・王瑽・陳国慶1996〕の発掘調査が行われ、その報告が1996年にでているが、立地や墓葬形態上の変遷は宮本が既に系統的な変化過程を示したものと矛盾は認められない。

　さて、四平山積石塚など龍山併行期の積石塚の副葬遺物には黒陶が伴うが、これら黒陶の編年に関しては、山東龍山文化の土器編年が進み、かなり分期できるようになっている〔李権生1992、趙輝1993、欒豊実1997〕。李権生は、四平山積石塚の

黒陶を実見した結果、自身の山東龍山文化の土器編年の中に四平山積石塚の黒陶を位置づけている〔李権生1992〕。しかし、四平山積石塚の黒陶は公表されておらず、李権生の説を検証することはできない。一方このような山東半島とりわけ山東半島の東端に位置する膠東半島における土器編年も進み、膠東半島と遼東半島との土器編年の併行関係が、大貫静夫や宮本一夫によって提示されている〔小川（大貫）1982・宮本1985・宮本1990〕。山東半島と遼東半島の詳細な土器編年の併行関係を知る上でも、山東龍山系統の黒陶と在地系統である紅褐陶が共伴している四平山積石塚は重要である。

　さらに両半島の先史時代における交流の変遷や実態が宮本一夫によって示されている〔宮本1990・宮本2003〕。さらにこうした交流を玉器や玉材の交易からみる岡村秀典の説も存在する〔岡村1993〕。また、2002年3月には日本学術振興会によって1942年に調査された文家屯貝塚の報告が出版され〔岡村編2002〕、呉家村期から郭家村上層期にかけての詳細な土器変遷や石器・玉器の未成品などから石器製作に関する重要な情報が提供された。特に牙璧などの未成品は、文家屯遺跡で玉器生産を行っていたことが理解され、その事実は四平山積石塚の副葬品の牙璧を考えるにあたっても重要である。また、文家屯遺跡や双砣子遺跡など遼東半島先史遺跡では、磨製石鏃や柱状片刃石斧・扁平片刃石斧・遼東形石斧・石包丁などが出土しているが、これらは朝鮮半島無文土器文化の石器群に直接つながるものであり〔下條1988、下條2000、下條2002〕、系譜関係が認められる。さらにはこうした石器群が山東半島との関係で遼東半島へもたらされた可能性がある〔宮本2003〕。こうした石器群の動きは、山東半島、遼東半島、さらには朝鮮半島という先史農耕の重要な伝播経路であったことをも示している〔宮本2007・2008〕。遼東半島先史社会研究は単に個別の地域社会研究というだけではなく、朝鮮半島やひいては日本列島など東北アジア全体の農耕社会の成立を考えるにあたって、最も重要な地域研究なのである。

　以上のように、現段階においても四平山積石塚の発掘内容を公にすることは、学術的な貢献が多大なものであるといわざるを得ない。

　　　　　　　　　　　　　　　　　　　　　　　　　　　　　　　　（宮本一夫）

第2章 ● 四平山積石塚の石室と周辺の積石塚

1 四平山積石塚の概要

　四平山は営城子の牧城湾の西側に岬状に突き出た半島に位置する（図1・3）。半島の先端には黄龍尾屯という村が存在し、この村の南側にそびえるのが四平山である。標高192mを測り、この半島で最も高い山である。四平山の山頂から南北に延びる峰上に積石塚が存在する（図7）。積石塚は峰に沿って、山々の最も高いところを中心にそこから枝分かれする尾根に沿い、累々と列状に存在している。附篇1に示すように1941年に行われた森修の踏査により、積石塚の単位ごとに番号が付されていた。積石塚は墓葬が多列に群集する多列群集墓、一列に墓葬が群集する単列群集墓、一つの石室だけの単独の積石塚に形態的に分類することができる〔宮本1995a〕。この群集する墓葬群ないし単独の墓葬を一つの単位として「号」墓と呼ぶ。さらに群集する墓葬群のこの内部が幾つかの墓葬単位に分かれており、発掘時にはこれを墓葬内の区画と呼んでいた。ここではより分かりやすい用語として、それぞれの墓葬区画の単位を石室と呼んでおきたい。

　四平山の山頂に存在するのが36号墓であり（図8～10）、列状群集墓である。その中でも

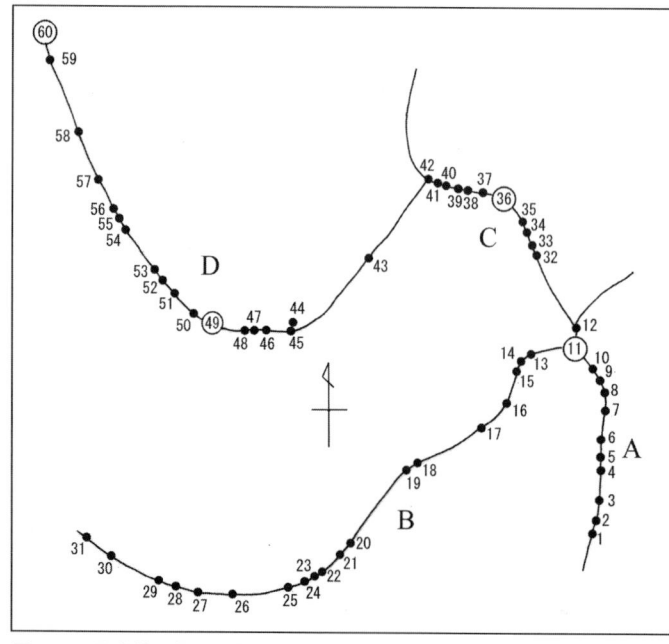

図7　四平山積石塚の配置

36号墓P石室が最頂部に位置している。南からA石室、B石室、B－C石室、C石室、D石室、E石室、F石室、F－G石室、G石室、H石室、H－I石室、I石室、J石室、K石室、K－L石室、L石室、M石室、N石室、N－O石室、O石室、P石室、P－Q石室、Q石室、R石室、S石室、T石室、U石室、U－V石室、V石室、W石室、X石室の31石室が連結して尾根状に一列に並んで配置されている。これらのなかでB－C石室、F－G石室、H－I石室、N－O石室、P－Q石室、U－V石室は明らかに隣接する二つの石室の間に構築されたものである。たとえばF－G石室でいえばF石室とG石室の中間に配置されたものであり、隣接の二つの石室が構築されて後にその間に追加的に構築されたものである。36号墓の場合、発掘されたのはE石室、K－L石室、P石室、Q石室、S石室、U－V石室、V石室、W石室の8基である。

36号墓の南側の尾根には35号墓、34号墓、33号墓、32号墓が順に並んでおり、この順に尾根は低く傾斜していく。35号墓と34号墓は列状群集墓であり、33号墓と32号墓は単独墓であると、図10に記録されている。ただし、32号墓では発掘された一つの石室以外にも3基の石室すなわち合計4基の石室が存在し、32号墓も列状群集墓であった。同じく長さから予想するならば、未調査の33号墓も列状群集墓である可能性が高い。また、35号墓は7基の石室からなり、34号墓は4基の石室からなる。35号墓と34号墓は実質上連続しており、一つの列状群集墓と見なすべきものである。したがって11基の石室からなる列状群集墓と考えるべきものであろう。

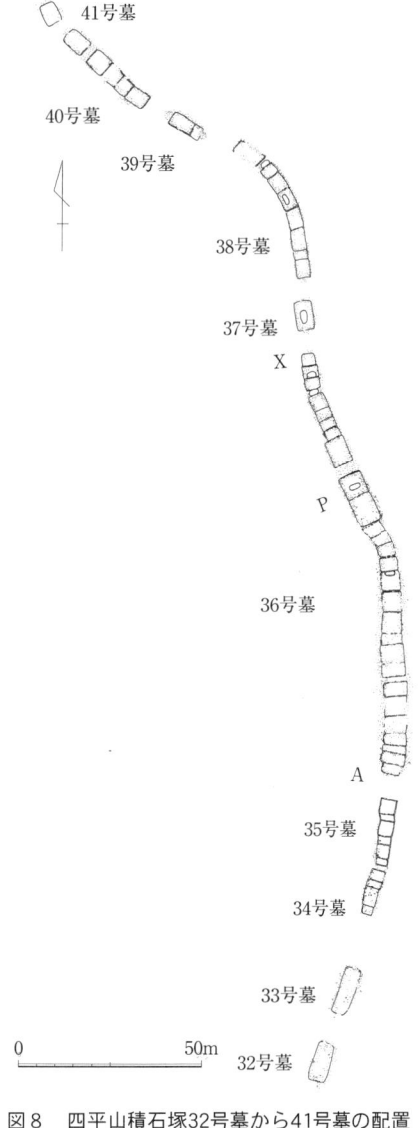

図8　四平山積石塚32号墓から41号墓の配置
　　（縮尺1/2000）

第2章 ◆ 四平山積石塚の石室と周辺の積石塚 ─── 23

35号墓はA石室、A－B石室、B石室、B－C石室、C石室、D石室、E石室からなる。この順に次第に尾根が低く傾斜していく。このうち、A－B石室はA石室とB石室の中間にあるものであり、両石室構築後にその間に追構築されたものであ

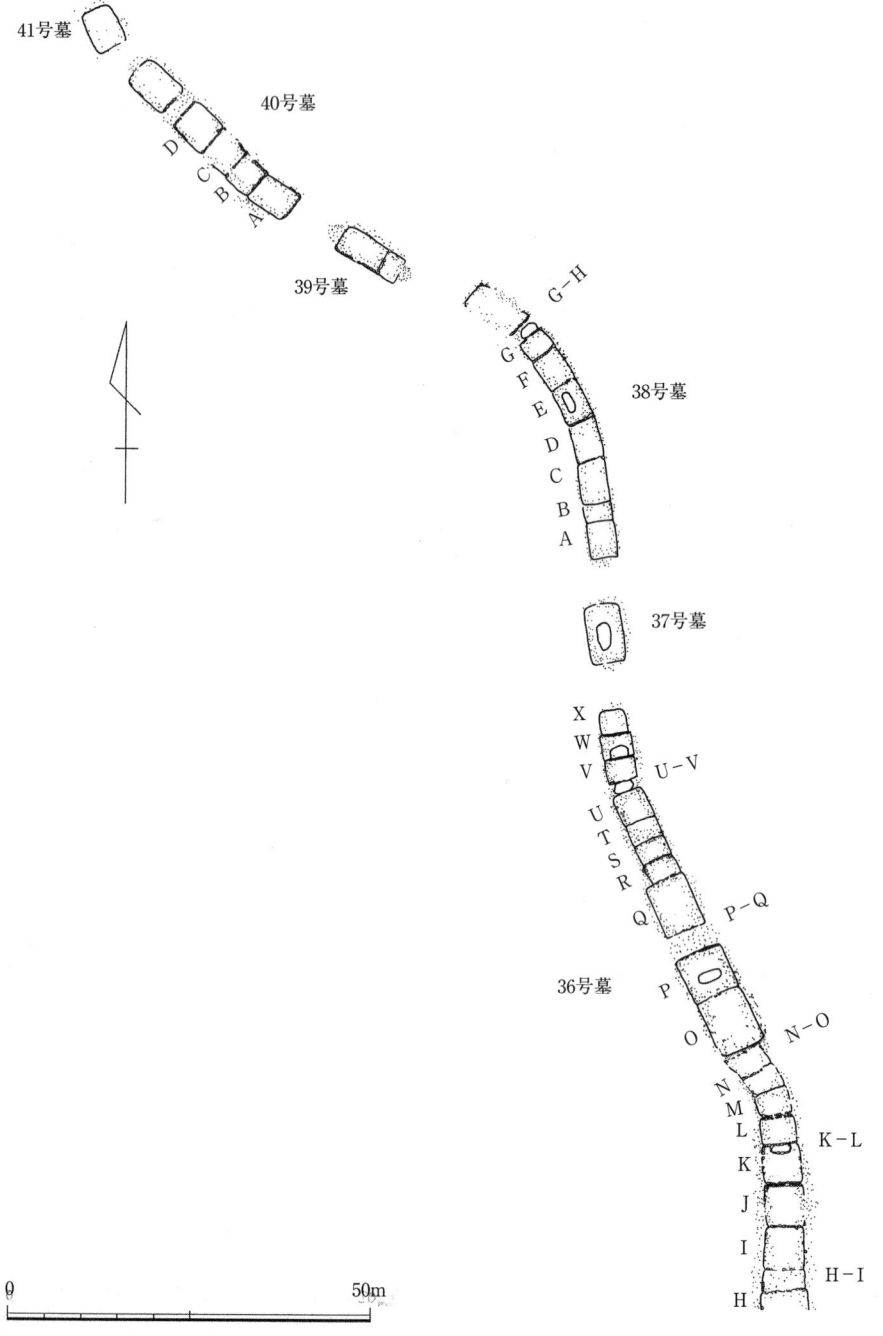

図9　四平山積石塚36号墓から41号墓の配置（縮尺1/1000）

る。E石室も同じようにD石室と34号墓の間に追構築されたものである。一方、B石室とC石室においては、C石室の墳丘北壁下面がB石室の墳丘南壁下面と同じ高さから構築されており、C石室の墳丘南壁や石室底部より高い位置にある。これは

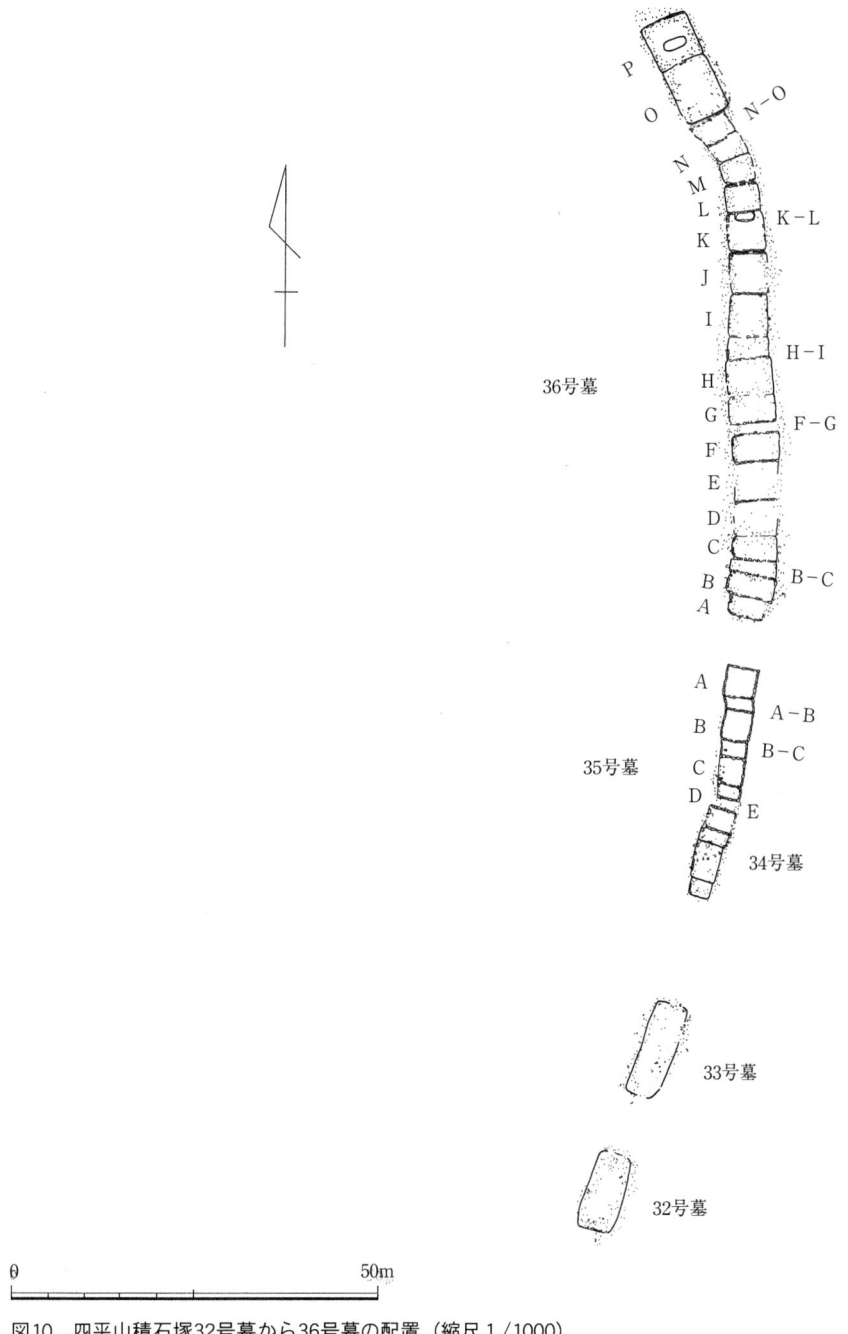

図10　四平山積石塚32号墓から36号墓の配置（縮尺1/1000）

B石室の墳丘を明らかに意識してC石室が構築されたものと考えられ、B石室の構築後にC石室が構築されたものと考えられる。さらにその後にB－C石室が構築されたと解釈される。D石室もC石室の南側壁体を利用して墓室を作り、石室を構築したもので、明らかにC石室に続いて構築されたものである。B石室構築以後は、C石室が構築され、その後B－C石室あるいはD石室というような順で継起的に石室が構築されたものと考えられる。35号墓ではA石室、A－B石室、B石室、B－C石室、C石室で発掘調査がなされた。

　36号墓は最頂部のP石室から尾根線が次第に北西の方向に低くなっていく。その延長に37号墓～42号墓が立地している。このうち、37号墓と41号墓が単独墓であり、38号墓、39号墓、40号墓は列状群集墓である。

　38号墓はA石室、B石室、C石室、D石室、E石室、F石室、G石室、G－H石室の8基からなる。G－H石室はG石室の北側壁体に接して墓室を作るものであり、G石室とH石室の中間に追構築したものである。E石室とG－H石室が発掘調査されている。また、図9からみれば、G－H石室の北側にもさらに別の石室が連結している可能性があるが、明らかではなく、石室番号もつけられていない。一方、39号墓の場合、最低2基以上の列状群集墓からなる。40号墓は6基からなる列状群集墓である。

　42号墓付近で尾根線は北方向と南西方向に二手に分かれていく。このうち南西方向の尾根線は高麗城や旗山という二つの山につながっている。これらの山につながる尾根線上にも積石塚が立地している。高麗城の頂上部に49号墓があり、旗山の頂上部に60号墓がある。

（小野山節・宮本一夫）

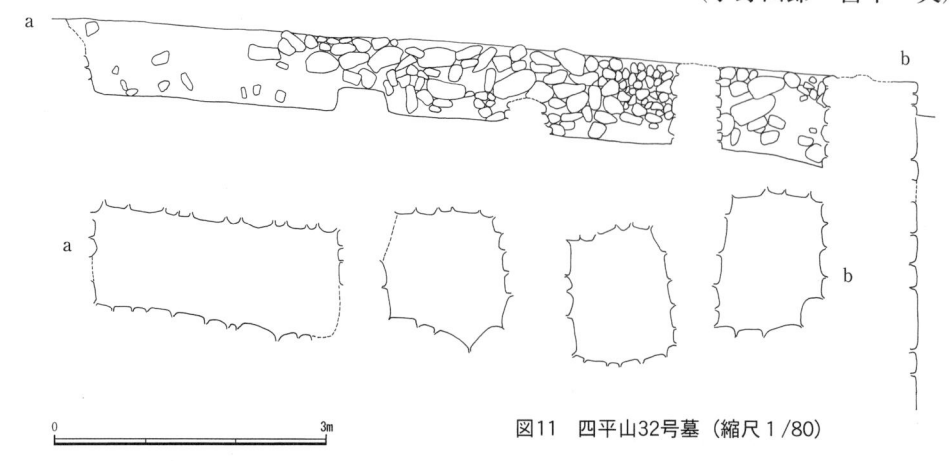

図11　四平山32号墓（縮尺1／80）

2　32号墓

　発掘された石室の平面は2.63×1.12mを呈し、深さ76cmをなす（図12）。積石塚が単独墓として存在するものと考えられていたが、他に3基で合計4基の石室が列状群集墓として存在することが分かった（図11、図版4－1）。このうち、斜面の最も上部で最も大きな石室が正式に発掘されたものであり、遺物は紅褐陶がごくわずかしか出土しなかった（図13）。第4章第3節で述べる出土人骨の中には32号墓B石室出土人骨という表記があり、斜面最上部の最も大きな石室をA石室とすれば、

図12　四平山32号墓A石室（縮尺1/30）

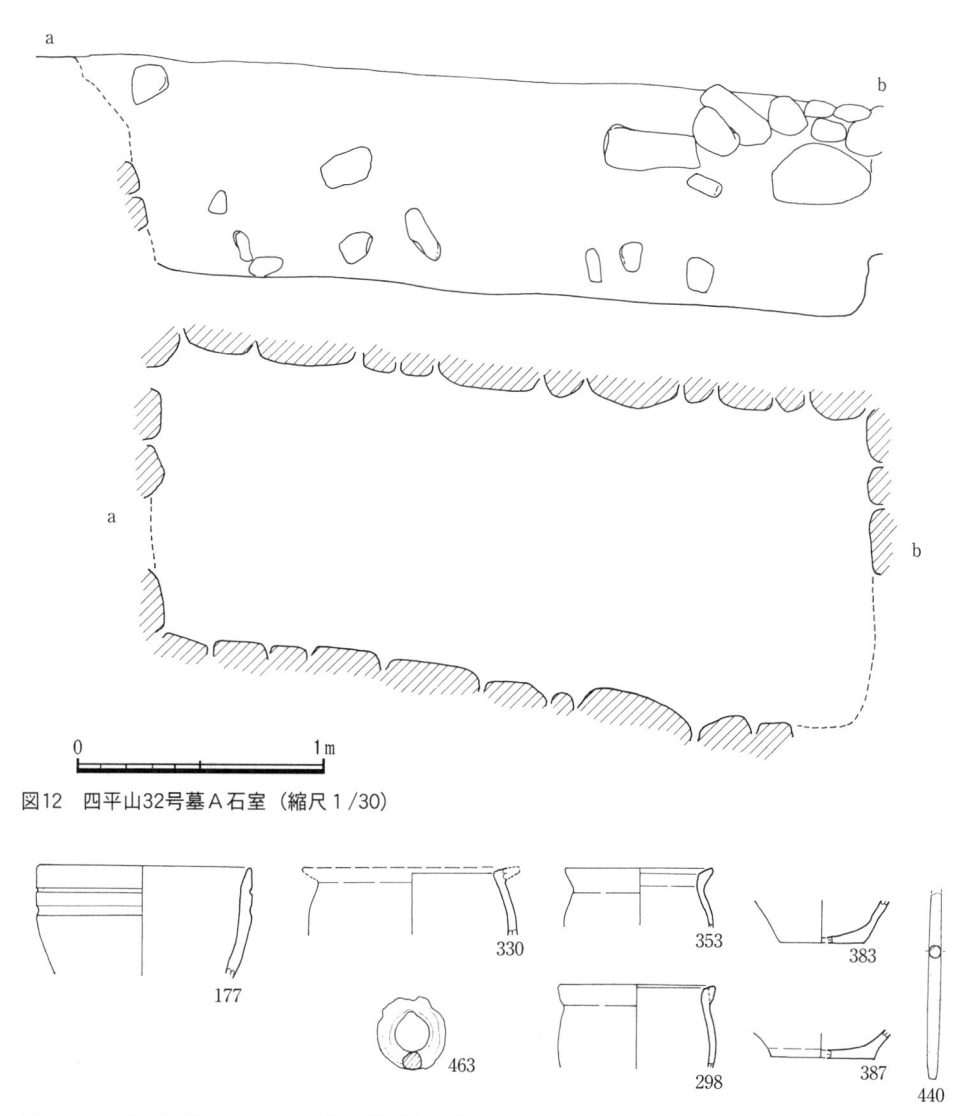

図13　四平山32号墓A石室出土遺物（縮尺1/4）

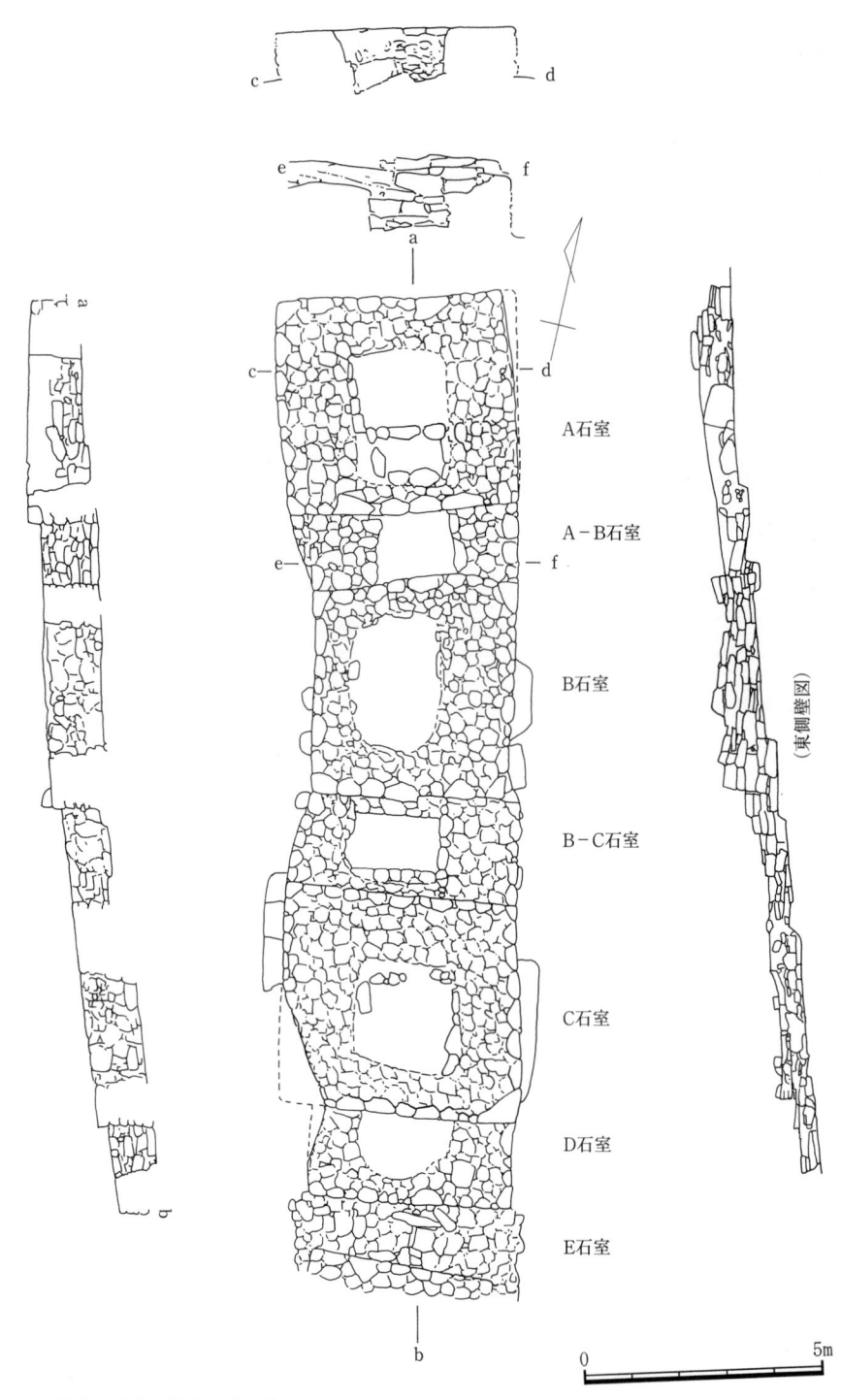

図14　四平山35号墓（縮尺1/150）

その南に隣接する小さな石室をＢ石室と呼んだのであろう。

（森　修・宮本一夫）

3　35号墓

　Ａ、Ａ－Ｂ、Ｂ、Ｂ－Ｃ、Ｃ、Ｄ、Ｅの7基の石室が一列をなしている（図14、図版5・6）。構造上、Ａ、Ｂ、Ｃの石室が構築されて後に、それぞれの石室の間にさらにＡ－ＢとＢ－Ｃの二つの石室が付加されて一列をなすように構築されたものと考えられる。また、Ｅ石室としたものは35号墓と34号墓と間隙に付加的に構築された石室と考えられる。

　Ａ石室（図15・16）

　石室の全体像は明確にすることができなかった。深さ1.2ｍ位で地山の岩盤に達した。石室は少なくとも二つに仕切られており、それぞれから人骨の歯牙や骨片が検出された。歯牙の位置からはいずれも西向き頭位である可能性がある。北側の大きな石室部分では、頭部付近に良質な薄手の黒陶が副葬品として置かれていたであろう。また、土製紡錘車は脚部近くに副葬されたものであろうか。これが副葬品であれば、女性墓であろうか。

　石室の大きさや構造から判断すれば、隔壁から北側に位置する大きめの石室が主であり、隔壁から南側の小型の石室は、大型石室構築後に付加的に設置されたものの可能性が想像される。主室の方を北石室、増

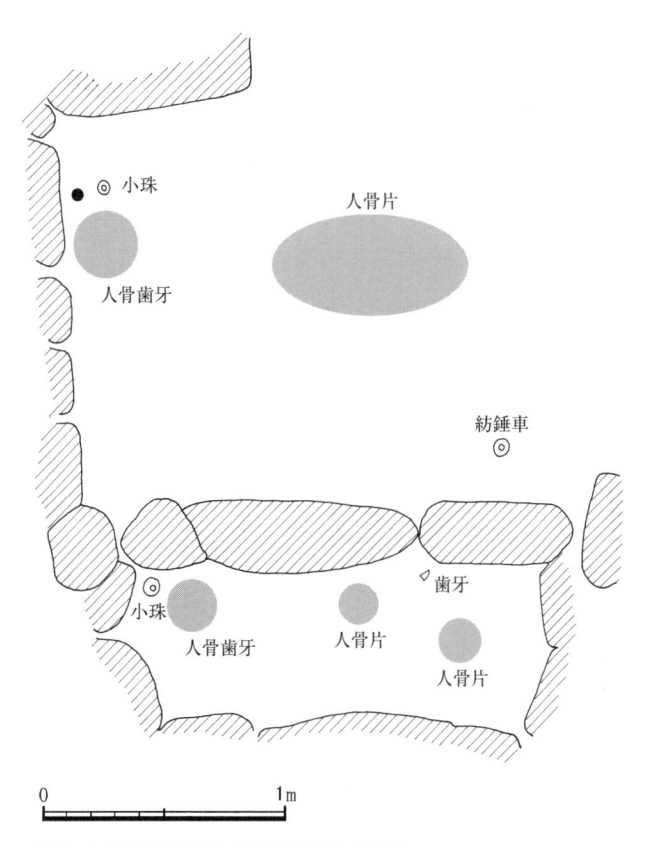

図15　四平山35号墓Ａ石室（縮尺1/30）

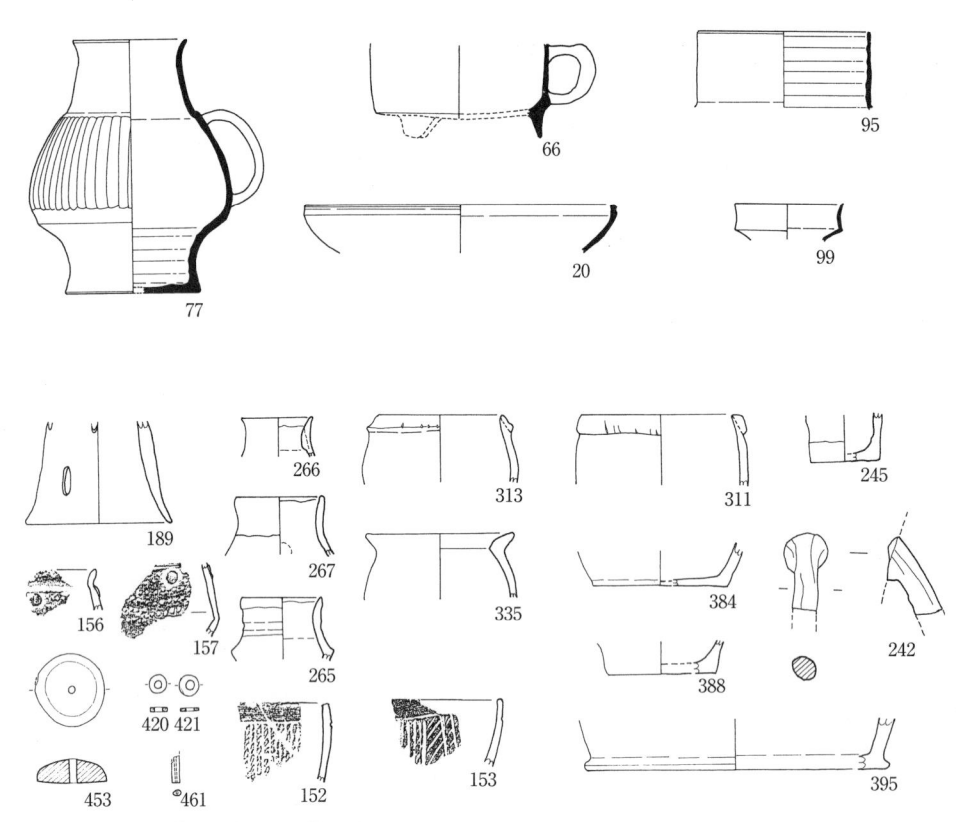

図16　四平山35号墓A石室出土遺物（縮尺1/4）

設されたものを南石室と呼んでおく。

(澄田正一・宮本一夫)

A－B石室（図17・18）

　内法は1.5×1.25mで、深さ1.00mを測る。A石室とB石室の墓葬壁体を利用して石室の長側辺を墓壙壁とするもので、短側辺はA石室とB石室の間に新たに石塊を詰めることによって構築している。これらの点でいえば、A石室やB石室に比べ簡易に作られているとともに、それら両石室の構築後に増築されたものである。発掘の所見からすれば、石室内を深く掘るに従い黒陶の出土量が多く、これに次いで紅褐陶が加わる状況であった。さらに石室底部付近では牙璧や黒陶片多数が発見された。

(八幡一郎・宮本一夫)

B石室（図19・20）

　石室上部表面にはほとんど土を被っていない。この中央部分から掘り始めた。表

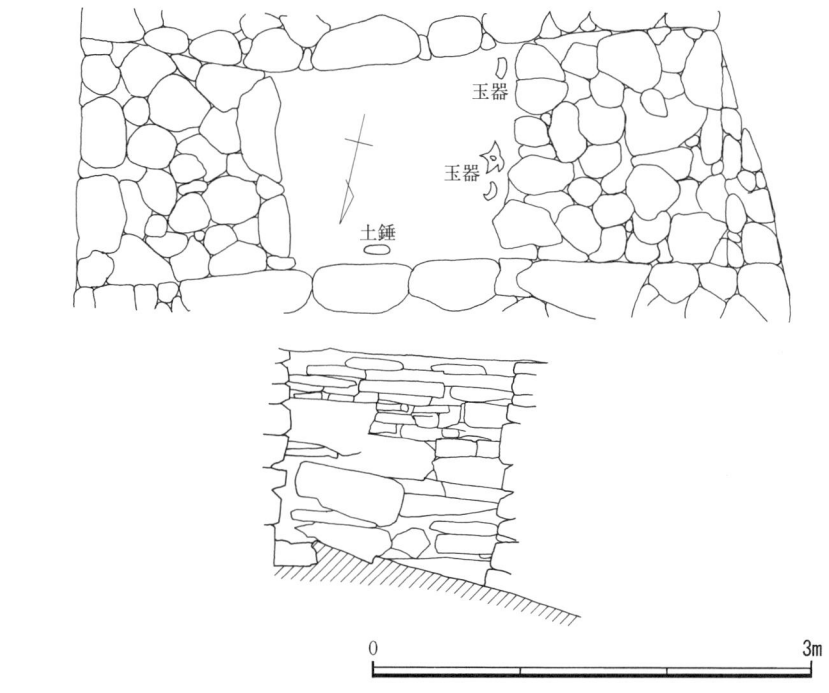

図17　四平山35号墓Ａ－Ｂ石室（縮尺１/50）

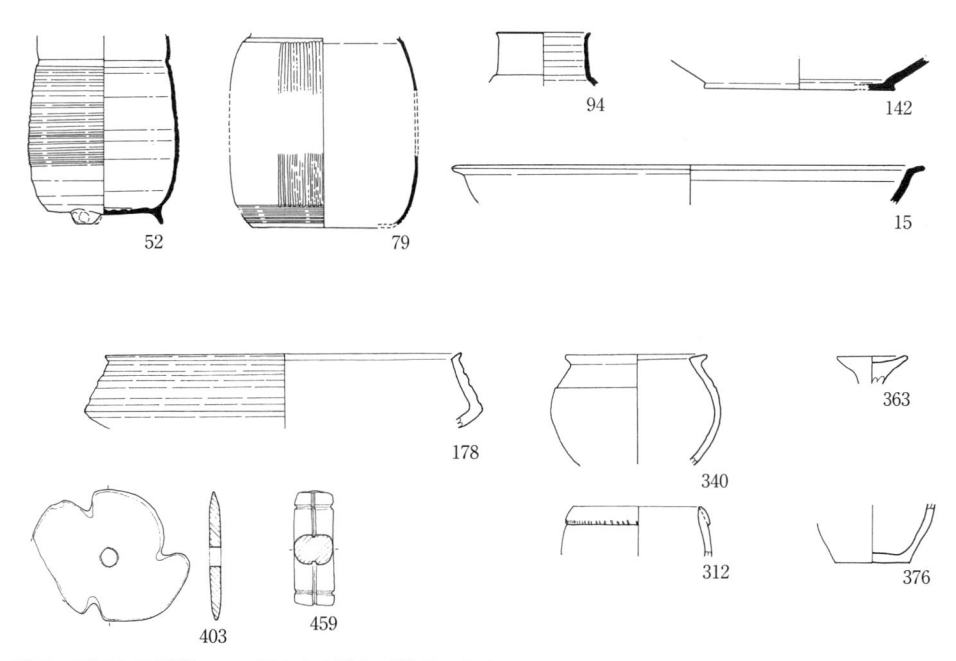

図18　四平山35号墓Ａ－Ｂ石室出土遺物（縮尺１/４）

第２章 ◆ 四平山積石塚の石室と周辺の積石塚 ───── 31

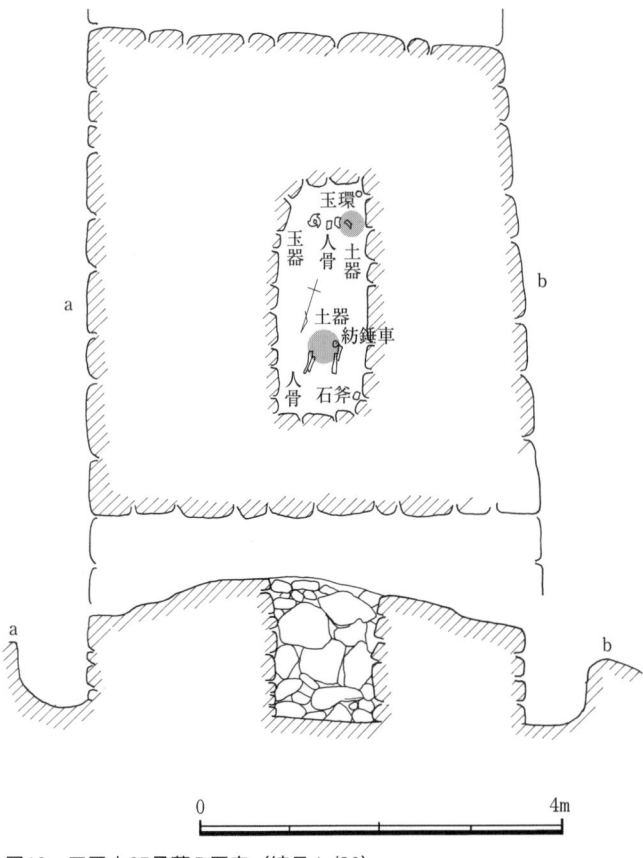

図19　四平山35号墓B石室（縮尺1/80）

面から30cmあまりの深さでは、大型の石は出土しないが、それらの石の積み方は不規則で乱雑である。深さ約40cmの石室南西隅で半切した玉環が出土した。同時に2・3点の紅褐陶の小破片が点在して出土した。これらの深さの地点から蓋石と思われる大型の石とまれに扁平な石が乱積しており、おそらくは蓋石が転落した状況であると考えられる。他の石室と同様にこれらの蓋石の間には土器は出土していない。蓋石を除去後、そこから20cmあまりの下層には石と混じって有機質の土が認められた。北壁近くには人骨の脚部や石斧、紡錘車ならびに黒陶が出土した。南壁近くには頭骨片が2点とともに牙璧や短冊形玉器、黒陶が出土した。頭骨の位置から、人骨の頭位は南向きであると考えられる。

（森　修・宮本一夫）

B－C石室（図21・22）

　B石室の南側壁体に接して発掘を始めると、大きな石が現れ、これを除去してさらに掘り進めた結果、B石室の南側壁体がB－C石室の北側墓壙壁として利用されていることが明らかとなった。これに対して南側の墓壙壁や短側辺の墓壙壁は明らかにできないままであった。さらに深さ1.3mのところから人骨片多数が現れ、さらに玉斧などが発見された。墓底には扁平な石が敷き詰められており、そこに被葬者や副葬品が置かれていたものと判断される。したがって墓壙であることは明確であるが、その平面プランは不明である。おそらくはB石室とC石室築造後に、B石

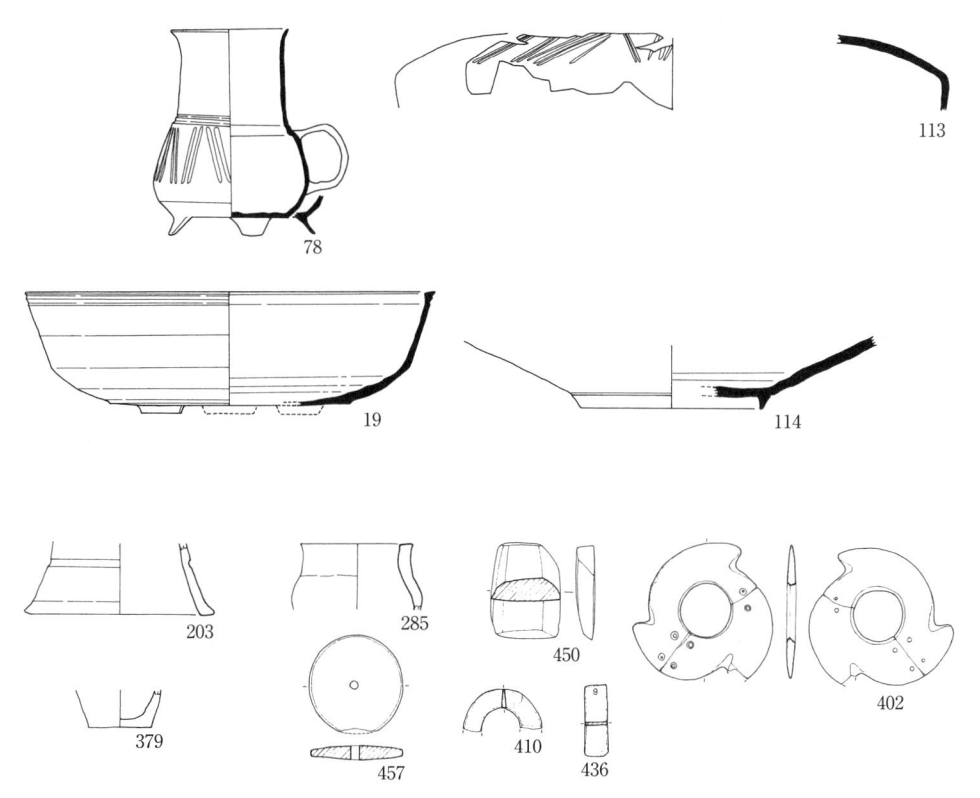

図20　四平山35号墓B石室出土遺物（縮尺1/4）

室とC石室に接して増築されたものであろう。

(八幡一郎・宮本一夫)

C石室（図23・24、図版6－2・3）

　石室の内法は、約1.8×1.9mである。発掘時には、石室上部中心より逐次石を除去したが、蓋石と考えられるものを発見することができなかった。大小の石が混じり合って石室内部に充満しており、遺物の出土傾向は不規則であり、しかも土器は石の間に発見される場合が多かった。土器はことごとく破損していて散乱状態にあった。石室西内壁から約30cm、南内壁から約45cmのところから牙壁1点、さらに西内壁から約60cm、南内壁から約65cmのところでもう1点の牙壁が出土した。これらはともに石室底部に密着していた。石室の壁体は岩盤に直接石を積み上げたものである。石室底面は岩盤そのままで西に傾斜したままであり、特別に敷石がなされていたとは思われない。

(森　修・宮本一夫)

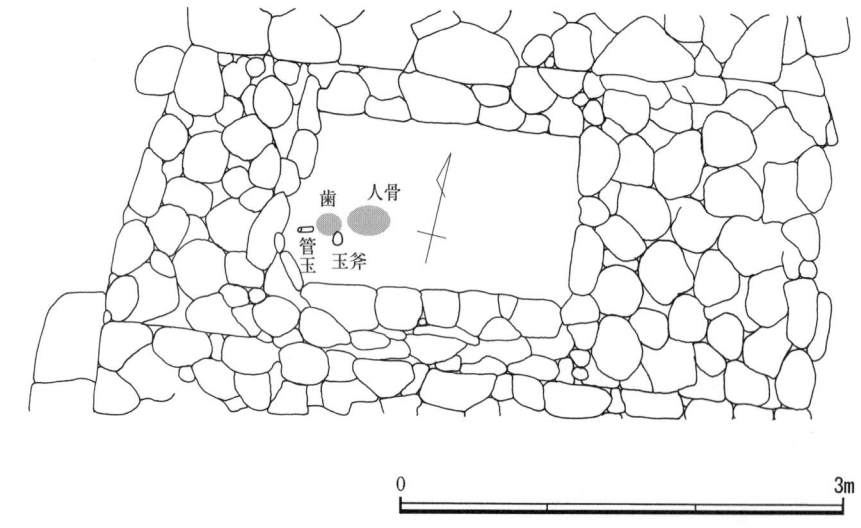

図21　四平山35号墓B-C石室（縮尺1/50）

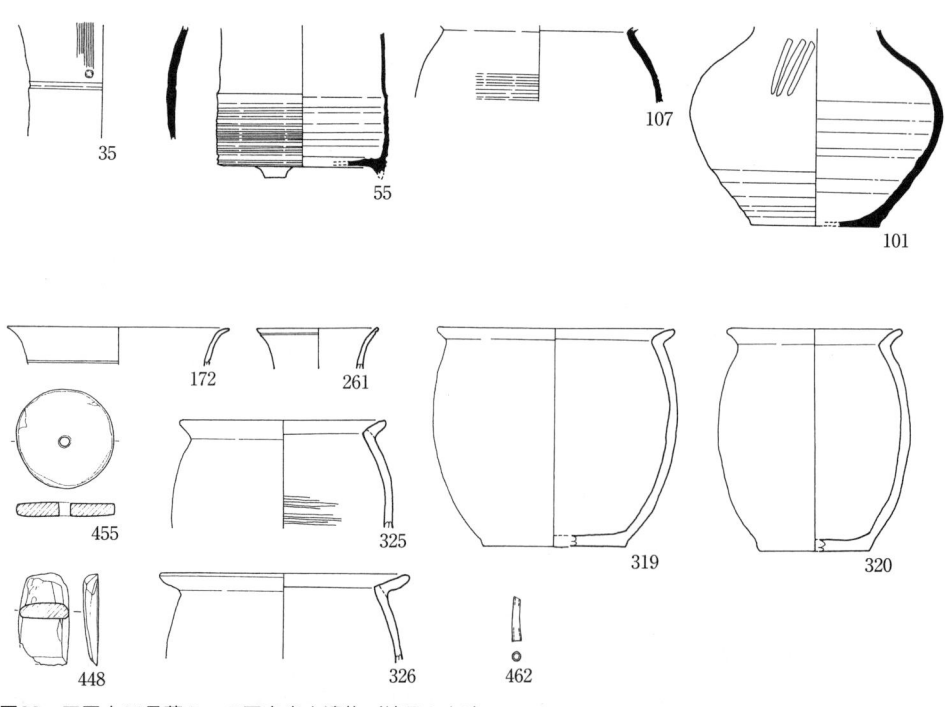

図22　四平山35号墓B-C石室出土遺物（縮尺1/4）

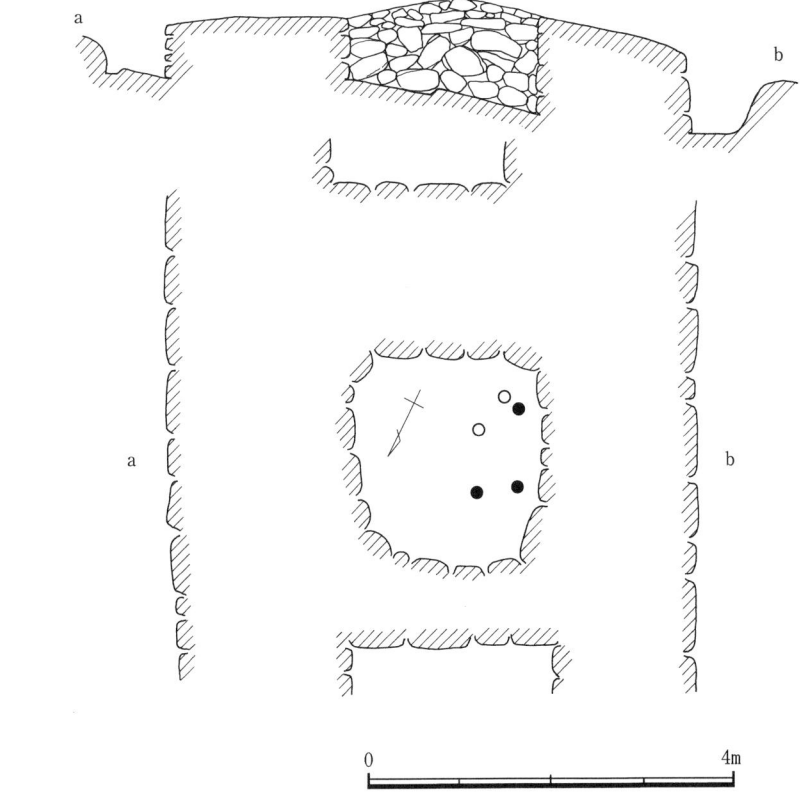

図23　四平山35号墓C石室（●：黒陶、○：牙璧、縮尺1/80）

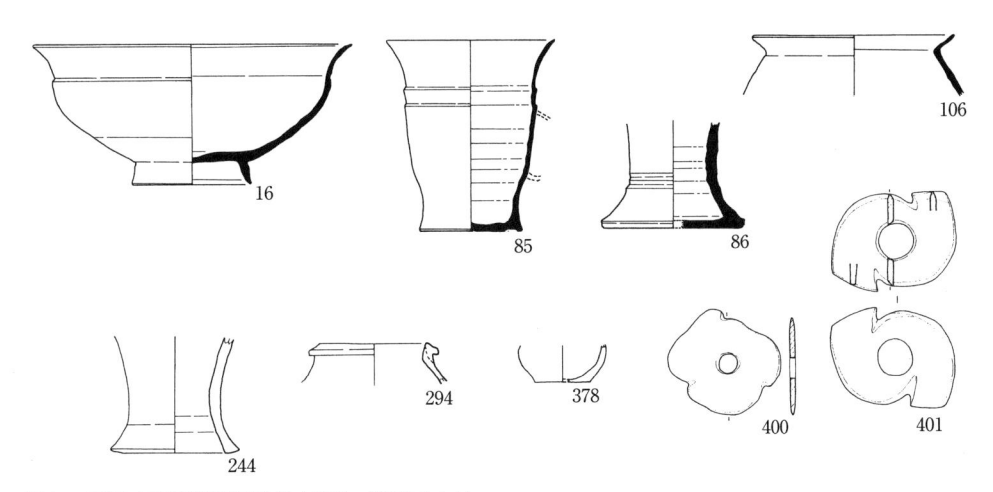

図24　四平山35号墓C石室出土遺物（縮尺1/4）

第2章 ◆ 四平山積石塚の石室と周辺の積石塚 ── 35

4　36号墓

　調査をするにあたって、列状群集墓である36号墓の区画を区分する必要があった。八幡一郎のメモによれば、図25にあるように現状が記され（図版7−1）、石列の途中には意味不明な窪みがあり石が除去された形跡が残っている。区画は35号墓側から数えてAからXの24区画があった（図9・10）。この区画は積石塚のマウンドに相当する単位である。さらに区画間に石室が存在する例を含め、合計31石室が確認された。なお、区画と区画の間に石室が存在する場合、例えばB石室とC石室の区画間に石室が存在する場合は、B−C石室と表記する（図9・10）。この中から比較的残りがよいと思われた南側斜面のE石室、K−L石室、さらに頂上部のP石室やQ石室、北側斜面のS石室、U−V石室中間部、V石室、W石室が発掘された。

　E石室（図26〜30、図版7−2）

　石室平面は長側壁が直線的に平行するが、両短側壁は弧状を呈し外方に張り出す。石室内法は3.7×1.9mを測る。石室内には蓋石と思われる扁平な大石が認められ、中には相もたれ合って合掌状に組み合った形で検出されるものもあり、これらは蓋

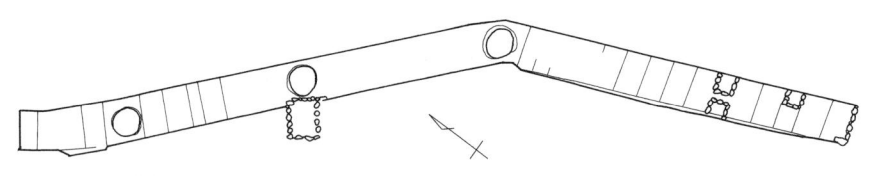

図25　四平山36号墓発掘前の状況

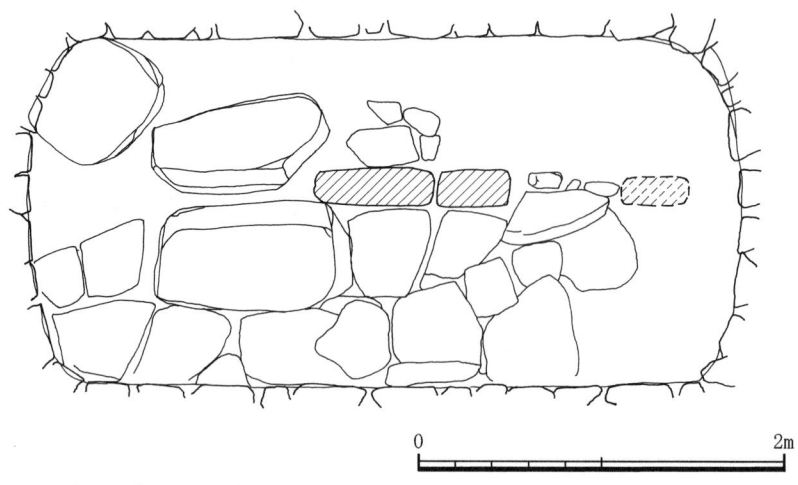

図26　四平山36号墓E石室（縮尺1/40）

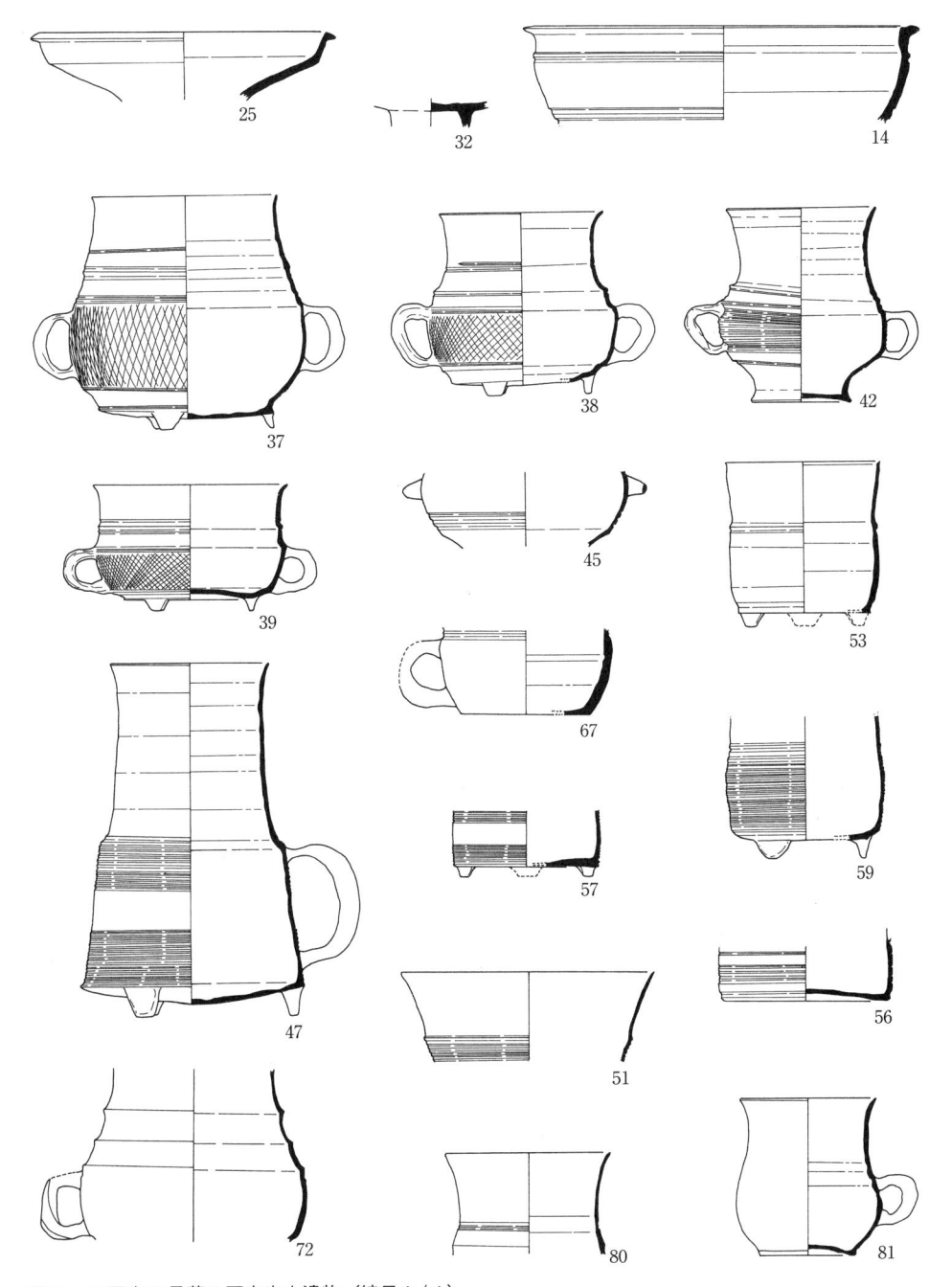

図27　四平山36号墓Ｅ石室出土遺物（縮尺1/4）

石が転落した状態であると考えられる。これら扁平大石は厚さ5cm、幅45cm、長さ70〜60cmを測る。また石室中央部には長軸方向に沿うように隔壁状に3枚の石が認められた。このうち2枚は直立しており、もう1枚は横に転落していた。さらに石

第2章 ◆ 四平山積石塚の石室と周辺の積石塚 ── 37

図28　四平山36号墓Ｅ石室出土遺物（縮尺1/4）

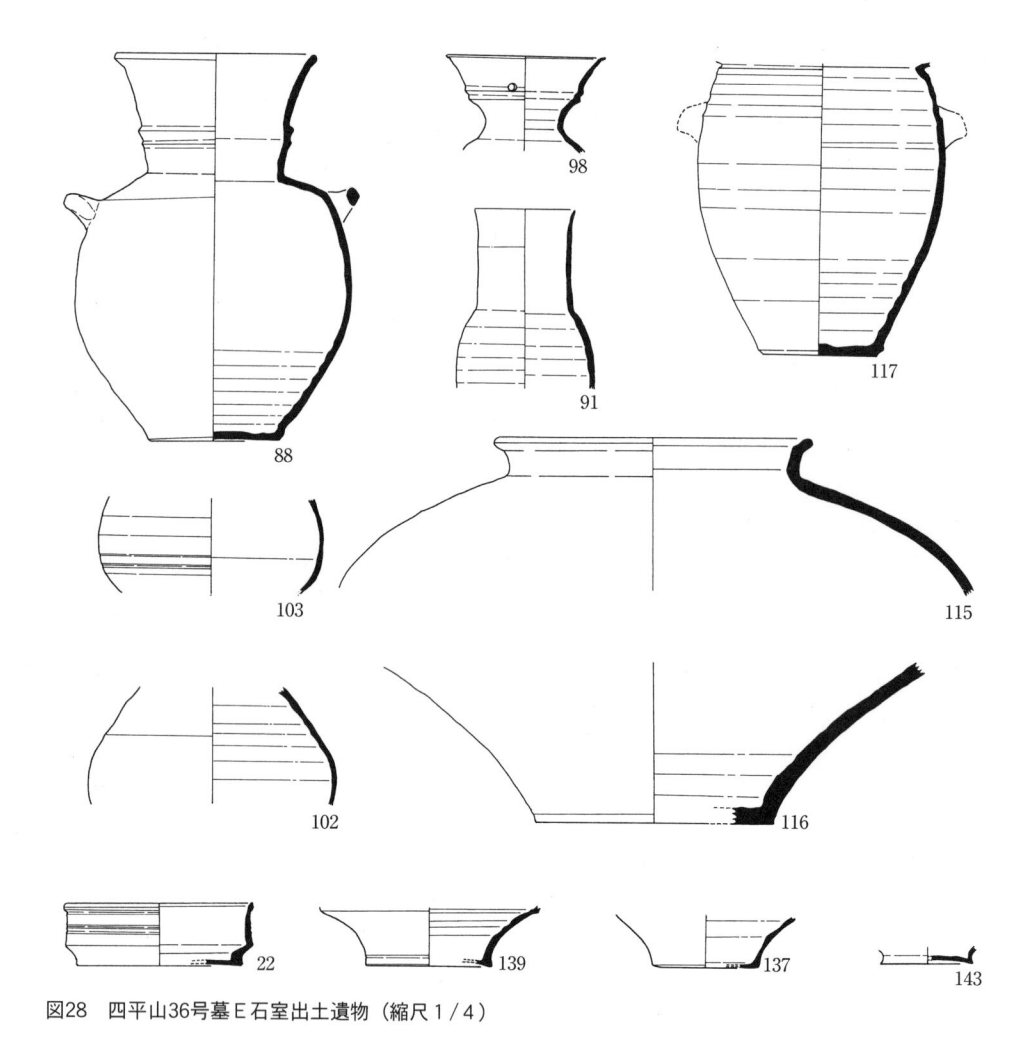

　室底部には部分的ながら敷石が敷き詰められている。
　土器の発見は多量であり、かつ復元可能なものが多々あるべきことが予想される。土器片は石室上部から底部まで認められるが、完形品など大型の土器片は、石によって圧迫させられた状態で発見される場合が往々にしてみられた。特に２、３個以上の土器が群集する場合は、もともとそれらが原位置を保っていたものと判断される。最も土器が多量に出土するのは深さ１ｍ以内のところであり、しかしながら本石室内で蓋石が発見されたのは深さ約1.3ｍ付近である。したがって、当時、蓋石を設置してのちその上に石塊をもって埋めるに際し、土器を入れたのではないかと想定される。すなわち蓋石の上部に供献土器が置かれていた可能性がある。

（八幡一郎・宮本一夫）

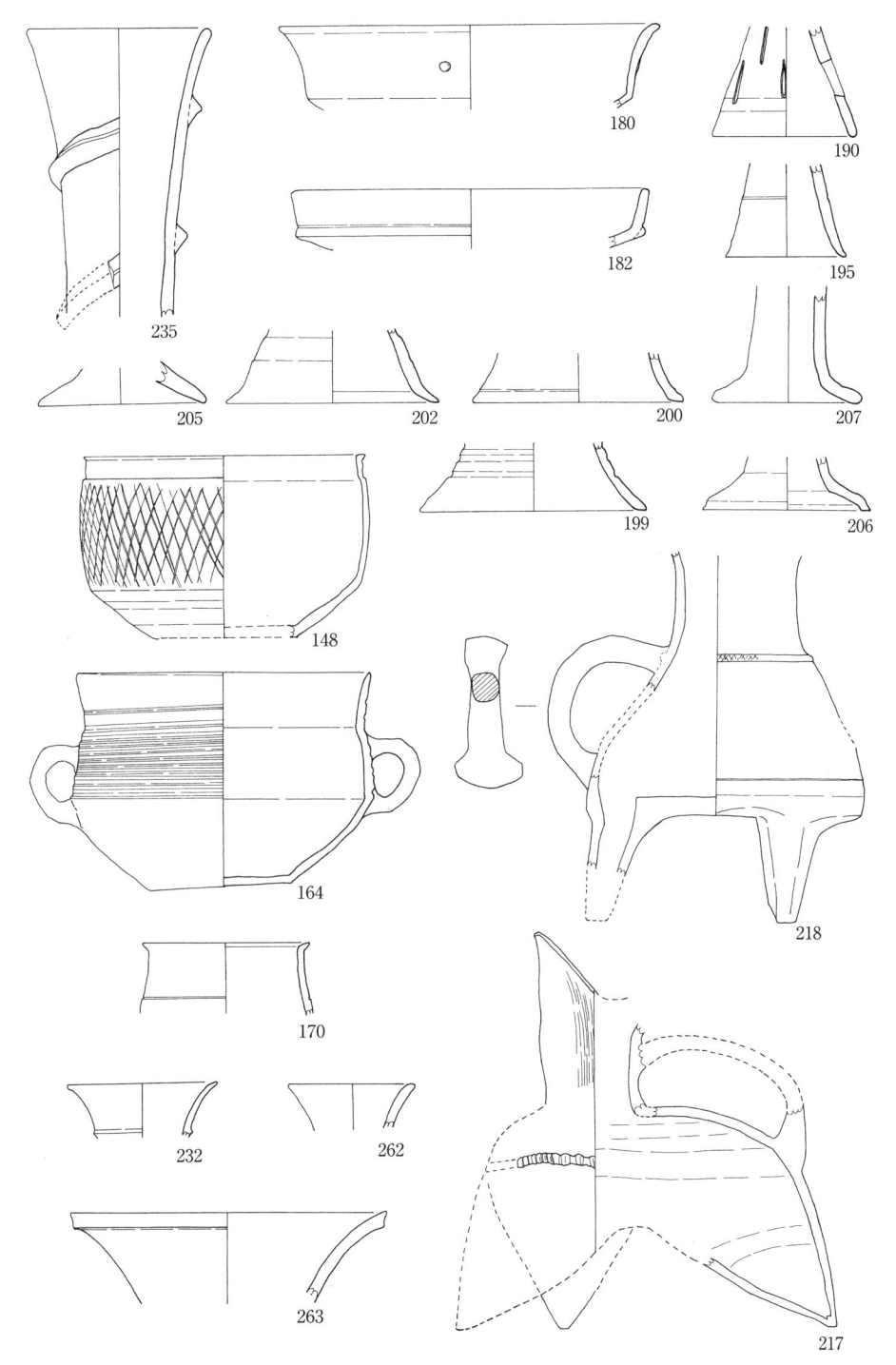

図29 四平山36号墓E石室出土遺物（縮尺1/4）

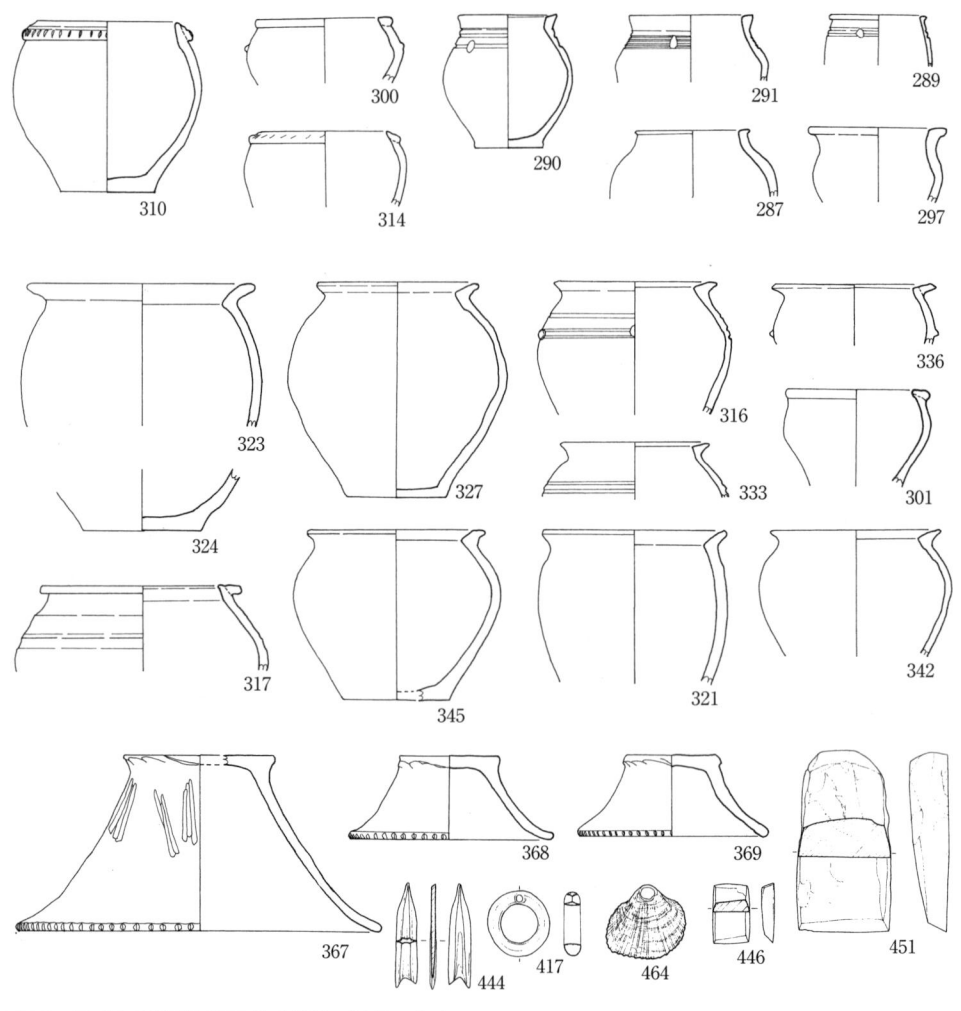

図30　四平山36号墓E石室出土遺物（縮尺1/4）

K－L石室（図31・32）

　L石室の東南側の壁に沿って石室が構築されている。土器は石室の東南部で固まって出土した。この付近では白陶（図32－211～214）も出土した。なお、石室北側で3枚、南側で1枚の蓋石と考えられる扁平な石を確認した。横方向に架した可能性がある。北壁と南壁の短側壁は弧状を呈しており、E石室と同様な構造を呈している。石室底部近くで黒陶、紅褐陶、白陶の破片多数が発見される。その深さは約1.5mほどであり、石室内部には黒色土壌が詰まっていた。また、同じく底部付近の石室北半の東寄りでは、下肢骨かと思われる長骨細片のまとまりを確認する。し

図31　四平山36号墓K－L石室出土遺物（縮尺1/4）

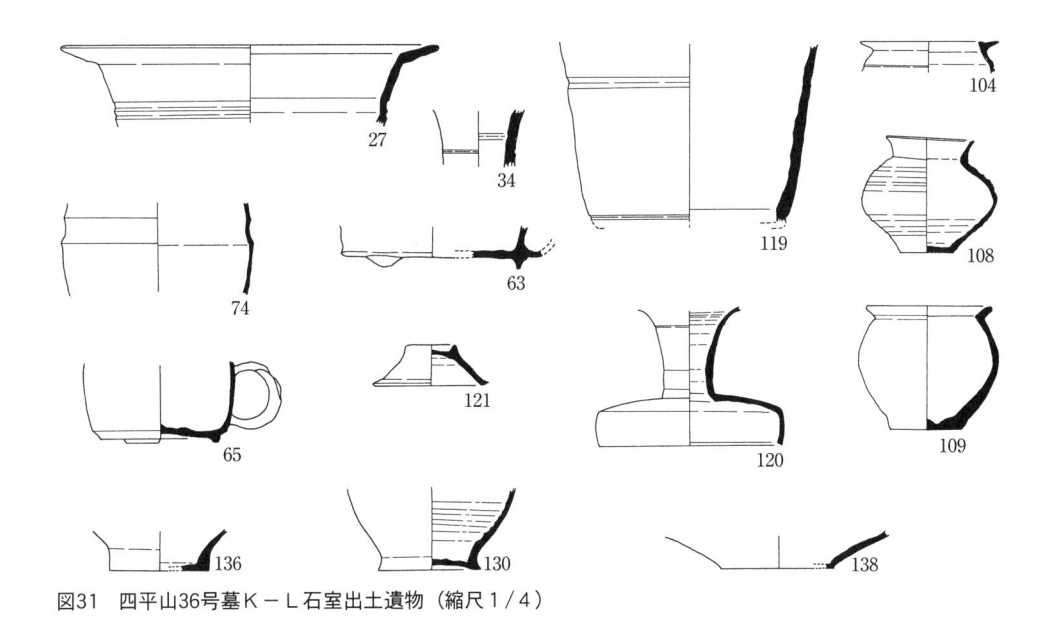

たがって被葬者の頭位は西方向と考えられる。

（八幡一郎・宮本一夫）

P石室（図33～35、図版8・9－1）

　最頂上部に位置する石室である。森は石室の北側から発掘し、八幡は南側から発掘を始めた。当初石室二室が並列したものと予想していたが、結局一つの石室であることが判明した。

　石室上部の石を除去後まもなく黒陶片が出土した。多少の転落はあるが、比較的蓋石がよく残っている（図版8－1）。蓋石はおおよそ大型扁平な石を覆い被せているが、規則的な積み方ではない。遺物のうち特に土器は、同一個体がかなり散在して出土する状況から、それらの土器は副葬当初蓋石またはそれより上方に置かれていたが、何時とはなく積石の隙間から落ち込んだ結果ではないかと想像される。

　蓋石を除去後、その下に詰まった大小の石を除く。土砂の流入は顕著ではなく、石間の空隙は大きく、遺物の保存状態も比較的良好である。深さ1.2m、北壁より1.09m、西壁より58cmの位置で鬲が発見された（図版8－3）。鬲は左足を上方に向け、口縁部を北東に向けて転げていた。土器が集中して出土した地点は、この鬲が出土した地点と、石室北東隅部である。また、石室底部では深さ1.4m、北壁から1.0m、西壁から27cmのところで玉斧が発見された。人骨片ならびに玉器や小玉など装身具は、だいたい深さ1.4～1.5mのところで石室中央部に集中している。

石室底部は多少石を敷いた状態を認めることができるが、明確ではない。底面以上の土砂は有機質土であるが、底面付近は赤褐色を帯びた地山の土である。

（八幡一郎・森　修・宮本一夫）

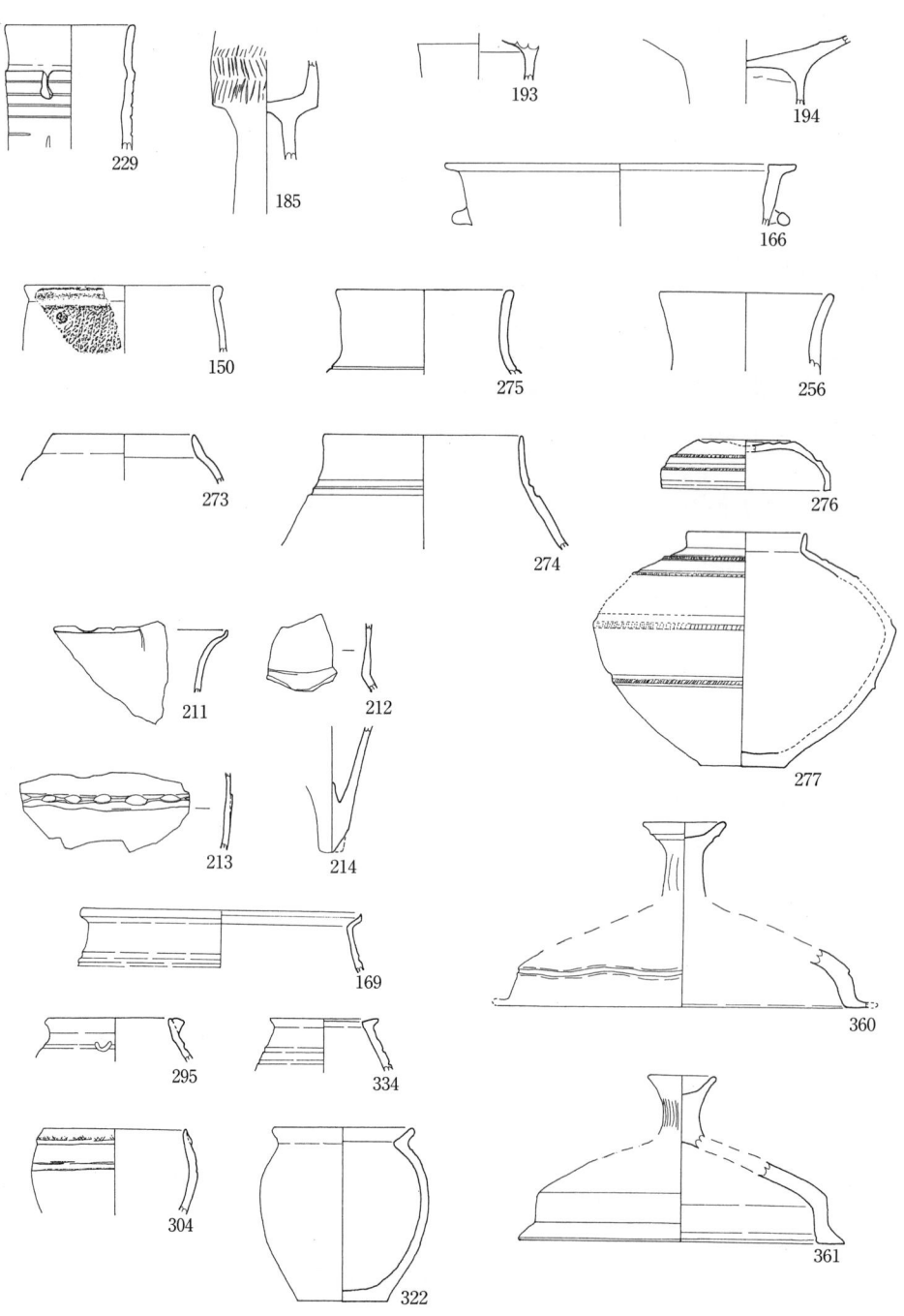

図32　四平山36号墓K－L石室出土遺物（縮尺1/4）

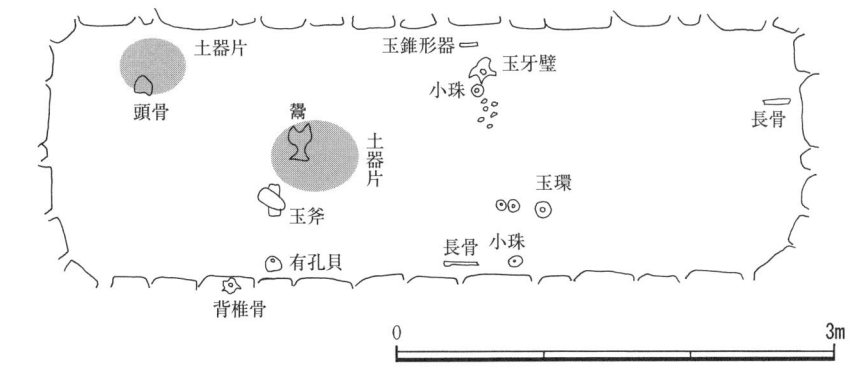

図33　四平山36号墓P石室（縮尺1/50）

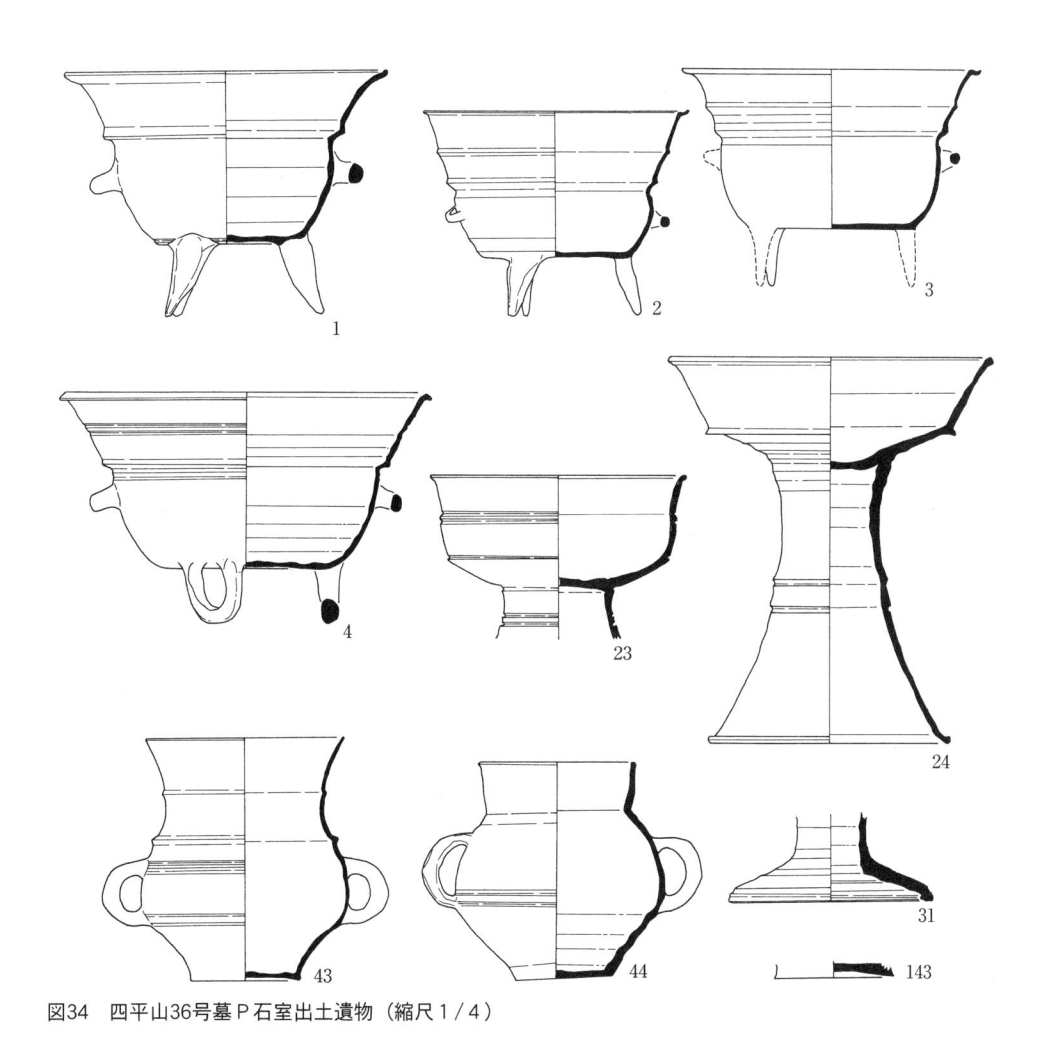

図34　四平山36号墓P石室出土遺物（縮尺1/4）

第2章 ◆ 四平山積石塚の石室と周辺の積石塚 ─── 43

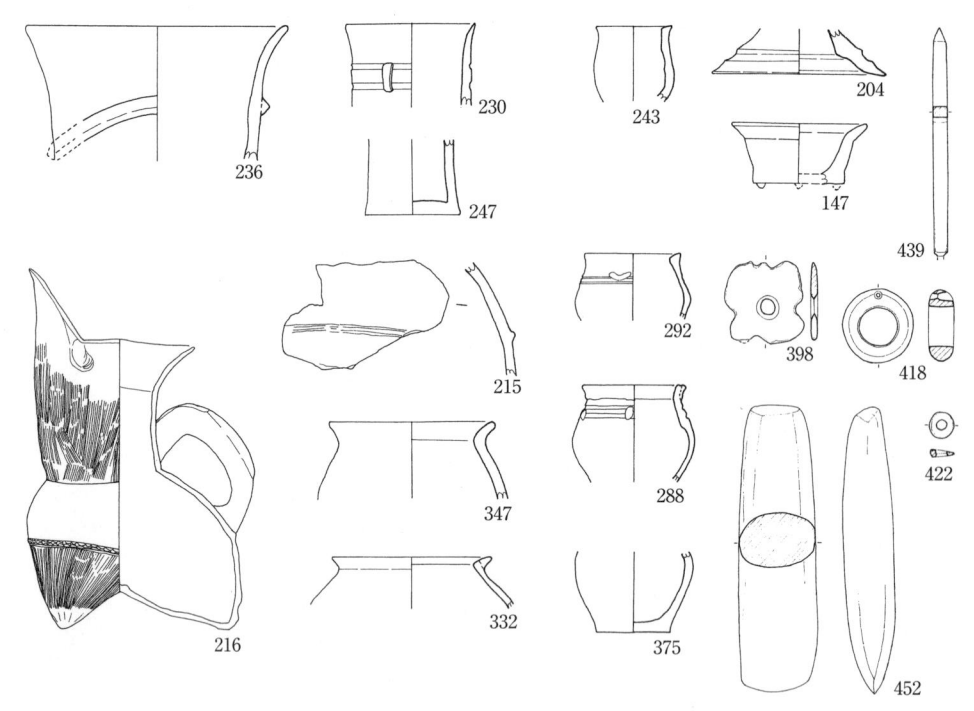

図35　四平山36号墓P石室出土遺物（縮尺1/4）

Q石室（図36〜39、図版9-2）

　石室の大きさは2×1.2mを測る。深さ1m20〜30cmのところで岩盤にあたる。底部付近で一部板石状の石を敷いた痕跡が認められたが、あるいは岩盤の剥離片であるかもしれない。

　深さ90cmの石室東南隅近くで玉戈が発見されたが、この付近が歯牙などの出土位置からして被葬者の頭部であると考えられる。さらに頭部付近では玉製小玉、牙璧など玉器が集中している。石室上部では厚手の明器的な紅褐陶が採集されたが、これらの土器はちょうど玉製品などが集中する頭部付近の真上に位置しており、供献土器であった可能性も高いであろう。これら在地的な土器が葬送儀礼に使われたものとするならば、良質な黒陶は副葬品として宝器的であり、かつ被葬者の身分を表示する可能性もある。

　　　　　　　　　　　　　　　　　　　　　　　　　（澄田正一・宮本一夫）

S石室（図40・41、図版10-1）

　石室内法は1.1×2.0m、深さ97cmである。深さ73cmのところから南壁に近接して紅褐陶が出土し、この地点で蓋石が出土した。蓋石は他の石室と同様に転落した

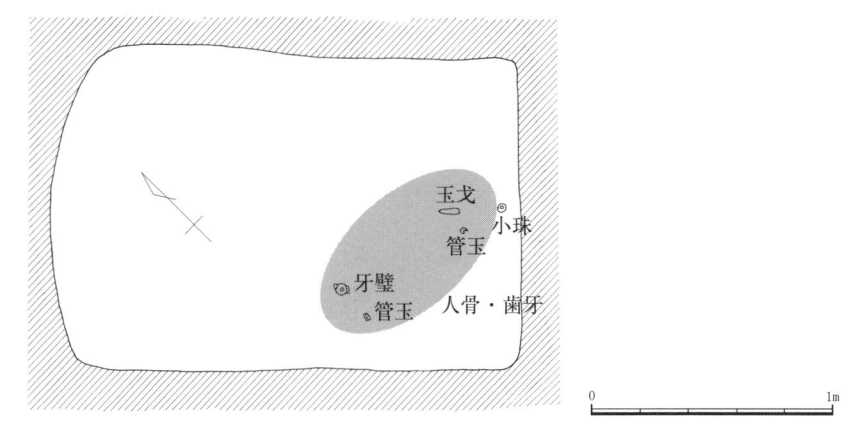

図36　四平山36号墓Q石室（縮尺1/30）

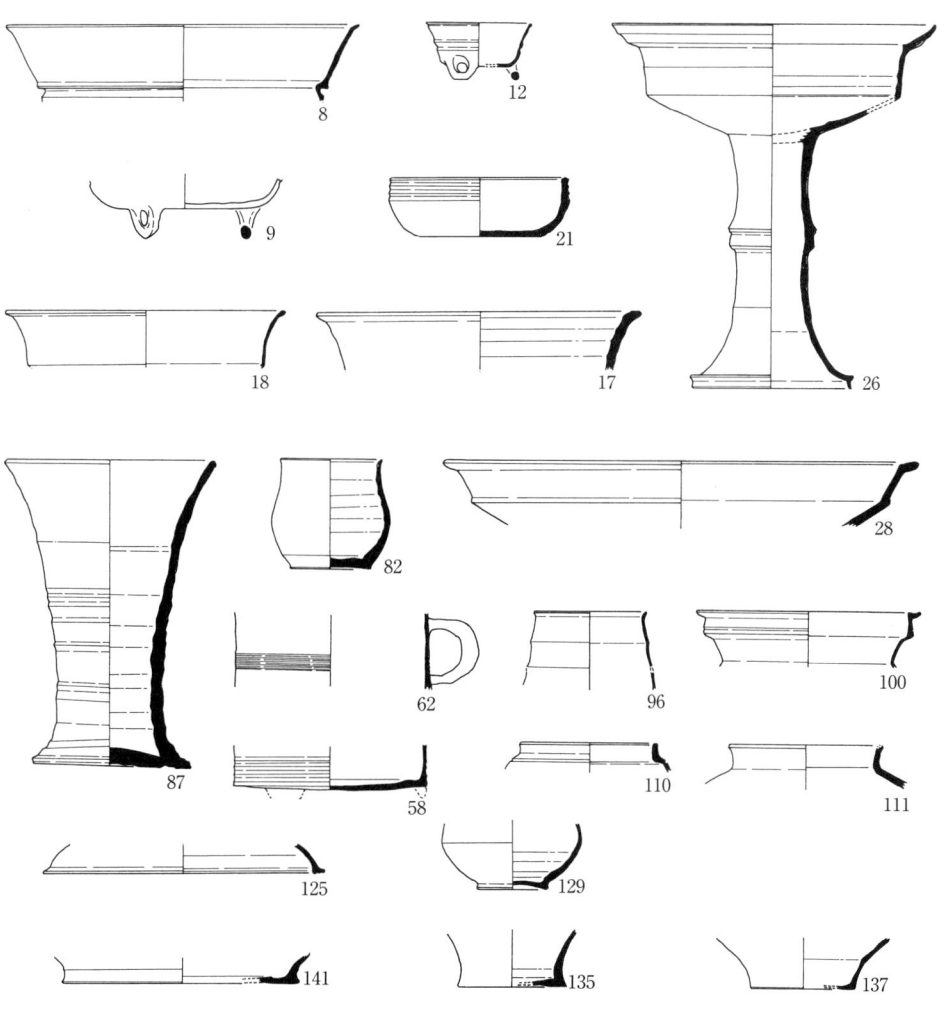

図37　四平山36号墓Q石室出土遺物（縮尺1/4）

第2章 ◆ 四平山積石塚の石室と周辺の積石塚 ─── 45

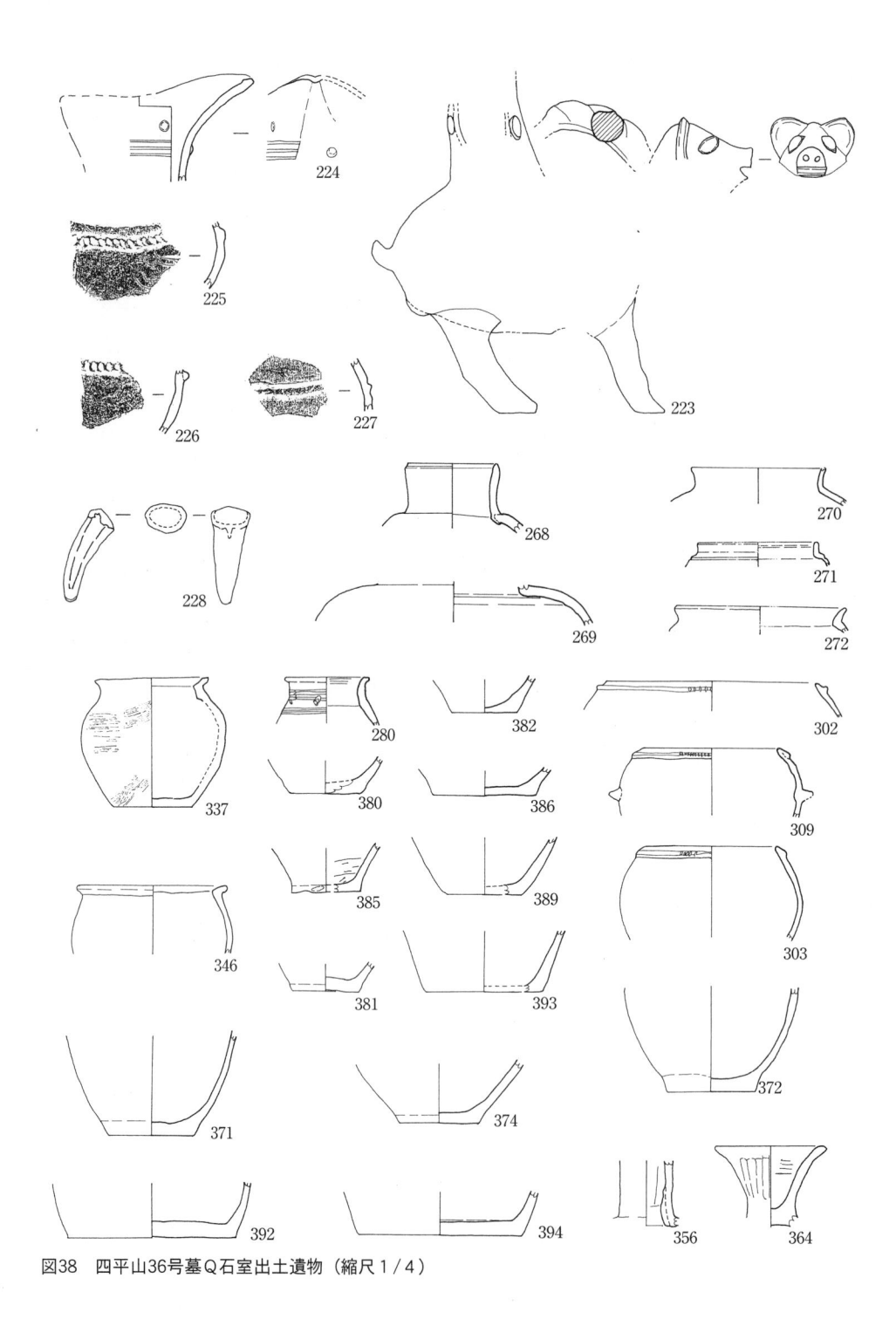

図38　四平山36号墓Q石室出土遺物（縮尺1/4）

図39　四平山36号墓Q石室出土遺物（縮尺1/4）

状態を示している。蓋石を除去し、石室底部の敷石は転落した石とともに腐植土で覆われている。この底部付近で種々の遺物が発見された。北東隅部には人骨脚部が2点認められた。玉器などの主要な遺物は石室の西南部に偏り、ここに頭部が位置するとすれば、頭位は西南方向で、峰の稜線に対して直角方向であったと考えられる。

（森　修・宮本一夫）

U－V石室（図42）

U石室とV石室の壁体間は約1.3mであり、上方に土器破片若干が検出されたが、ここでは石室らしきものを確認できなかった。上方より深さ約50cmほどのところで貝珠を1個発見した。その後、深さ2.09mの南西隅で玉環1点と土器若干を発見する。しかしながら石室平面を確認できなかったため平面実測をしないまま埋め戻

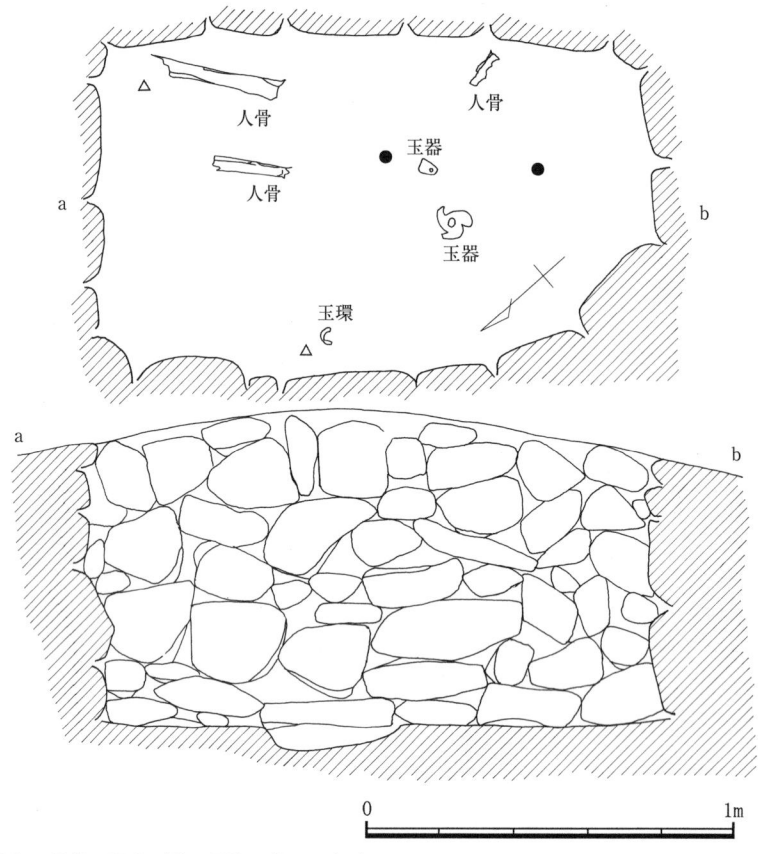

図40　四平山36号墓S石室（●：黒陶、縮尺1/20）

しをしてしまった。その位置は積石塚の全体的な配置図に記されるのみである。これが墓葬であるかどうかは不明である。

(八幡一郎・宮本一夫)

V石室（図43・44）

　積石塚の北壁近くを掘り始めたところ、ほとんど墓葬の表面部において玉環が採集される。この下部に石室が存在すると予想されたが、壁体は存在せず、むしろその南側に石室が存在した。V石室はこの積石塚の中央南側に偏った地点にあり、内法が約1.05m×47cm（1.9×1.1m）を測る。石室内部からは厚さ7cm前後の板石3個が存在する。石室の蓋石と考えられる。深さ60cmのところから黒色腐植土となる。石室の下底部に敷いたと思われる板石上にほとんど完形の黒陶が倒れた状態で検出される。この板石の下は乱雑に石塊が堆積していた。

(澄田正一・宮本一夫)

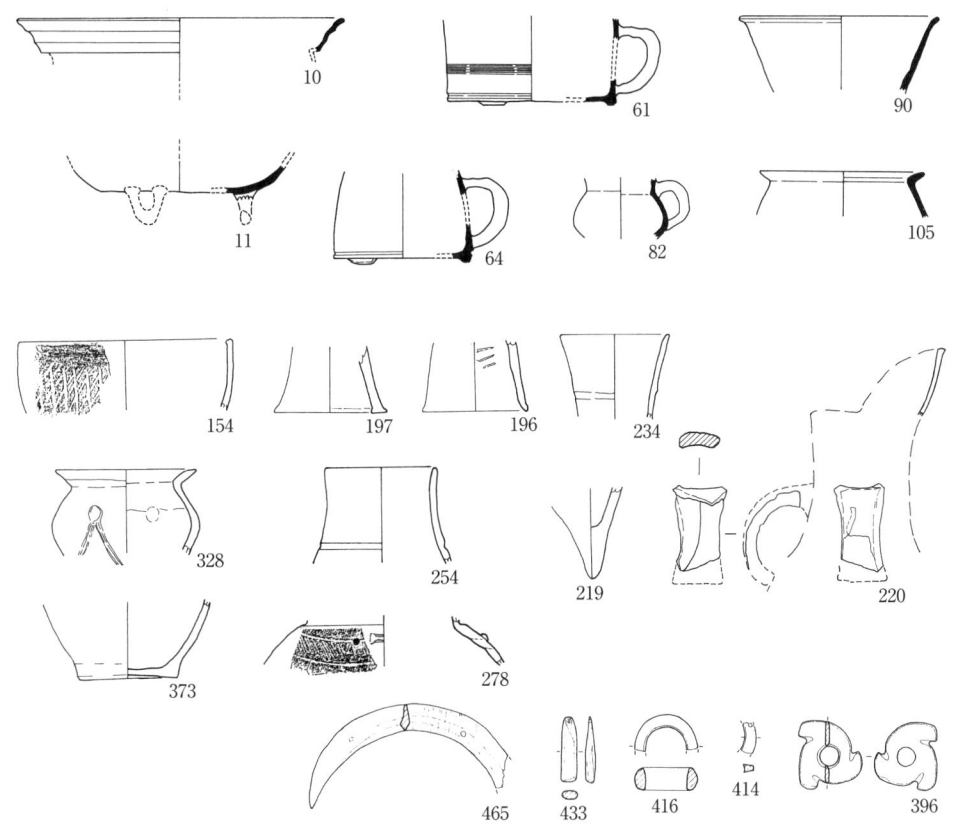

図41　四平山36号墓S石室出土遺物（縮尺1/4）

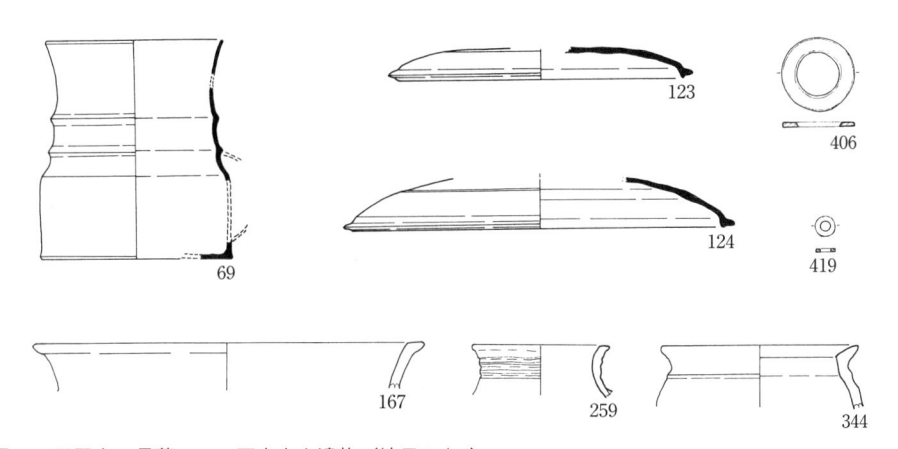

図42　四平山36号墓U－V石室出土遺物（縮尺1/4）

W石室（図45・46、図版10－2）

　V石室の積石部北端に接して窪みが認められ、V石室の北辺に沿って発掘を始める。その付近には厚さ約8cmの蓋石状の板石が散乱して存在していた。その板石

第2章 ◆ 四平山積石塚の石室と周辺の積石塚 —— 49

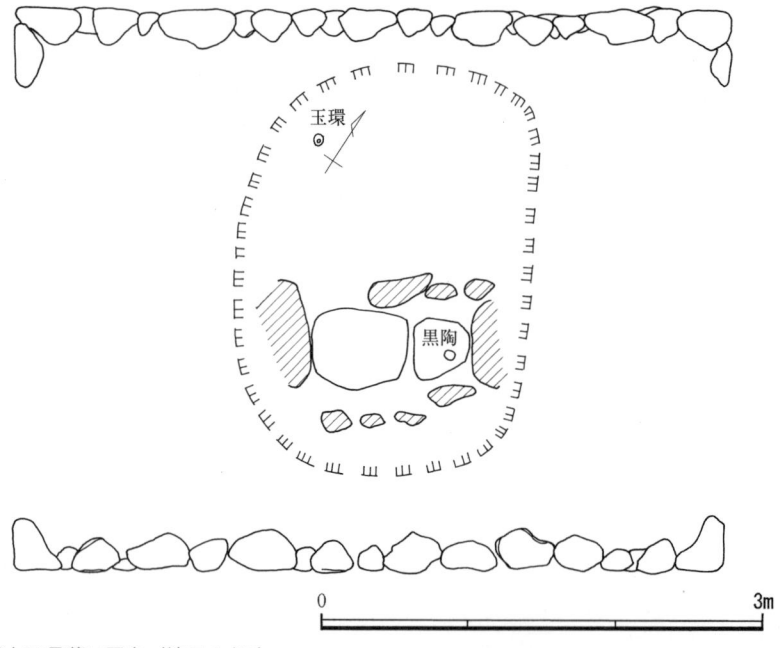

図43　四平山36号墓Ⅴ石室（縮尺1/50）

の下部から遺物が少しずつ現れる。

　石室はⅤ石室の積石部北端を南壁として利用しているものであり、Ⅴ石室築造後に構築されたことは明らかである。Ⅵ石室は東西2.25m、東西0.80mを測る。

　遺物は深さ80cm前後に主として存在する。土器片の出土量は極めて微量である。石室底部には一抱え以上の大石が2、3個認められる。これらの石は底部の敷石とは考えられず、上部から落ち込んだものと判断される。遺物が極めて少ないこととともに、あるいは盗掘によるものであるかもしれない。

　深さ70cmばかりの位置で、厚さ10cmぐらいの蓋石が転落した状態で発見される。石室底部の東端部で土製紡錘車を発見。これは紅褐陶の土器底部とともに出土した。石室の逆側である西側ではサルボウ貝殻の装身具や玉簪が出土している。玉簪の出土位置から類推すると被葬者は西南頭位であったのではなかろうか。

(澄田正一・宮本一夫)

5　37号墓

　積石塚は東西8.5m、南北5.0mを測り、その中央部に東西方向を長軸として、3.4×1.9mの石室が発見された（図47）。単独の墓室からなる積石塚である（図版11）。

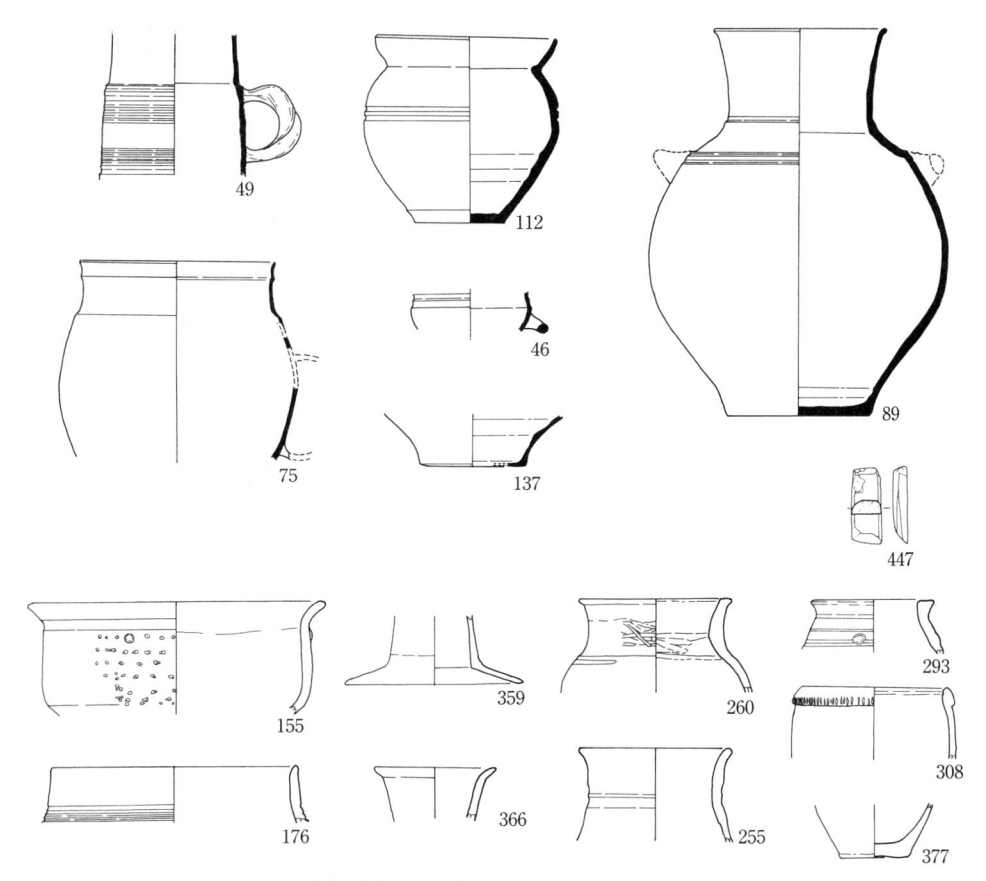

図44　四平山36号墓Ⅴ石室出土遺物（縮尺1/4）

　石室は短側壁が弧状を呈し、長側壁が直線で平行をなすプランを示す。また、石室底部に比べ、石室上部がやや外側に広がる形態を示している。

　積石塚中央よりやや東部分を掘り下げ、東壁ならびに北壁・南壁と探し当て墓室を確認する。墓室上部を掘ると間もなく整然として並列した状態の蓋石を検出することができた（図版12-1・2）。蓋石から石室底部までは深さ約40cmをなす（図版12-3）。

　蓋石除去後、石室内には他の石室とは異なり、内壁の周囲に扁平な石板を並列して置いたような趣がある（図47）。あたかも組合式石棺を思わせるような状態を示している。特に石室西北隅にはほとんど直角に近い形に板石が立っている。他に同様な例がないため強調できないが、蓋石の転落からこのように板石が立った状態になるとは思われない。あるいは埋葬構造の一型式であると見なすべきであろうか。これが正しいとすれば石室内に石棺構造が存在する可能性がある。

第2章 ◆ 四平山積石塚の石室と周辺の積石塚　51

玉簪　　○
　　　　貝製装身具

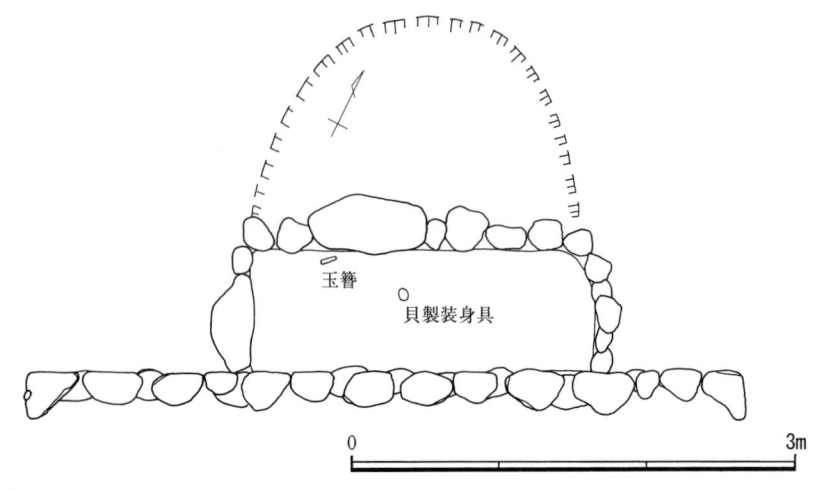

0　　　　　　　　　3m

図45　四平山36号墓W石室（縮尺1/50）

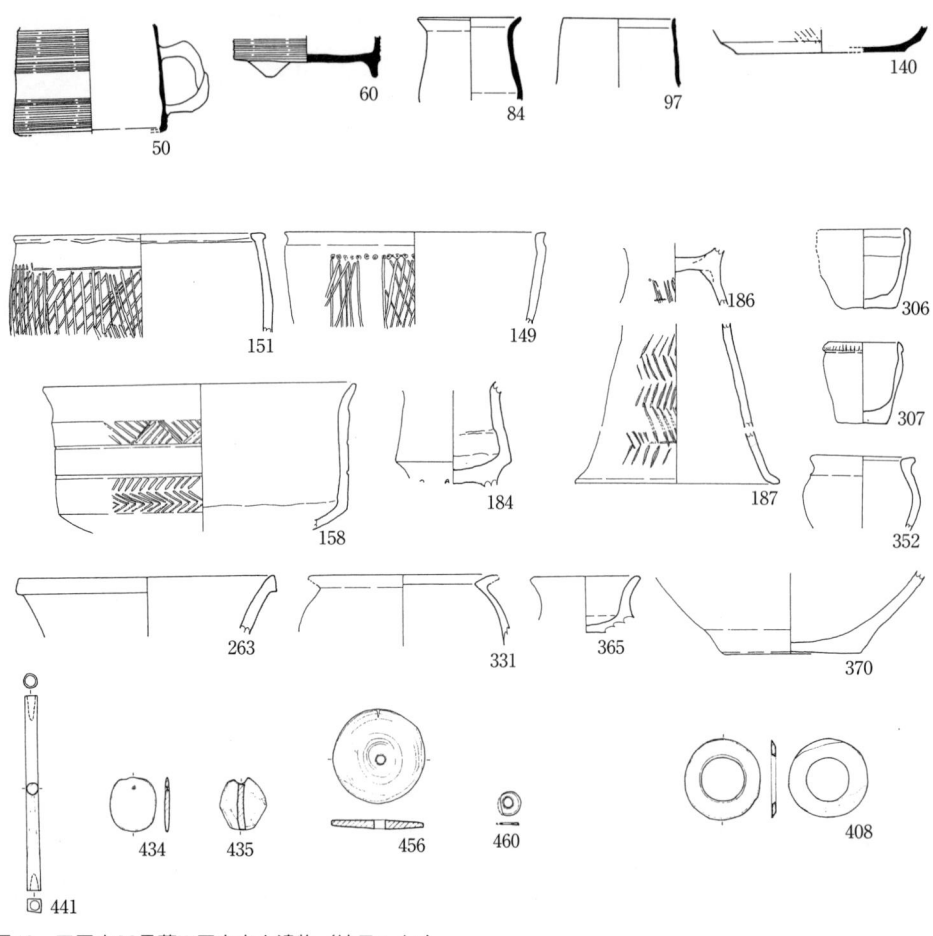

図46　四平山36号墓W石室出土遺物（縮尺1/4）

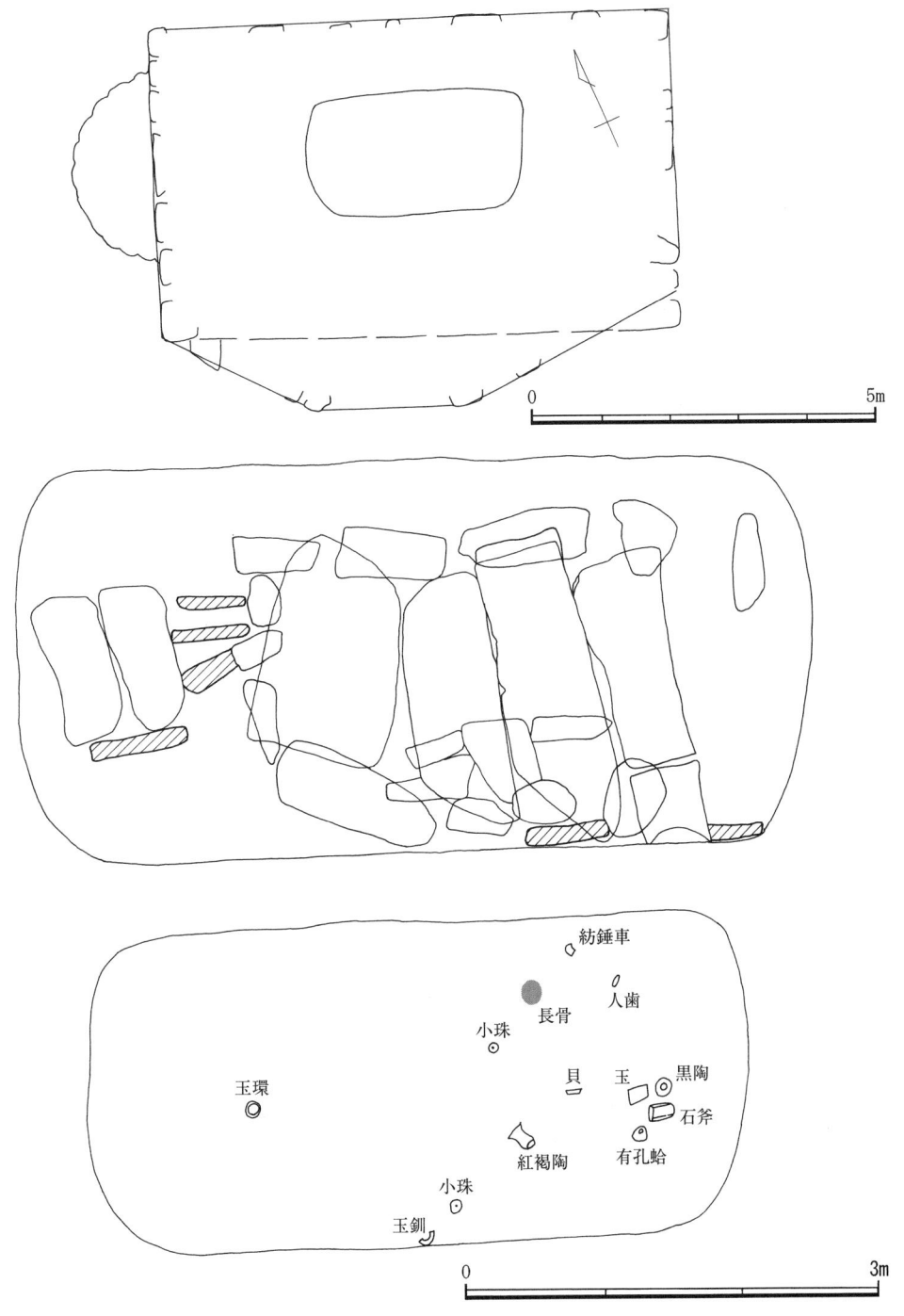

図47　四平山37号墓（縮尺1/100、縮尺1/50）

第2章 ◆ 四平山積石塚の石室と周辺の積石塚

石室南東部に人骨歯牙が発見されたところから、被葬者の頭位方向は東南方向であろう。また、石室底部付近からは図47に示すように遺物がまとまって出土している。土器の大部分は黒陶である（図48）。

(八幡一郎・森　修・宮本一夫)

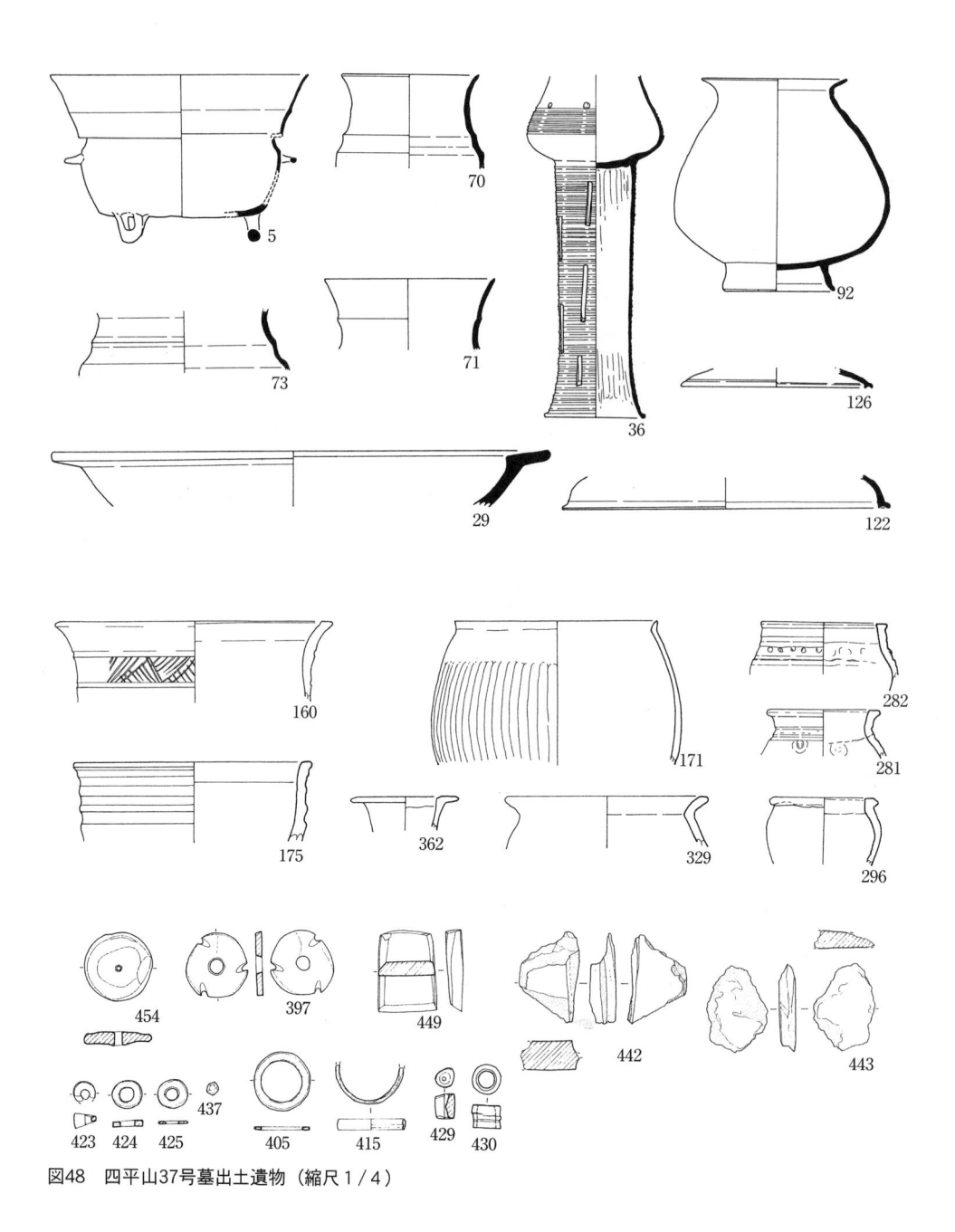

図48　四平山37号墓出土遺物（縮尺1/4）

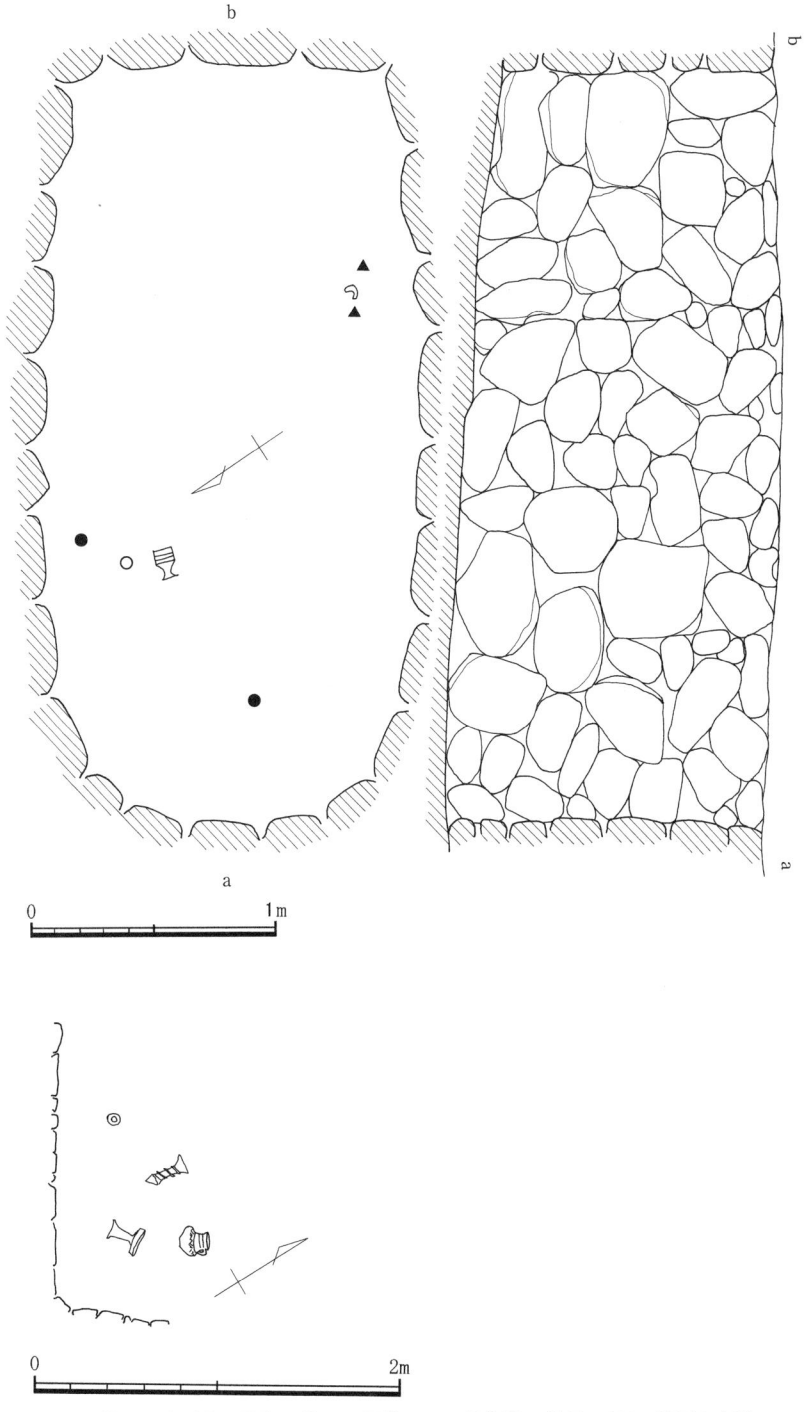

図49　四平山38号墓E石室（●：黒陶、○：玉石器、▲：骨角器、縮尺1/30、縮尺1/40）

第2章 ◆ 四平山積石塚の石室と周辺の積石塚 ──── 55

6　38号墓

E石室（図49〜51、図版14-1）

　他の石室と異なり、内壁の周囲に扁平な板石を並列したようなあたかも組合式石棺のような趣があり、特に石室内西北角には直角に近い形で板石が立っている（図版14-1）。他に類例がないところから判断しかねるが、蓋石が転落して都合よくこのような状態に至ったとは思われない。あまりに石室の周壁に板石が密着して並列しているところから、石室内に石棺構造のようなものがあったのかとも想像でき、特殊な構造の積石塚が存在した可能性を残しておきたい。

G-H石室（図52・53、図版13）

　G石室の西端辺を使い、石室の東壁とする。内法2.8×1.0mを測る。これをG石室とH石室の中間に位置するところからG-H石室と呼ぶ。深さ50cmのところで厚さ6〜10cm前後の蓋石が落下した状態が確認される（図版13-1）。その下はやや黒みを帯びる土色であるが、ほとんど蓋石上部の土と変わりはない。この上部では紅褐陶の小破片が微量採集されたが、蓋石下部からは完形に近い厚手の土器が出てきた。

　　　　　　　　　　　　（森　修・宮本一夫）

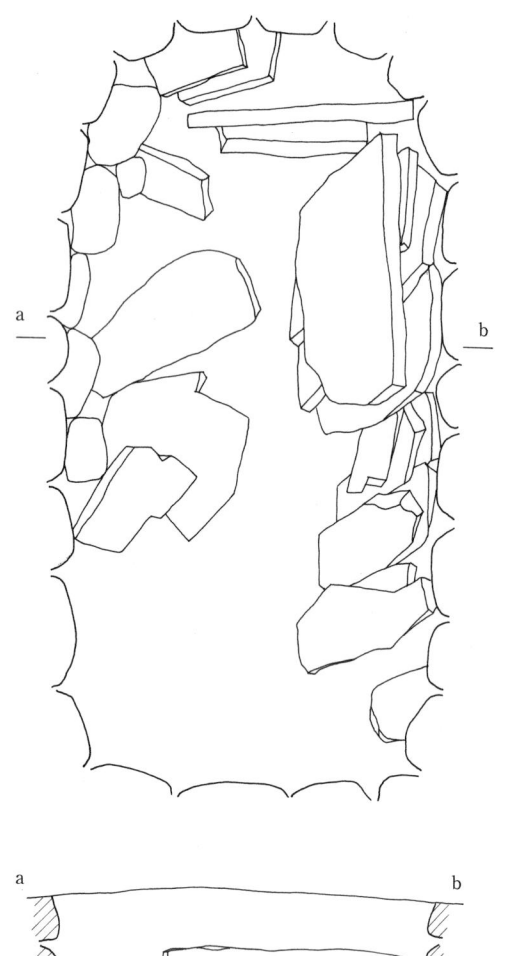

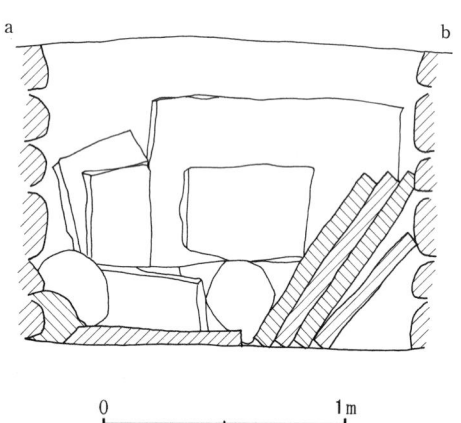

図50　四平山38号墓E石室内板石出土状況（縮尺1/30）

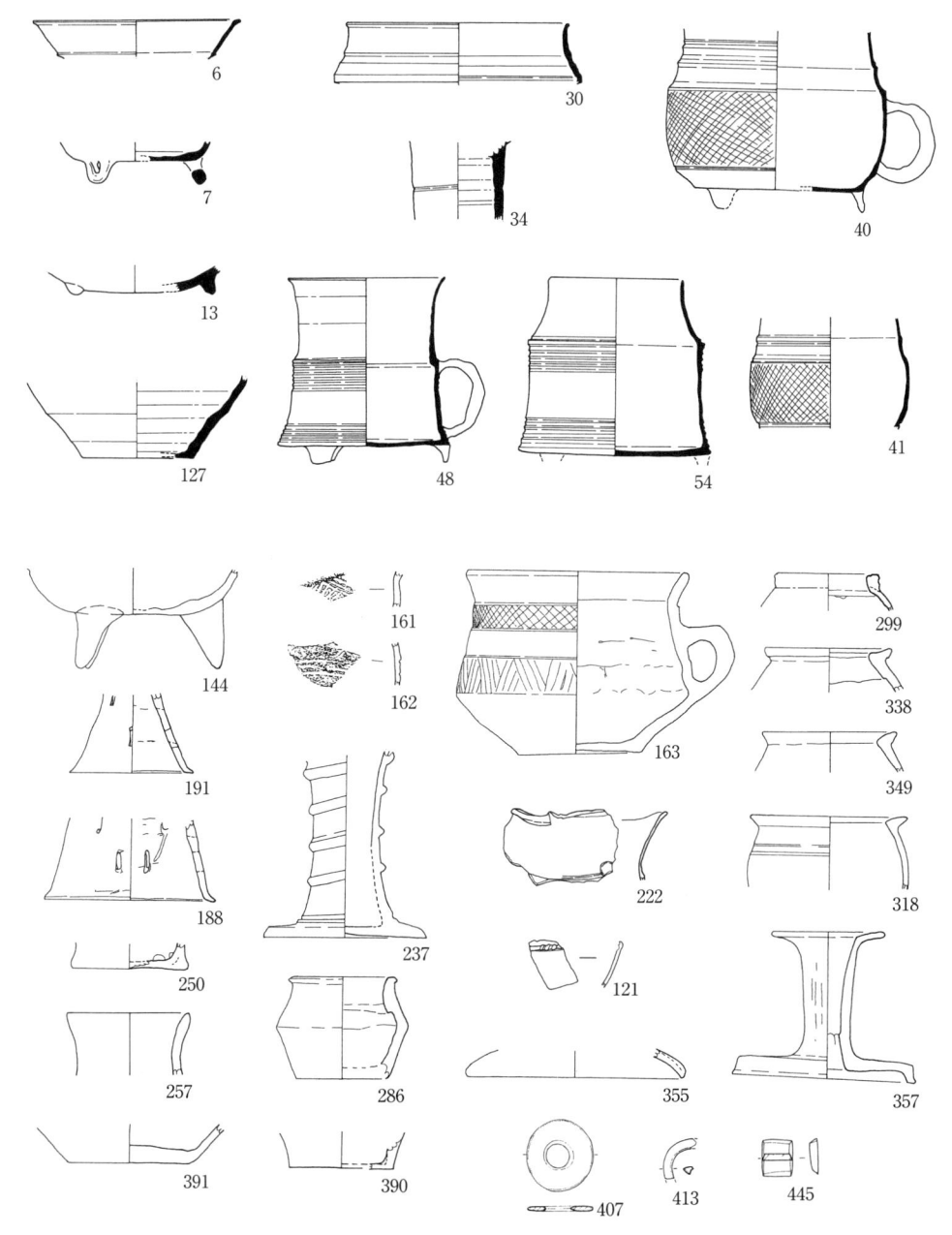

図51　四平山38号墓Ｅ石室出土遺物（縮尺1/4）

7　39号墓

　39号墓と認識した積石塚の表面には、大小の窪みがある。その窪みは近年のものでないことは、その表面の苔むした状況から判断される。先ず大きい窪みの内部の

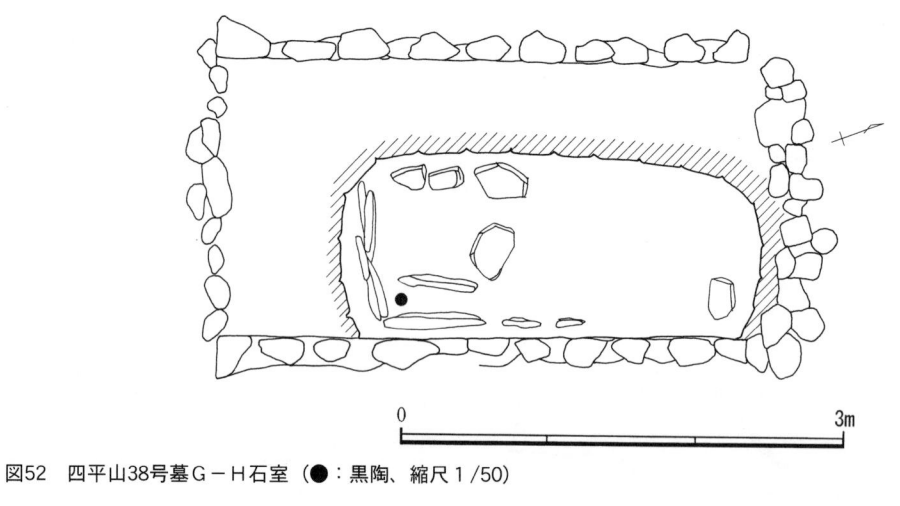

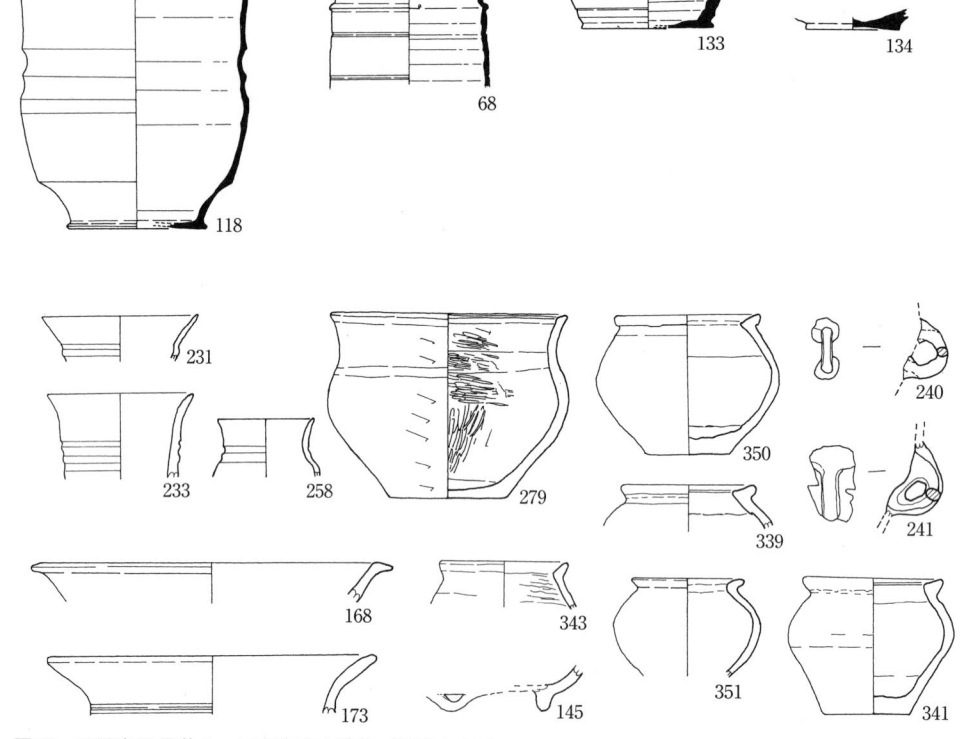

図52　四平山38号墓G－H石室（●：黒陶、縮尺1/50）

図53　四平山38号墓G－H石室出土遺物（縮尺1/4）

　石を除きながら掘り進むが、深さ約1mに達しても石室壁あるいは墓室構造と考えられるようなものを発見することができなかった。さらに窪みの外側まで掘り広げたが、石室壁を検出することができず、発掘作業を止める。なお、発掘時には紅褐

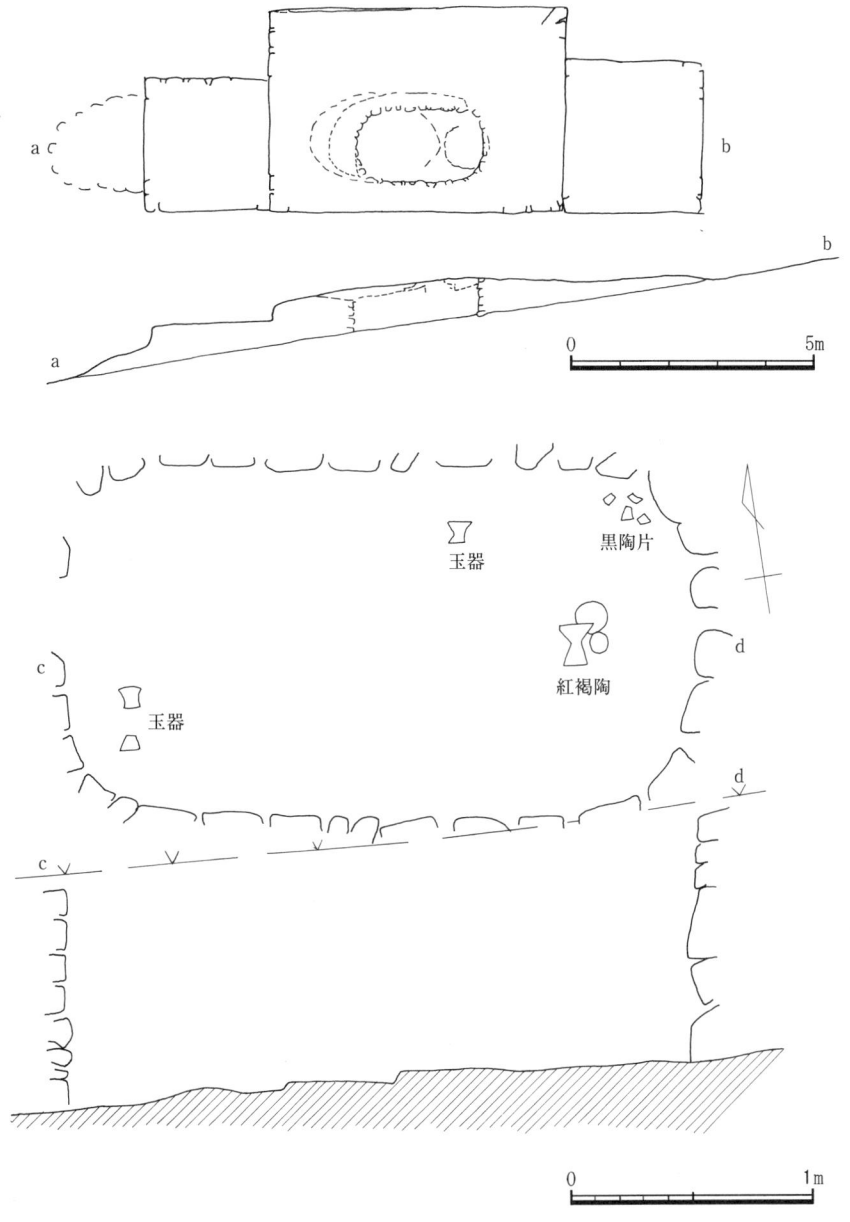

図54 四平山39号墓（縮尺1/150、縮尺1/30）

陶や黒陶は少なからず出土した。

　その後もう一度掘り下げると、石室の壁体を検出することができた。石室の平面形は東西2.6×南北1.4mを測る（図54）。深さは東壁で1.05m、西壁で0.95mである。石室底部で玉器や紅褐陶・黒陶若干を検出した（図55）が、それほどの副葬品を見ないまま底部に達する。なお、石室内に蓋石と称すべきものを発見することができ

第2章 ◆ 四平山積石塚の石室と周辺の積石塚 ── 59

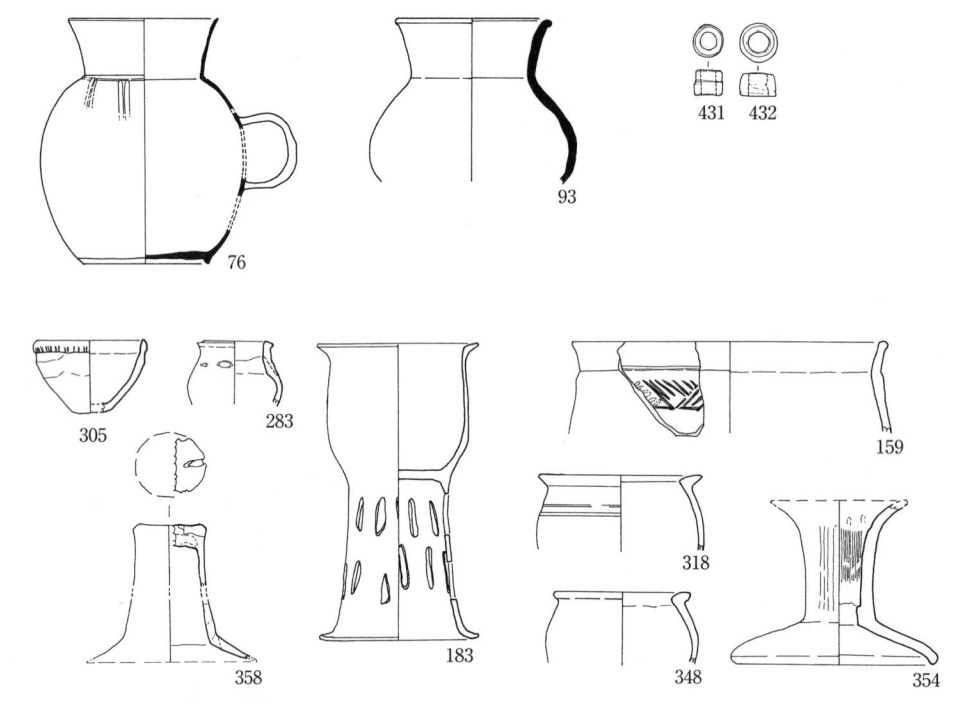

図55　四平山39号墓出土遺物（縮尺1/4）

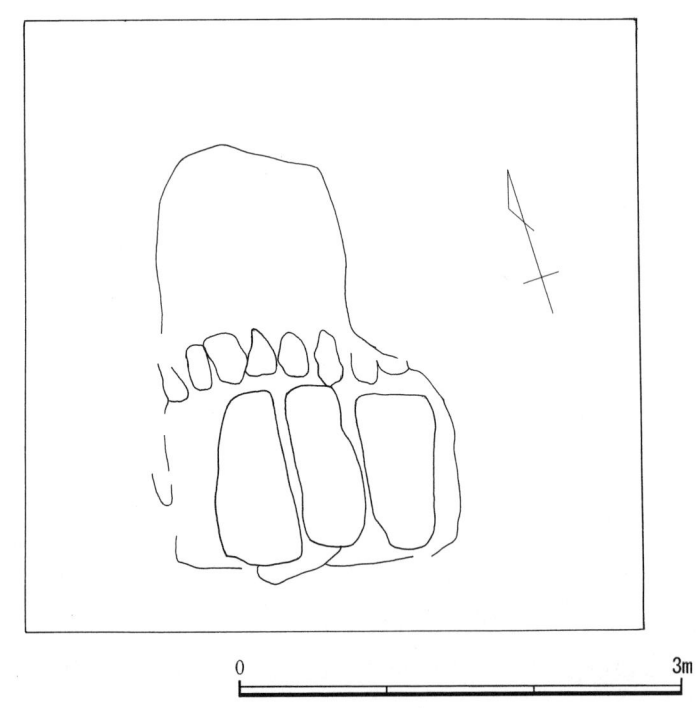

図56　高麗城48号墓（縮尺1/50）

なかった。蓋石が見あたらない点、あるいは副葬品の少なさや積石塚表面の窪みの状態から判断すれば、かなり古い段階に盗掘を受けた可能性も想像されるであろう。

（八幡一郎・宮本一夫）

8　高麗城積石塚48号墓

高麗城の峰に積石塚群が存在する（図57）。その中で約4.0×4.2mの独立区画状の積石塚を選択し、発掘する。墓室は積石塚の中央から南側に偏った地点で、南北方向に長軸をとるようにして石室が確認された。蓋石は長さ1.2m、幅40cm内外の大扁平石が石室内に落ち込んだ状態で検出された（図56・58）。

蓋石を取り除き、底部の中央付近では玉環が、さらに中央部より南側に近い地点では牙璧や黒陶片が出土した（図59）。石室底部の地山は中央部分が窪んでおり、南北隅はレベルが高いとともに東西隅もそれに連なっている。おそらく石室底部の地山中央部を掘り込み、ここに被葬者を安置してのち、石蓋で死体を覆ったものと想定する。あるいは石室内に木棺状の棺を置きここに被葬者を安置し、その上を石蓋で覆った可能性も想定できよう。しかし木棺などの痕跡は発掘日誌には全く記録されていない。

（八幡一郎・宮本一夫）

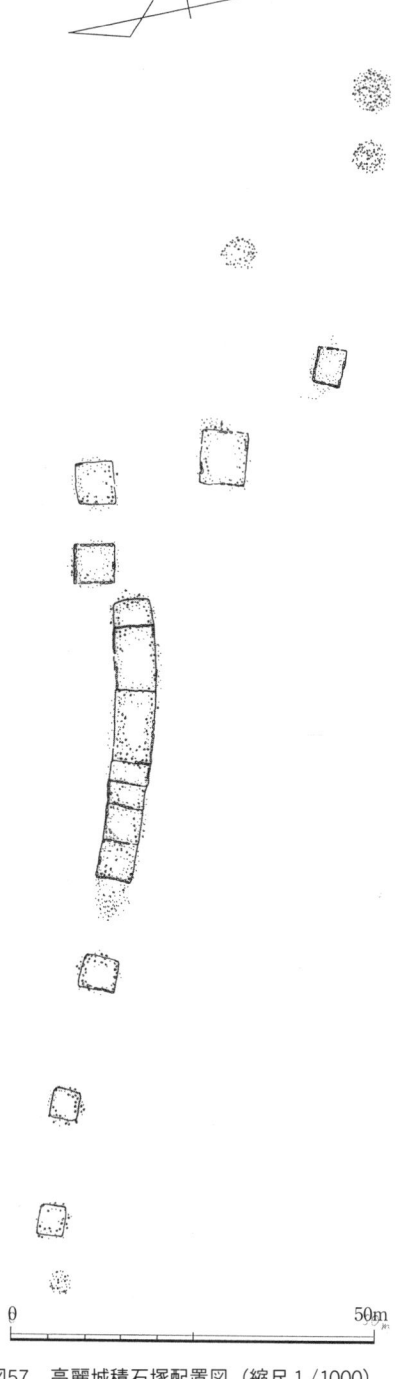

図57　高麗城積石塚配置図（縮尺1／1000）

玉器
牙璧
玉環
黒陶

図58　高麗城48号墓（縮尺1/30）

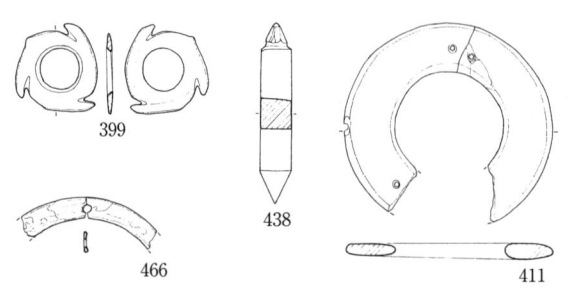

399
438
466
411

図59　高麗城48号墓出土遺物（縮尺1/4）

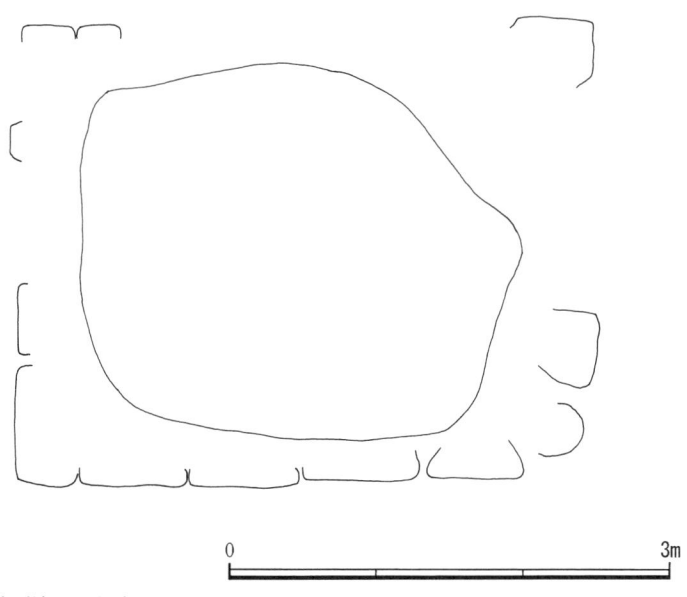

図60　高麗山65号墓（縮尺1/50）

9　高麗山積石塚65号墓

　四平山支脈の高麗山頂に長々と続く石積の一画に試掘坑を入れてみたが（図60）、石室を発見することができなかった。土器も上層に紅褐陶土器が若干あるのみである。そのため発掘は中止することとなる。四平山高麗山65号墓と呼んでいるが、本当に積石塚であるかどうかは不明である。

（八幡一郎・宮本一夫）

10　旗山積石塚60号墓

　四平山支脈の旗山には積石塚が存在する（図61、図版14－2）。その中の一つ旗山60号墓を発掘した。表土から約30cmのところで90×55cm程度の扁平な石が南北方向に並べられており、蓋石と認められる。深さ50cmあまりのところで東南壁に近接して紅褐陶土器の小破片3個が散在している。石室内部の壁体は比較的扁平な石が積まれている。石室底部に達しても埋土の色は変化せず、扁平な大型の石が不規則に並べてあり（図62）、敷石ないし転落した蓋石の一部かと考えてみたが判然としない。なお、これらの石を除去し底部を捜索したが、遺物は認められなかった。

（森　修・宮本一夫）

図61　旗山積石塚配置図（縮尺1/1000）

11　大牛巻山積石塚

　大牛巻山は四平山の南に続く峰であり、標高は四平山に続くものである。積石塚は頂上から南の稜線と西方に流れる支脈に点在する。森が発掘したのは頂上に位置

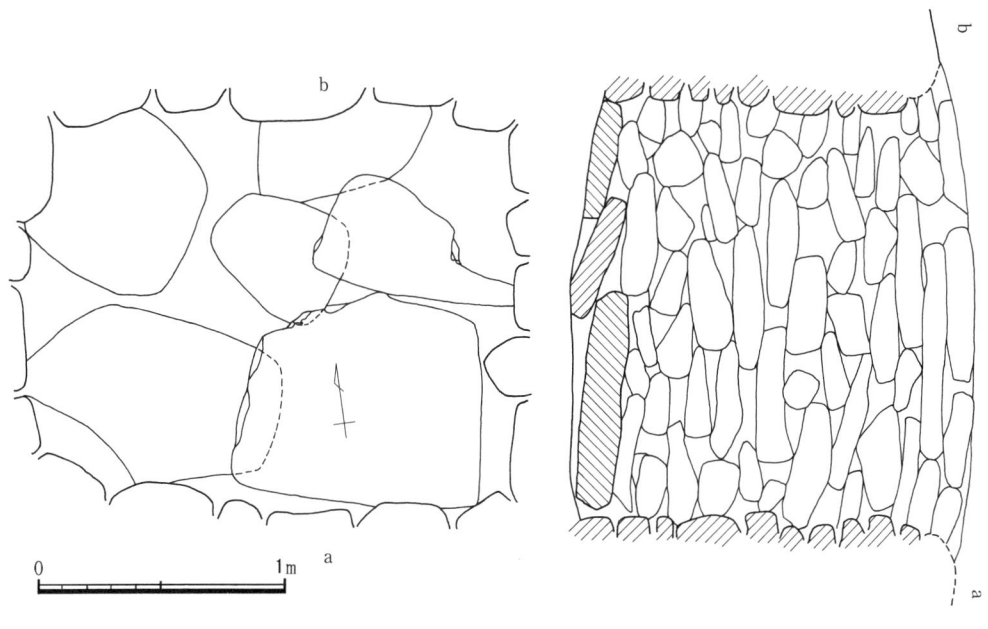

図62　旗山60号墓（縮尺1/30）

する最も大型の積石塚の一部である。これはかつて沖野安造氏が掘った試掘坑が残っており、その試掘坑とともに三つの石室が北に向かって並立している（図63）。まず端のC石室から掘り始めたが、作業を進めても正しい壁を見つけることができない。また、遺物も僅か石製紡錘車1点と散在する土器破片を発見したに過ぎない。石室とは断定できなかった。そこでC石室を断念し、中間に位置するB石室を掘る。さらに余力をもって沖野氏試掘坑であるA石室の底部の清掃を試みた。

　A石室・B石室は石室とするには正しかったが、遺物は多いとはいえない。沖野氏によれば、A石室では何も遺物を得ることができなかったといわれるところから、その石室は当初から遺物は少なかったと思われる。なお、石室底部まですでに掘り下げられた形跡は認められなかった。A石室においては2個の紡錘車と黒陶とともに、獣骨と思われる骨片が出土した。B石室では1個の瓦質紡錘車、紅褐陶、更に多量の獣骨が出土した。獣骨はA石室出土のものと同種かと思われる。瓦質紡錘車は、深さ50cmのところで東壁から42cm北壁から73cm離れた位置に出土したもので、灰黒色を帯びた瓦の破片を利用したもののごとくで、さらに裏面には布目がみられ、年代は積石塚とは異なった時代のものである。おそらくは35号墓B－C石室で出土した大觀通宝と同じように、後世積石の間の隙間から落ち込んだものと思わ

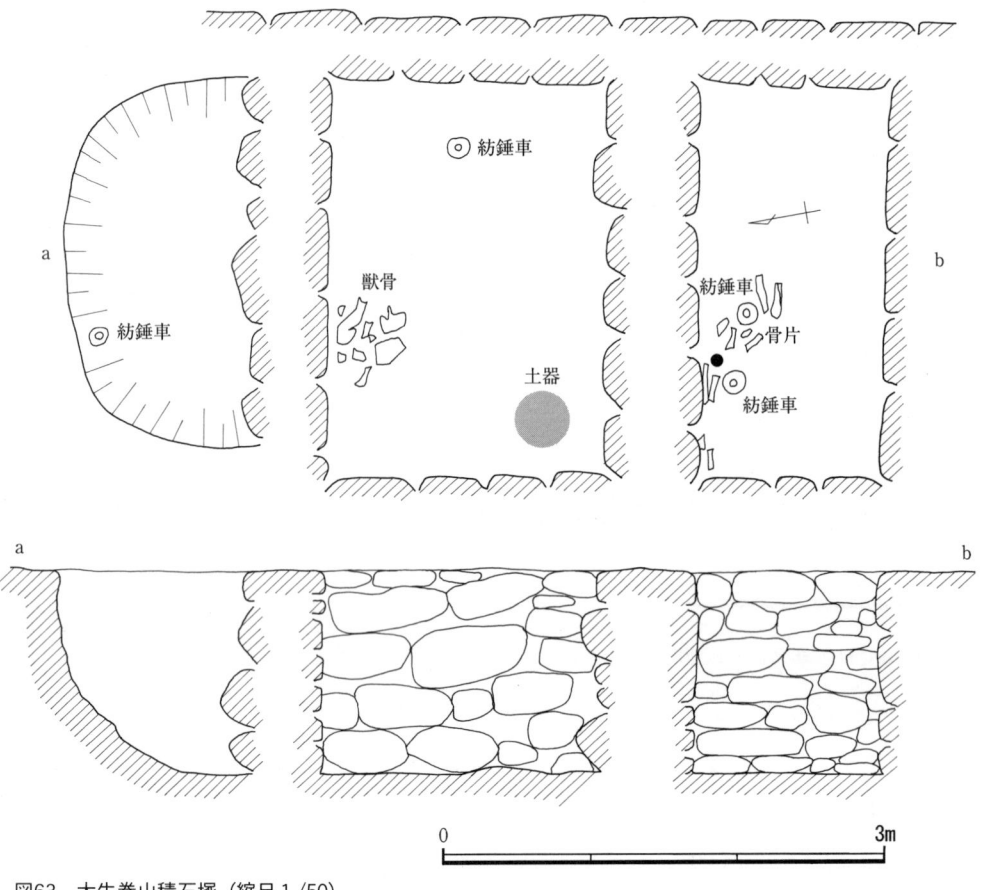

図63　大牛巻山積石塚（縮尺1/50）

れる。

（森　修・宮本一夫）

12　鍋頂山積石塚

　四平山の南東に聳える于大山を越え、さらにその南東に位置するのが鍋頂山である。文家屯の集落の北西に連なる峰に位置する。鍋頂山の山頂から南西に下っていく尾根筋には積石塚が点在している（図64）。列状群集墓が山頂に近いところに存在し、峰の下ったところには単独墓が配置されている。

（宮本一夫）

編者注：八幡一郎、森修、澄田正一の調査日誌を基に、編者が発掘状況と石室構造を叙述した。一部編者の解釈に基づく記述も存在する。

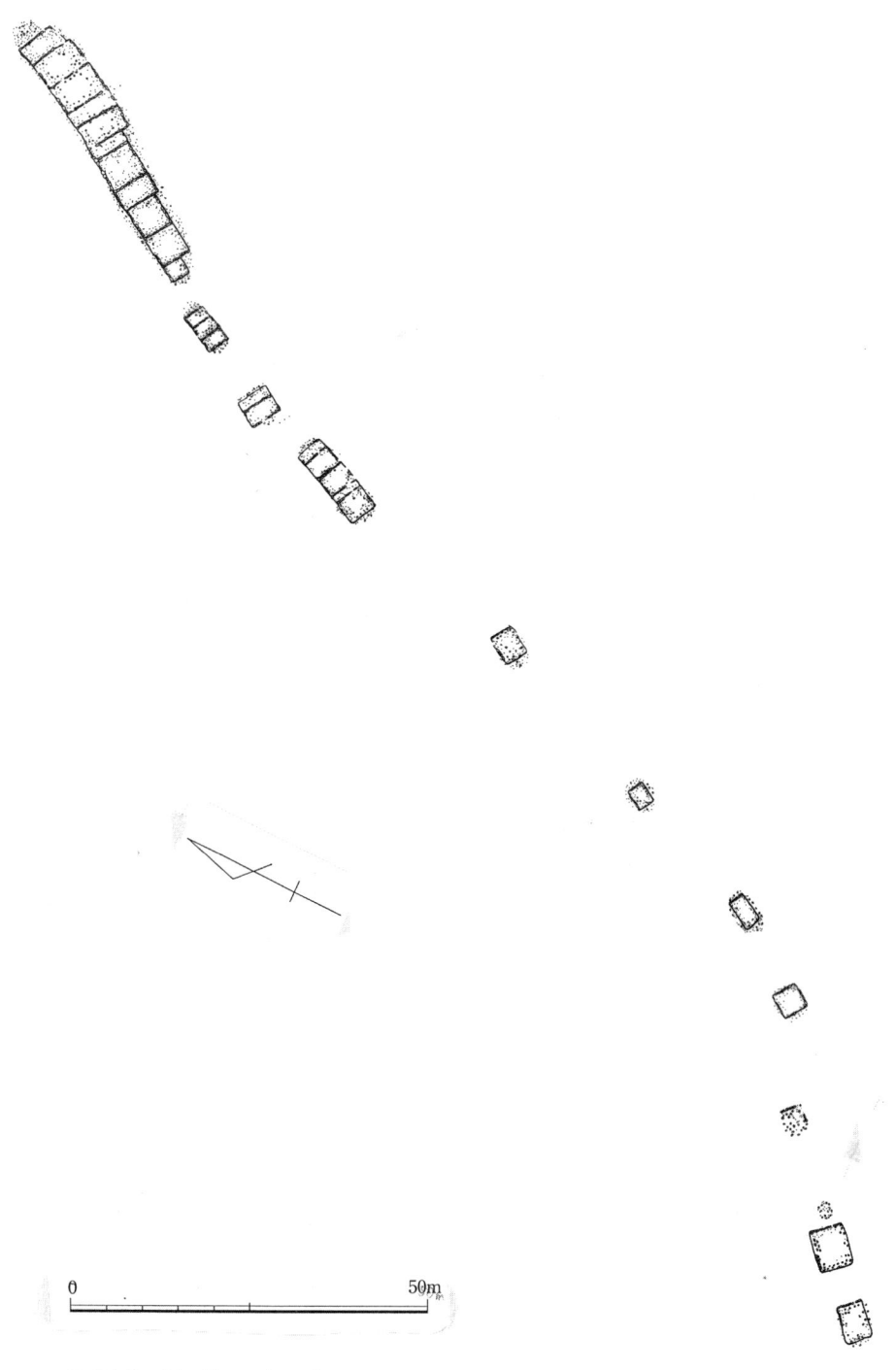

図64　鍋頂山積石塚（縮尺1/1000）

第3章 ● 四平山積石塚出土遺物

1 土器の名称と遺物の種類

　土器の名称は、中国の龍山文化に関する報告書においても、個々の報告者によって使用する名称が異なり、統一がはかられていない。鼎、豆、鬶など特徴的な器種においては、器形と名称の対応はほぼ固定しているといえる。しかし例えば壺と罐の器形差の明確な定義はなされていないといえよう。また山東省膠県三里河遺跡の報告書〔中国社会科学院考古研究所編1988〕で示された瓶や単耳罐は、別の報告の基準では杯と命名されている。このように中国考古学においても、青銅器の器名と違って、新石器時代各文化内での統一的な器形の名称の明確な定義づけはまだ行われていないようである。本報告書では、基本的に中国考古学で使われている器形名を用いて表記するが、その統一化をはかる意味で、以下のような器種分けを行う。

　　煮沸器　　鼎
　　盛食器　　鉢、豆
　　飲器　　　鬶、高柄杯、杯
　　貯蔵器　　壺、罐、ミニチュア罐
　　その他　　器蓋、器座、底部
　　紡錘車
　　土錘

　器種区分の一例としては、青銅彝器の区分があげられよう。青銅彝器の場合、宋代以来、用途と器名の研究が盛んである。その最も客観的な方法は、林巳奈夫が試みた〔林1984〕ように、青銅彝器自身が持つ銘文上の器名を基とした命名であろう。この場合、用途についても文献などから類推することができ、客観性が存在している。新石器時代の土器の場合、銘文や文献記載もないことから、土器の器形から、現在使われている土器の名称を当てはめるか、あるいは特殊な土器の器形に関しては、古典の記載から類推して名称を決める場合が多いであろう。青銅彝器は二里頭

期に始まっており、それに先立つ龍山文化の土器と二里頭期の青銅彝器とは器形上何らかの関係があることは、充分推測されるところであろう。従って、青銅彝器の器種名は、龍山文化の器名を決める際にも参考とすることが可能と考えるのである。そこで、ここで示した煮沸器、盛食器、飲器、貯蔵器の用途的大別も、青銅彝器の大別を参考としたのである。

　ここで本報告で用いた個々の器名について説明しておきたい。鼎は、その器形が青銅彝器の鼎と同様の特徴を有することから命名される。伝統的に脚部が3足の充足からなるものを指してこう呼ばれている。その用途は、青銅彝器の場合煮沸器であり、龍山文化の鼎も同様の用途を考えて異論はないであろう。

　盛食器の鉢としたものは、中国語で言う盆、盒を含んでいる。鉢と盆は厳密な意味での区分が難しく、また鉢と盒においても時として区分が難しい器形が存在するところから、本報告書では黒陶の場合一括して鉢と表記する。豆は日本語で言う高杯に該当するもので、鉢状の受け部と脚部からなるものを指す。

　飲器とした鬹、杯、高柄杯は、まずこれらが飲器であるかの根拠ははなはだ薄弱であった。鬹はかつて城子崖の報告書〔傅斯年・李済ほか1934〕で、董作賓と郭宝鈞が『説文』にみられる器名から類推して名づけたものであるが、この種の器名は、現在龍山文化や大汶口文化の土器について一般的に用いられているところから、その用例に従う。またこの種の器種が、後の青銅器時代の爵や角、斝の様に飲酒器として使用されたことが明らかなものと違い、用途の確証がない。しかし口縁に流を備える器形は爵、角、斝などのように液体を注ぐものに用いられる可能性が高く、飲器としておきたい。さらに近年では龍山文化の鬹内部の残留物の化学的分析によって、酒が入っていたことが確かめられており〔麦戈文ほか2005〕、飲酒器であることが明らかになりつつある。

　杯は器形上の類推から飲器とする。この中には把手を持つものをすべて杯とした。中国考古学では報告によっては、把手を持ちながらも胴部の形態が壺に類似する場合は壺と命名する場合もあり、ここでは統一をはかる意味ですべて杯と表記する。高柄杯は、中国考古学界で一般的に使用される命名であり、ここでもそれに従う。また、その杯部が杯として飲器に利用される可能性が高いところから、飲器とした。さらに、近年の残留物の化学的分析でも各種の杯が飲酒器であることが確かめられている〔麦戈文ほか2005〕。ここで飲器としたものの大半が飲酒器であったことになる。

貯蔵器である壺と罐については、日本考古学で定義する壺と甕の器形にそれぞれ相当するものである。これは、中国考古学で壺と罐についての明確な器形上の区分がなされていないことによるためである。また、残留物の科学的分析によって壺や罐の中にも酒が入れられていたこと〔麦戈文ほか2005〕が示されており、壺と罐が貯蔵器であることを物語っている。ただし甕とする場合、日本考古学では煮沸器に相当する。弥生時代の甕は煮沸器であるが、これはその土器様式に影響を与えた朝鮮半島無文土器文化の土器組成に起因する。さらに無文土器文化は、遼東半島から遼東における該期の土器様式の影響を受けている。遼東半島の場合、新石器時代末期に膠東半島龍山文化の貯蔵具であった罐の影響を受けて、煮沸器の深鉢が罐の器形に変化する。罐が煮沸器になることにより、その系統を引く無文土器文化や弥生文化の煮沸器を甕と呼ぶことになったのである。四平山積石塚の小珠山上層期は、煮沸器が深鉢の器形から罐形の器形に転換する時期であるが、その影響を与えた龍山文化では、罐は貯蔵具である。ここでは龍山文化と同じように罐を貯蔵具と見なしておきたい。

　その他として、器蓋や底部を項目としてあげた。器蓋は鼎や杯、壺などの蓋として山東龍山文化に知られるものと器形的な特徴の類似点をもって、命名の基準とした。底部は、破片資料であるため全体的器形が明確でないものを、一括して列記した。またその他の紡錘車や土錘などの土製品は、別項の形で説明したい。

　各器種の説明をするにあたり、まず黒陶と紅褐陶（巻頭図版1・図版15）に分けて説明して行きたい。これは黒陶と紅褐陶では大別として区分が可能であるからである。また紅褐陶の大半は、中国考古学で言う夾砂紅褐陶である。

（宮本一夫）

2　黒陶

　鼎（図65－1～13・図版16）　黒陶鼎はすべて卵殻黒陶である。6と7、8と9、10と11は同一墓から出土していることから、同一の鼎である可能性が高い。大きく足部がノミ状をなす（1～3、13）か、環状をなす（4～12）かで区分できる。口縁は段部が1段からなるもの（1・6～11）と、2段から成るもの（2～5・12）に分け得る。また口縁端部はノミ状足の場合、受け口状をなす（1～3）が、環状足部のものでは微かに外側に肥厚している（4～11）。これらは完形のもので示される限り、胴部には環状の把手が対をなして付属している。これまで環状の足部を

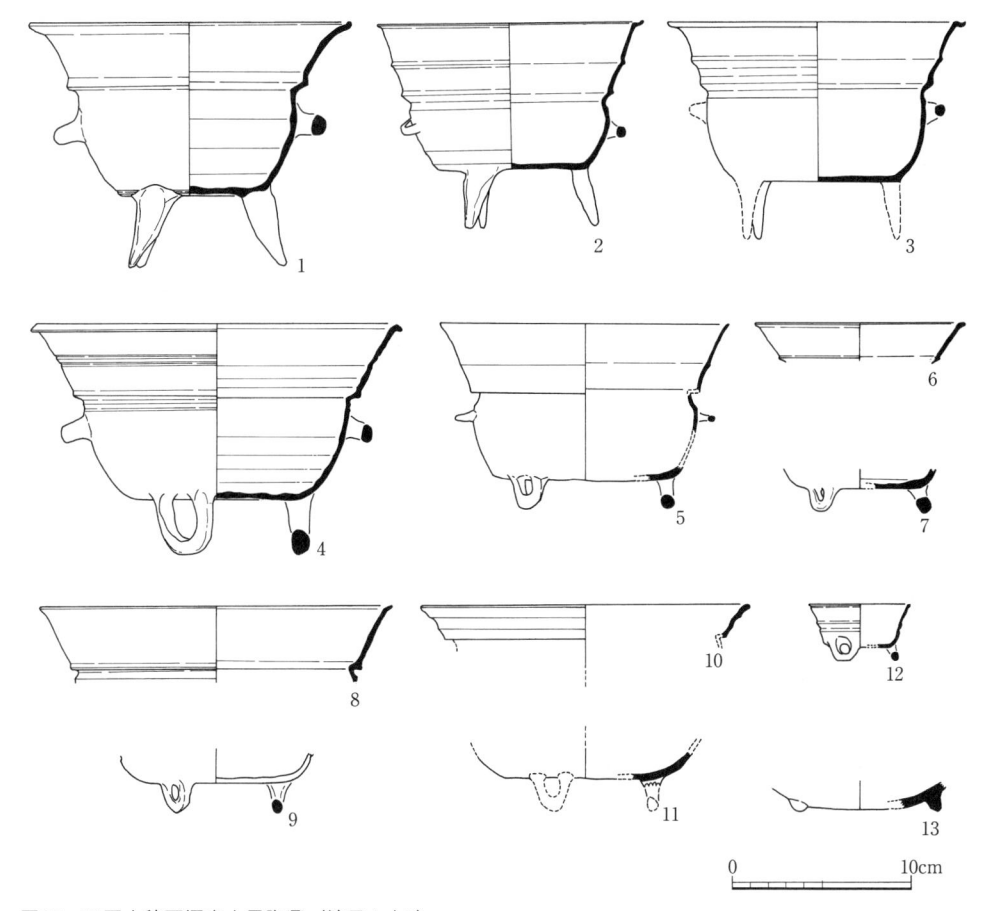

図65　四平山積石塚出土黒陶鼎（縮尺1/4）

なすものは、呉汝祚らなどの編年によれば〔呉汝祚・杜在忠1984〕、龍山文化前期後段から出現するものとして特徴づけられていたが、四平山36号墓P石室ではノミ状足部、環状足部のものが同時に出土している。後に論述するように、これらの鼎は龍山文化前期前段の特徴を示しており、この種の環状足部の鼎も既にこの段階から出現していたことが明らかとなった。

　鉢（図66-14〜22・図版16）　盆状の深めの鉢（14〜20）と盆状の浅めで小型のもの（21・22）に分かれる。盆状のものでは、口縁がやや外反するもの（14〜18）と直口で終わる（19・20）2種類に分かれる。また脚部は圏足のつくもの（16）と3足の短い脚がつくもの（19）がみられる。盆状のものの口縁部形態も先に示した盆状のものとほぼ同様な傾向を示している。

　豆（図66-23〜34・図版16・17）　豆は口縁部形態から大きく2種類に大別でき

第3章 ◆ 四平山積石塚出土遺物 ── 71

よう。口縁端部が直線状に延びるもの（23・24・30）と口縁端部が外折するもの（25〜29）に分かれる。脚部はともに中段で2段の節をなす（24・26）。

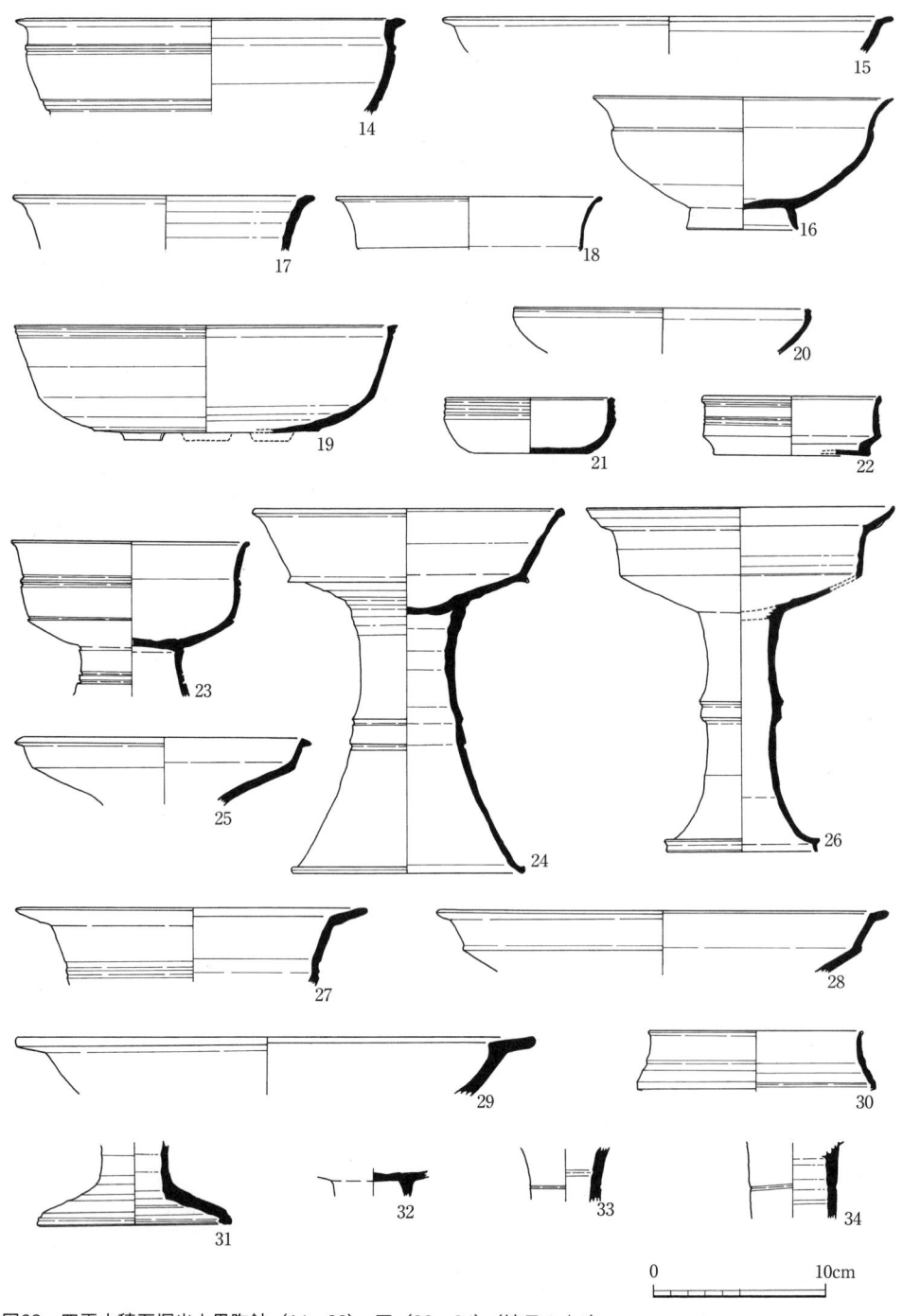

図66　四平山積石塚出土黒陶鉢（14〜22）・豆（23〜34）（縮尺1/4）

高柄杯（図67-36・図版17）　1点のみ出土が確認されている。卵殻黒陶である。口縁部は欠損しているが、おそらく外反気味に開くものと予想される。平底気味の杯部にほぼ垂直な脚部が付属するもので、脚部の透かしは細長い長方形を呈する。脚部と杯下半には密集した直線紋が施される。器形の特徴は大汶口文化の伝統を引くものであり、龍山文化初期の高柄杯と考えられる。

杯（図67-35・37～46・図版17・18、図68-47～68・図版18、図69-69～87・図版19）　杯は大きく双耳杯（37～45）と単耳杯（46～85）に分けられよう。双耳杯は、胴部に斜格子の密集した直線文を持ち、低い方形の脚部を持つもの（37～41）

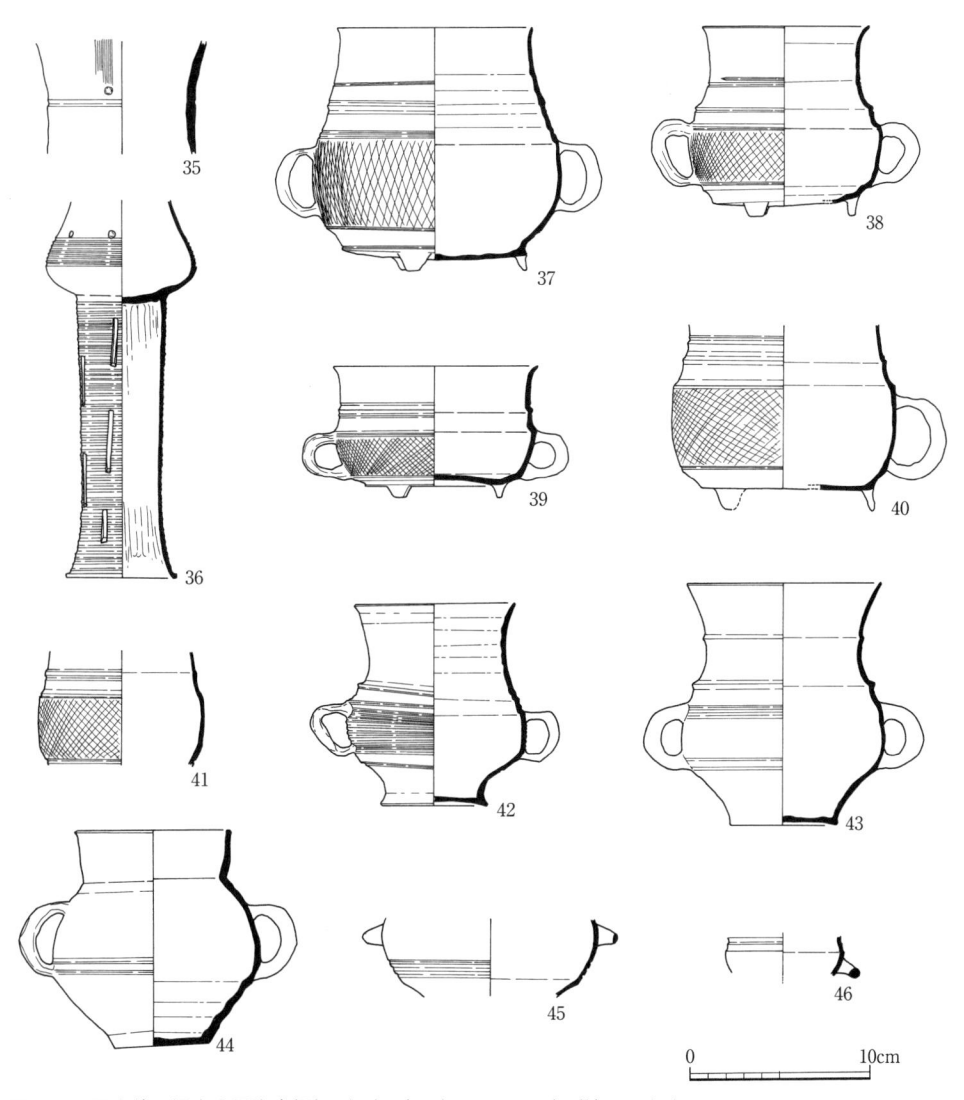

図67　四平山積石塚出土黒陶高柄杯（36）・杯（35・37～46）（縮尺1/4）

第3章 ◆ 四平山積石塚出土遺物　73

がある。これには器の深めのもの（37、38、40、41）と低めのもの（39）の2種類がある。この他胴部に密集した直線文を配するもの（42）と無文のもの（43～45）がある。これらには脚部は伴わない。また杯の耳は縦方向につくのが普通であるが、横方向につくもの（45）が1点認められる。

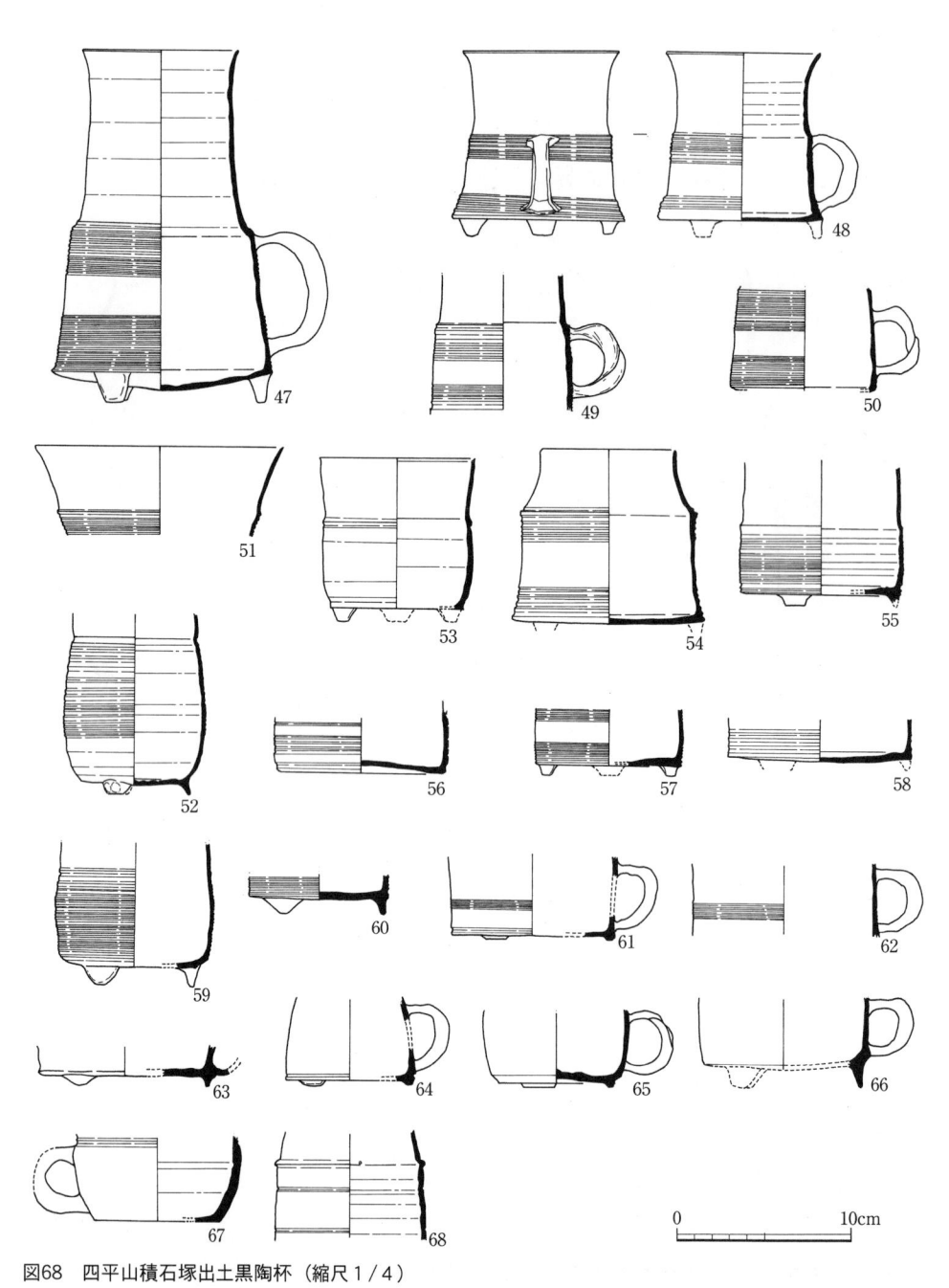

図68　四平山積石塚出土黒陶杯（縮尺1/4）

単耳杯あるいは耳を伴わない杯は、5種類に分けられよう。第1類は側視形が方形のもの（47～62）があげられる。これらの大半は胴部に密集した直線文が施され、

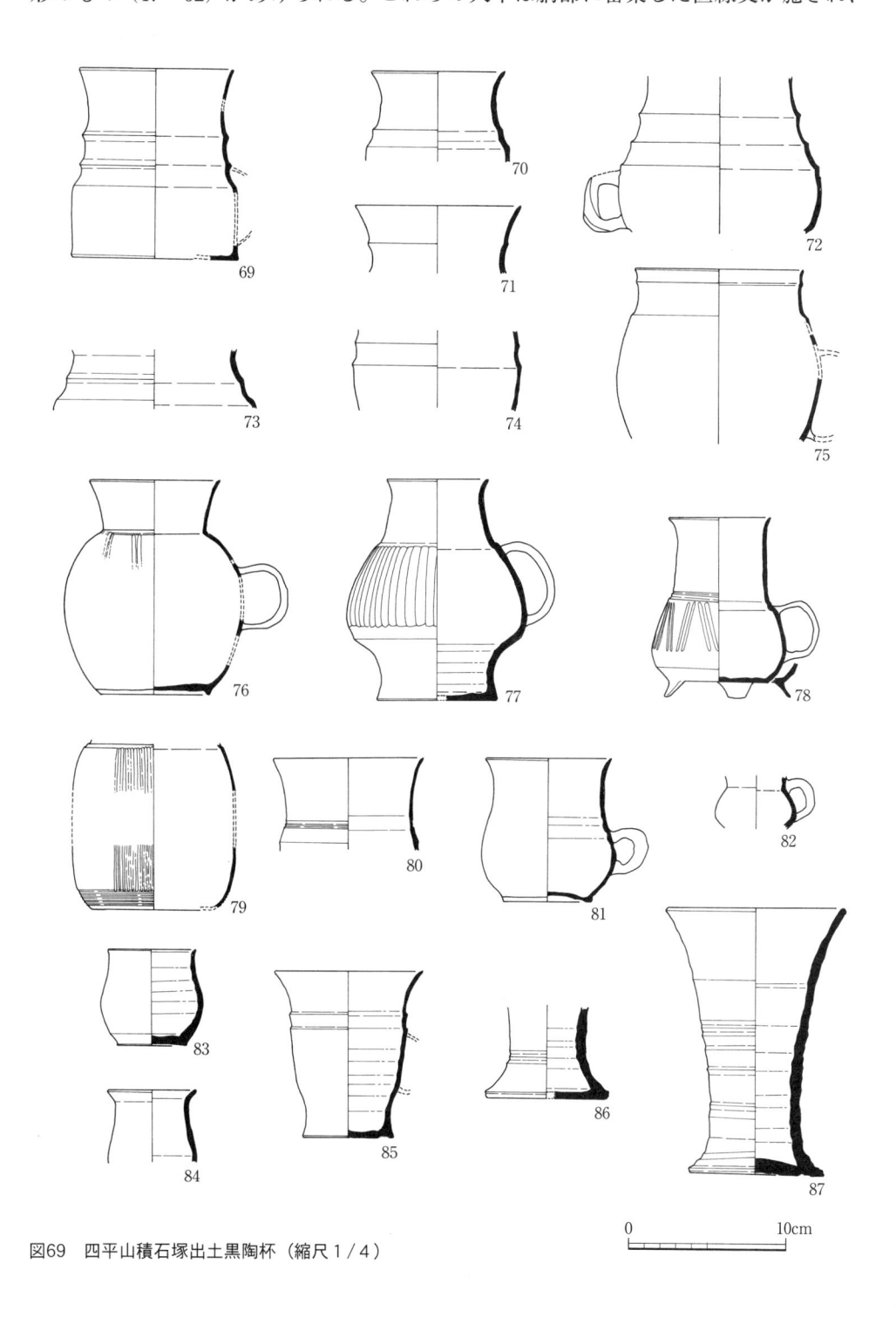

図69　四平山積石塚出土黒陶杯（縮尺1/4）

低い方形の脚が3脚つくことに特徴があろう。また口縁と胴部の境は段部をなし口縁はやや外反している。この中では口縁が長さによって3種類に分けられるが、中ぐらいの長さのものが最も普遍的である。最も長さの短いものは口縁がかなり内湾しており（54）、また把手は現存しないものの付着位置からして、他のものに比べ大きな把手となっている。なおこの側視形が長方形のものには、底部しか現存しないがその特徴からこの第1類に属するであろうと思われるものも含めた。次の第2類は無文で把手を持つもの（63〜67）があげられよう。これらはすべて口縁部が欠損しており、全体的な器形が不明であるが、把手は先ほどのものに比べ小振りである。第3類は壺形の器形に把手がつくもの（68〜80）である。報告書によっては罐と表記される場合がある。ここでは把手を有するところから杯と考えておきたい。このタイプは器形差が著しいが、ともに口縁が内傾気味に外反し胴部とに境を持つものを指す。第4類は口縁が内傾気味に外反する小型のコップ状の器形（81〜84）を指す。把手を有しないものもこのグループに入れたが、用途としては同一であろう。すべて無文である。第5類は口縁が外反気味に開く杯である（85〜87）。把手を有するもの（85）と有さないもの（86・87）があるが、前者は卵殻黒陶であり、後者は器壁がやや厚くより長身の器形をなす。

　この他、杯の可能性のあるものとして35があげられる。平行線紋とその上部に円形浮紋が認められ、横断面が楕円形を呈している。鬶の口頸部の可能性もあるが、その他の鬶の特徴的な部位は同一墓からは発見されていない。また黒陶鬶は山東龍山文化においても出土量は少なく、しかもその出現は龍山文化後期段階であるのが一般的であり、35が出土した四平山36号墓B－C石室は龍山文化前期のものであるところから、鬶ではないであろう。

　壺（図70－88〜103・図版20）　壺は短頸のもの（92〜95）、長頸のもの（88〜91・96・97）、二重口縁のもの（98〜100）に分け得る。長頸のものは、さらに口縁が外反するもの（88〜90）と直立するもの（91・96・97）に分けられよう。前者は頸部に2条の稜ないし段を持ち、肩部はやや張っておりここに双耳の耳を持つ（88・89）。後者の口縁が直立するものは小型の壺であり無文をなす（93）。短頸壺は、口縁が外反し下膨れの器形に特徴があろう。完形のものには圏足が付いている（92）。二重口縁の壺は全体の器形が不明であるものの、一応壺に属するものと考えておいた。そのほか口縁が欠損していたり胴部の残存するもので、壺と判断されるもの（101〜103）も図示した。

図70　四平山積石塚出土黒陶壺（縮尺1/4）

　罐（図71-104〜119・図版20）　罐は小型のもの（104〜112）と大型のもの（113〜116）、さらに頸部の屈折の弱いかほとんどないもの（117〜119）に分かれよう。

　小型のものの内、口縁短部に粘土帯を貼るないし粘土帯を貼って口縁が折り返したような形態をなすもの（104）は、山東龍山文化の黒陶にはみられず、その製作技法的特徴や形態的特徴は遼東半島の同時代の紅褐陶の特徴を明らかに模倣したものであり、本地域で独自に作られた黒陶の可能性があろう。そのほか口径がやや小

第3章 ◆ 四平山積石塚出土遺物　77

さく壺に含められる可能性のもの（110・111）も、全体的な器形的特徴から罐としておいた。大型の罐には肩部に斜格子状の直線紋を持つもの（113）がある。この種の文様は龍山文化でも古い段階にしか存在せず、その年代の推定に役立とう。頸

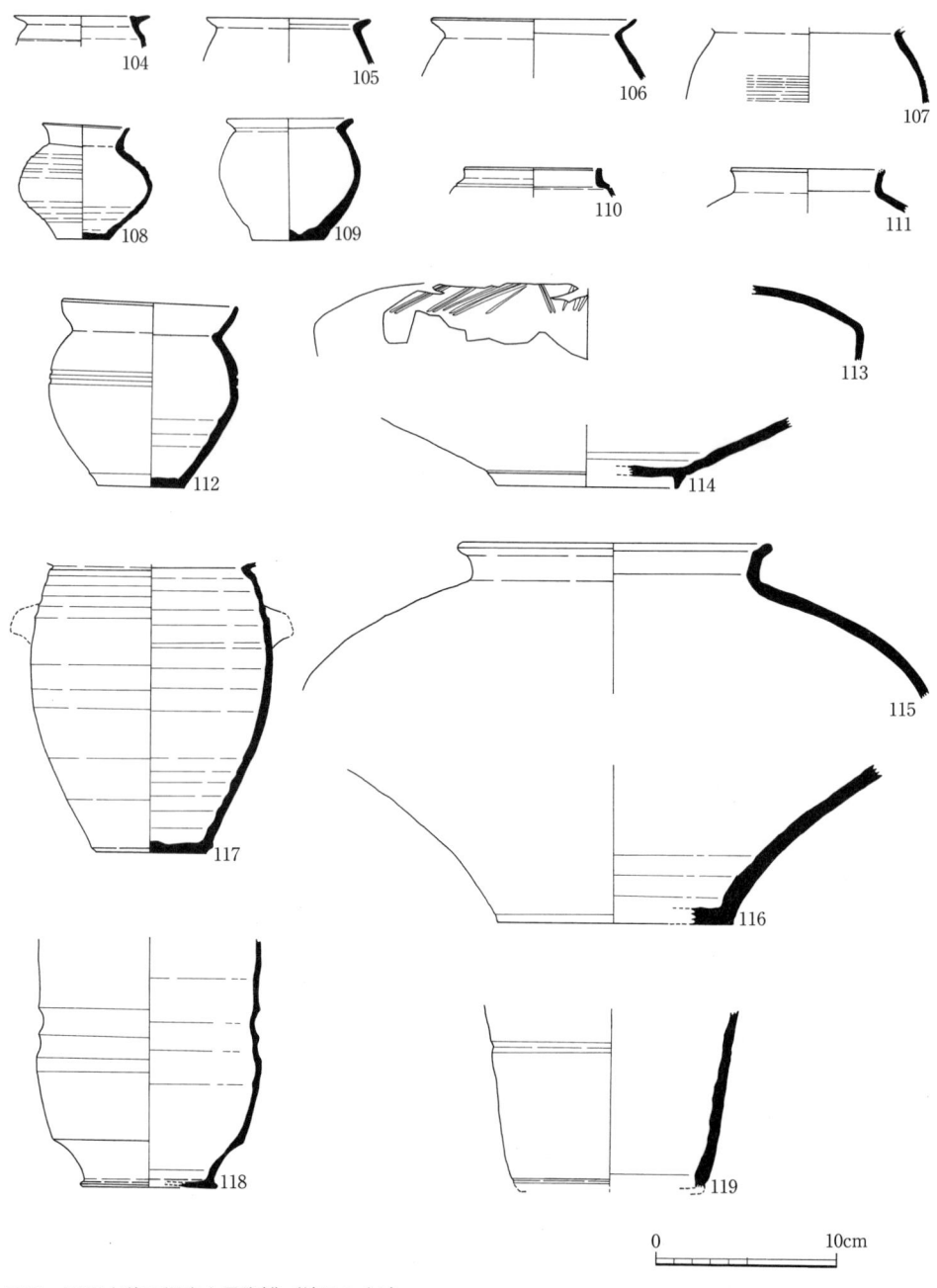

図71　四平山積石塚出土黒陶罐（縮尺1/4）

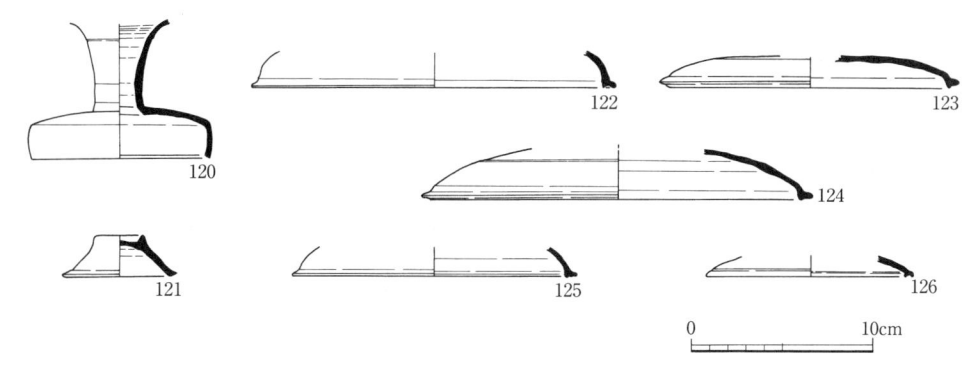

図72　四平山積石塚出土黒陶蓋（縮尺1/4）

部の屈折の弱いものは、口縁部が欠損しており全体的器形は不明であるが、肩部に対称の耳を持つもの（117）も存在する。またこの種類に含めたものに、口縁が直立するもの（118）があるが、この種の器形は山東龍山文化の報告の際、尊形器と称される。ここでは別称をたてずに、罐の中に含めておく。用途的には同一の範疇に属すと想定するからである。また、尊形器と称するものは、この器種が山東龍山文化に続く岳石文化に見られるところから、それとの混乱を避けるためここでは用いないことにする。

　蓋（図72－120～126・図版21）　　蓋には口縁短部にかえりを持つタイプのもの（121～126）とそうでないもの（120）に分かれよう。かえりをもつタイプはすべて最上部が欠損しており、その全体的な器形は不明であるが、鼎や鉢、豆といったものの蓋と考えられる。ここでは墓葬一括遺物の検討においても明確に対応する器種を明示できない。そのほかかえりをかすかに持つもので小型の蓋として、鉢をひっくり返したような器形の蓋（121）がみられる。この小型の蓋は壺ないし罐の蓋と思われる。さらに特殊な器形であり、豆をひっくり返した様な器形の蓋（120）もある。把手部と蓋受け部は中空になっており、器座と考える向きもあるが、山東の大汶口文化や龍山文化にはこの種の器形が、杯や高柄杯あるいは豆の蓋として利用されているところから、これも蓋と考えておきたい。

　底部（図73－127～143）　　ここで言う底部は、器種の不明な底部のみ残存するものをあげた。この中には壺、杯、罐の底部である可能性の高いものに分かれる。

　以上に記した四平山積石塚出土黒陶の大部分は、龍山文化前期のものであった。特に高柄杯や鼎の形態は大汶口文化の系譜を引く古式の形態であり、これらの黒陶が龍山文化でもかなり古い段階、大汶口文化と龍山文化の接する時期に位置するも

のと考えられる。その中で、杯、豆、鉢など山東龍山文化にも類似した形態が知られるが、明らかに山東には存在しない黒陶の形態も存在している。例えば、小型の黒陶罐などである。これらは製作技法的にみて明らかに遼東半島の紅褐陶の罐の技法をそのまま取り入れており、遼東半島で独自に製作された可能性が強いであろう。長頸壺の形態的特徴も他地域の山東にはあまり認められないものであり、四平山の独自性を示している。また、鼎の内、三環足を有する鼎は他地域に先行して本地域で出現している可能性が考えられよう。

　ここで現在龍山文化の時期細分上最も古い段階と考えられている山東各地の遺跡群の土器内容と、四平山の土器内容を比較してみたい。泗水尹家城〔山東大学歴史系考古専業教研室1990〕、臨沂大範庄〔臨沂文物組1975〕、膠県三里河〔中国社会科学院考古研究所1988〕の前期段階と四平山を比較すれば、器形的に言えば、鼎、壺、鉢の形態などに四平山の特殊性が認められよう。高柄杯や後述する紅褐陶鬻・豚形鬻あるいは紅褐陶杯などは大汶口文化の系譜的要素が強く、これらが龍山文化でも最も初期の段階であることが認められよう。しかもこの段階、既に遼東半島の黒陶

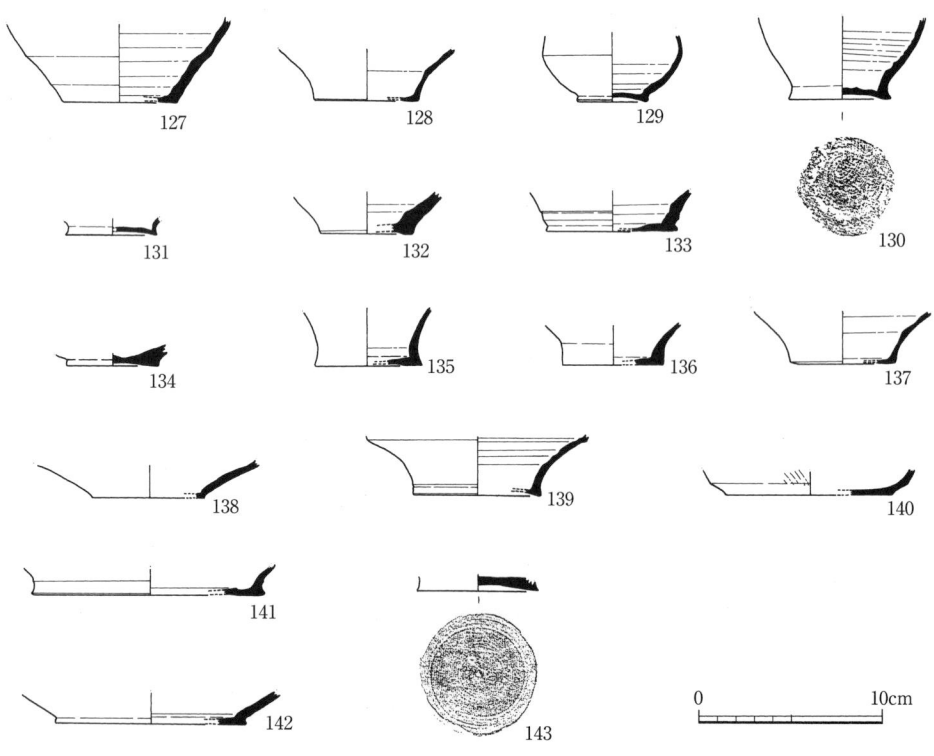

図73　四平山積石塚出土黒陶底部（縮尺1／4）

にも地域的な独自性が存在することが明らかとなっている。特に、小型の罐は本地域の紅褐陶罐と同一の製作技法を有しており、少なくとも黒陶の一部は在地で作られていた可能性が高いものである。

（宮本一夫）

3　紅褐陶

　鼎（図74-144～147）　三足の脚部が認められるもの（144）は黒陶と類似したノミ形足であるが、黒陶鼎に比べやや太めである。この他、ミニチュアで環足のもの（145・146）と、同じくミニチュアであるとともにごくかすかに残る痕跡的な脚部（147）も存在する。

　鉢（図74-148～165・図版21）　口縁が直立するタイプⅠ類と外反するタイプⅡ類に大きく分かれる。口縁が直立するⅠ類は、そのまま直立するものとやや段をなすものにさらに分かれるが、口縁下の一定の空白部以下には斜格子沈線文が施されるところに共通の特徴が見いだされる。この口縁直下の空白部は段をなすⅠa類（148～150）と、その段部に変わって平行沈線として段部が痕跡的に残るⅠb類（151～153）、さらに平行沈線が消失して斜格子沈線文だけのⅠc類（154）という変化方向が想定でき、墓葬単位の変化としては検証可能である。口縁が外反するⅡ類は、頸部以下の文様によって大きく4種類に大別できる。まず無文のⅡa類（165）が存在する。また列点文が頸部下位全面に施されるⅡb類（155～157）が認められ、Ⅱb類の一部に円形浮文が貼り付けられるものがある。別の一つはハッチング状に沈線を施す文様帯が無文帯を挟みながら多段に施されるⅡc類（158～163）である。Ⅱc類には把手を持つもの（163）もみられる。さらに横方向の直線文を施されるⅡd類（164）がみられるが、これには把手を対称にもつものがある。Ⅱa類→Ⅱb類→Ⅱc類→Ⅱd類と変化するに従って、次第に口縁端部の外反が弱まっていく傾向にある。これら一群の鉢は小珠山上層（郭家村上層）期に一般的に認められる土器である。

　盆（図75-166～177）　口縁端部が屈折するもの、口縁が外反するもの、口縁が直口するものの3種類に分けることができる。それぞれをⅠ類、Ⅱ類、Ⅲ類とする。口縁端部が屈折するⅠ類はさらに二つに分けられる。口縁が外反しながら口縁端部が屈折するⅠa類（166～168）と、口縁が内湾しながら端部が屈折するⅠb類（169～171）である。Ⅰa類の166は、黒陶鼎と同じ横型の把手を対称に持っている

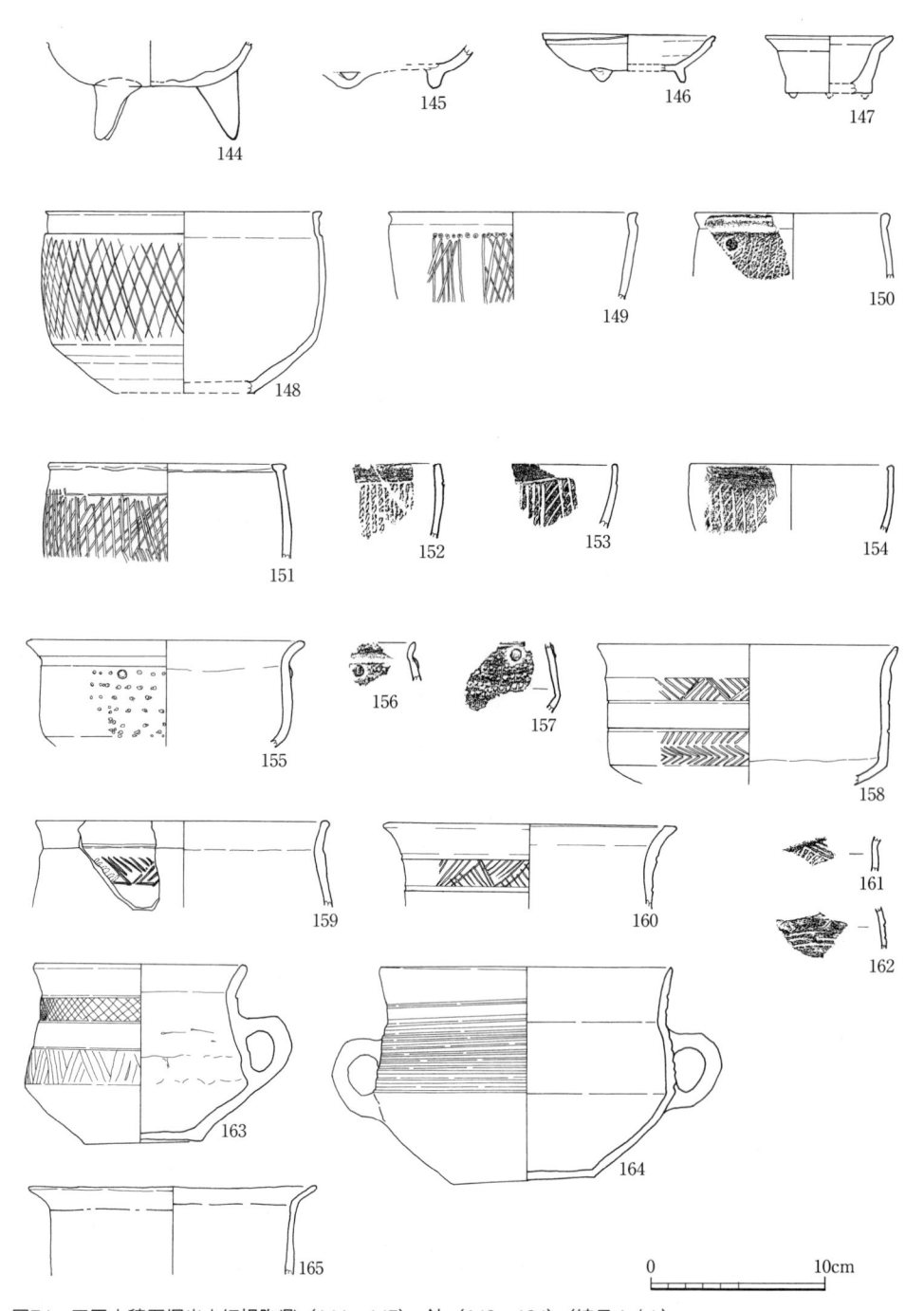

図74　四平山積石塚出土紅褐陶鼎（144〜147）・鉢（148〜164）（縮尺1/4）

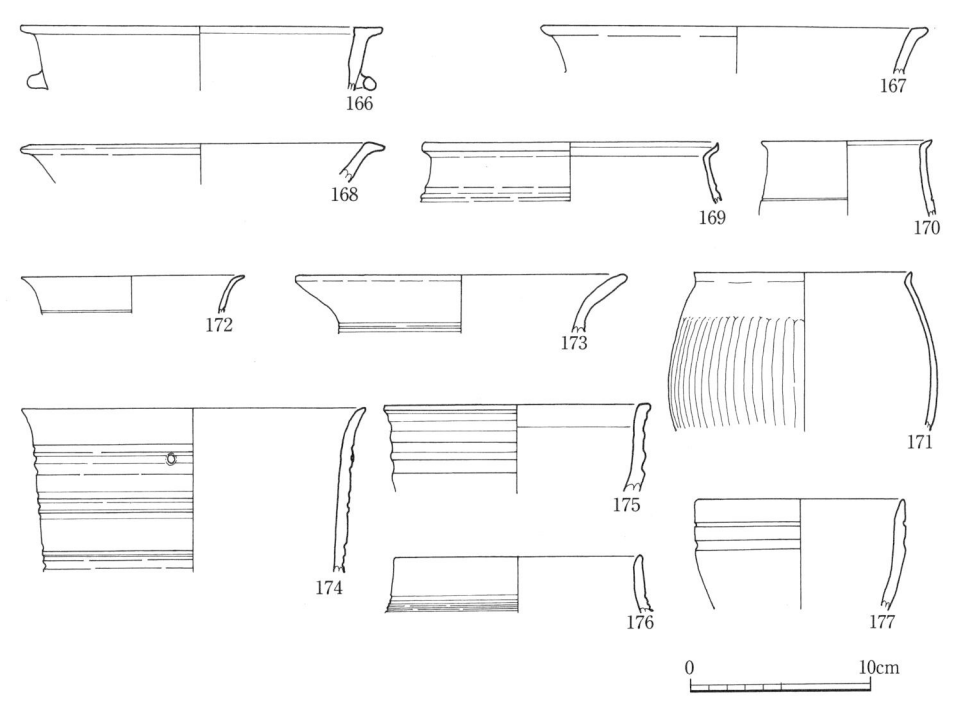

図75　四平山積石塚出土紅褐陶盆（縮尺1/4）

が、口縁部形態も異なっており、さらに36号墓K－L石室には鼎の脚部に相当する部分が存在しないことからも、鼎ではないであろう。Ⅰb類のうち171は縦方向に凹線文が認められる。口縁が外反するⅡ類（172〜174）は横方向の沈線文が施されている。口縁が直口するⅢ類（175〜177）は横方向に直線文や凹線文が多段に施されている。

　豆（図76-178〜210・図版21）　杯部が盤状のものと杯状のものに大きく分かれる。盤状のものでは口縁部が内反してくの字形を呈するものと、外反するもののに分かれ、前者をⅠ類（178・179）、後者をⅡ類（180〜182）とすることができる。さらに杯部が杯状のものでは口縁がやや内傾気味で、脚部には楕円形の透かしが認められ、脚端がスカート状に広がっていくⅢ類（183・184・188〜191）がみられる。この他、杯部はコップ状を呈する可能性が強く、杯部に篦描き沈線で綾杉文をなすものがある。これをⅣ類（185〜187）とし、同じ文様が脚部に施されるものも同型式としておきたい。このほか、杯部が壺状を呈するもの（192）が認められるが口縁は残っておらず、器形は不明である。また、杯部から脚部に至る部分や豆の脚端部であると考えられるものがある。脚端部には端部がスカート状に広がるもの

第3章 ◆ 四平山積石塚出土遺物　83

図76　四平山積石塚出土紅褐陶豆（縮尺1/4）

図77 四平山積石塚出土紅褐陶鬹（縮尺1/4）

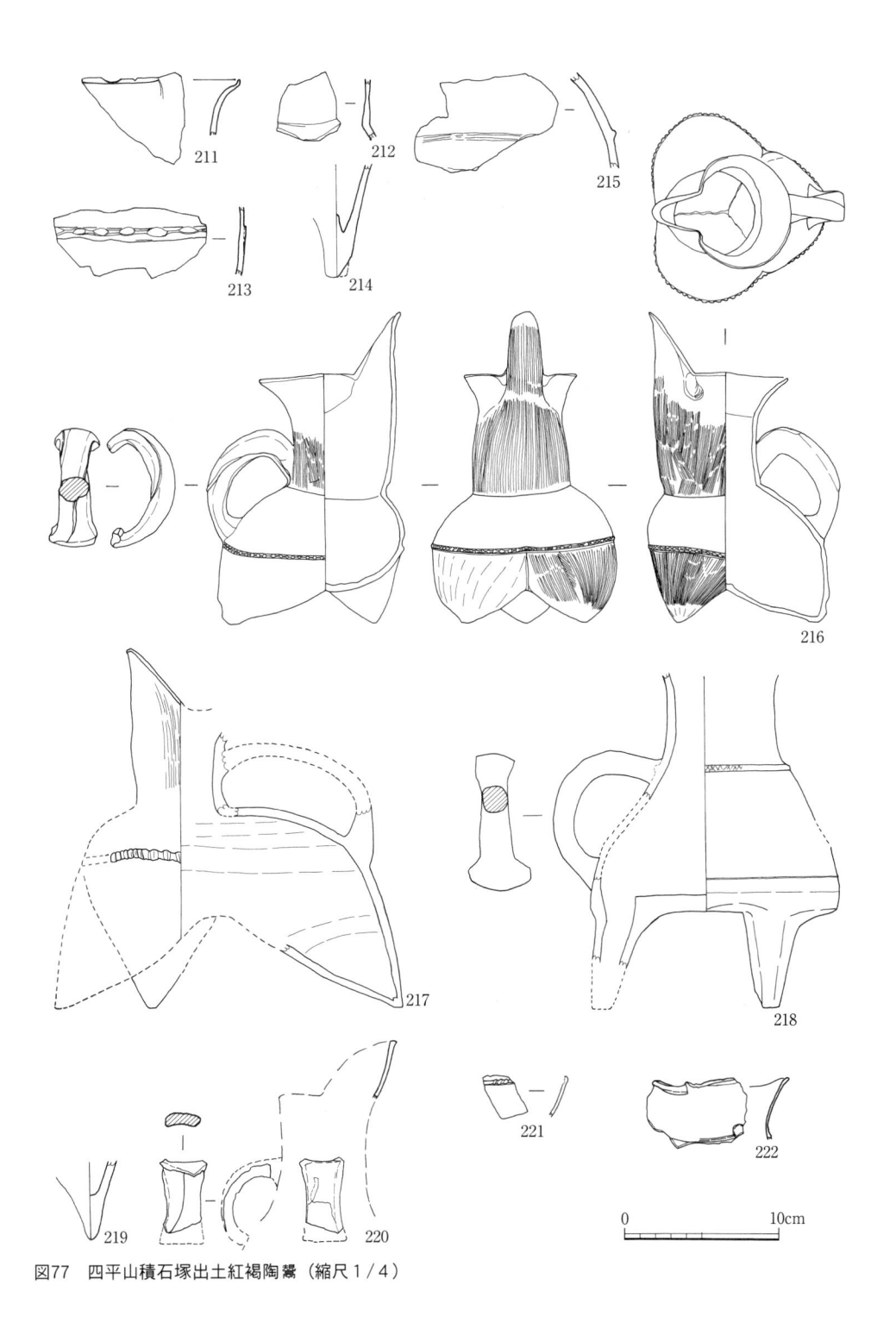

第3章 ◆ 四平山積石塚出土遺物 —— 85

（195〜205・208〜210）と、棒状の脚部から屈折して脚端部が広がるもの（206・207）に大きく分かれる。前者はⅠ類やⅡ類に伴う脚部の可能性が高いが、後者ははっきりしない。後者の一部は蓋の把手の一部である可能性も残されている。また、Ⅲ・Ⅳ類をここでは豆としたが、杯の形態からすれば機能的にはコップ状に利用される場合も考えられ、杯に属するものであるかもしれない。しかし、このような器形が黒陶にないことからも、ここでは豆として分類しておきたい。

　鬹（図77－211〜222・図版22・24・25、図78－223〜228・図版25）　36号墓Q石室出土の豚形鬹（223）は珍しい器形の鬹であり、山東半島の大汶口文化後期段階に認められるものである。これをⅠ類とする。全体の形がよくわかる36号墓P石室出土のもの（216）は、袋足部に比べ流部分がやや大きく、流が上方に向かって延びるものである。また、袋足部の上方には１条の隆帯が施され、隆帯上が刻まれる。こうした形態的特徴の内、特に流部分が上方に突き出る様式的特徴は、36号墓E石室（217）、36号墓K－L石室（211〜214）のものにも認められ、共時的な特徴をなす。一方、36号墓Q石室の流部分はより外反するもの（224）であり、大汶口文化後期の鬹にみられる流の特徴を示しており、流が上方に延びるものに比べ、時期的に古い段階のものである。この時期的に古いと考えられる流が外反するタイプをⅡ

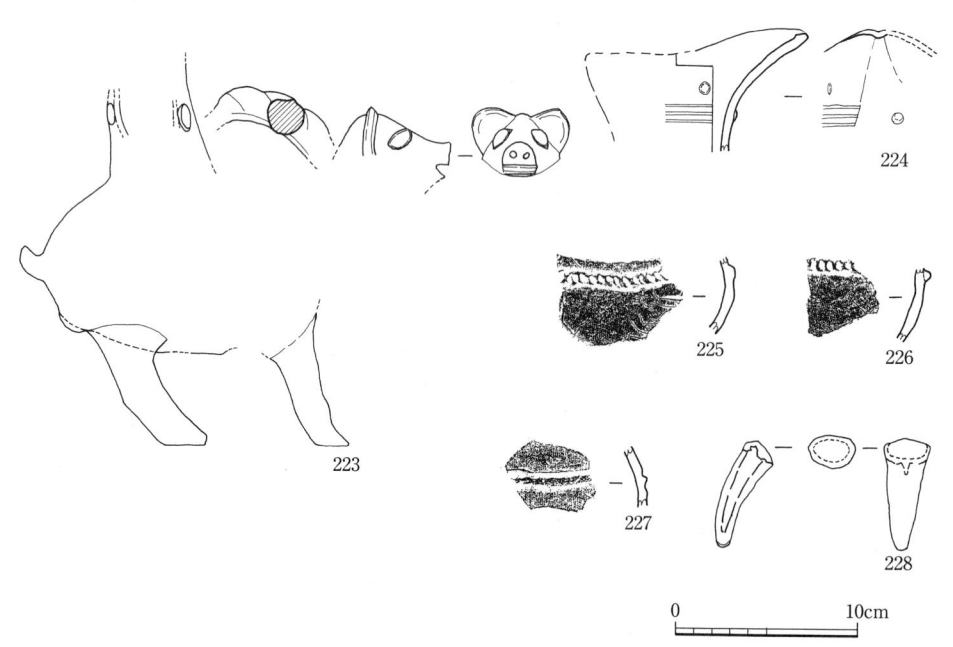

図78　四平山積石塚出土紅褐陶鬹（縮尺1/4）

式とする。流が上方に延びる最も一般的な器形をⅢ式とする。Ⅲ式鬶の中でも、36号墓E石室の一つ（217）は36号墓P石室のもの（216）に比べ袋足部が大きくしっかりしており、違いが認められる。36号墓K－L石室のもの（211〜214）は白陶鬶であるが、全体の形態的特徴は36号墓P石室のものに近いものであり、同じⅢ式の属する。さらに、36号墓E石室のもう一つの鬶（218）は底部が平底であり、袋足をなさない。その点でⅢ式とは大きく系統を異にしており、Ⅳ式と見なすことができる。ただし流の形態は上方に延びる可能性があり、Ⅲ式と同じ様式的な特徴を示

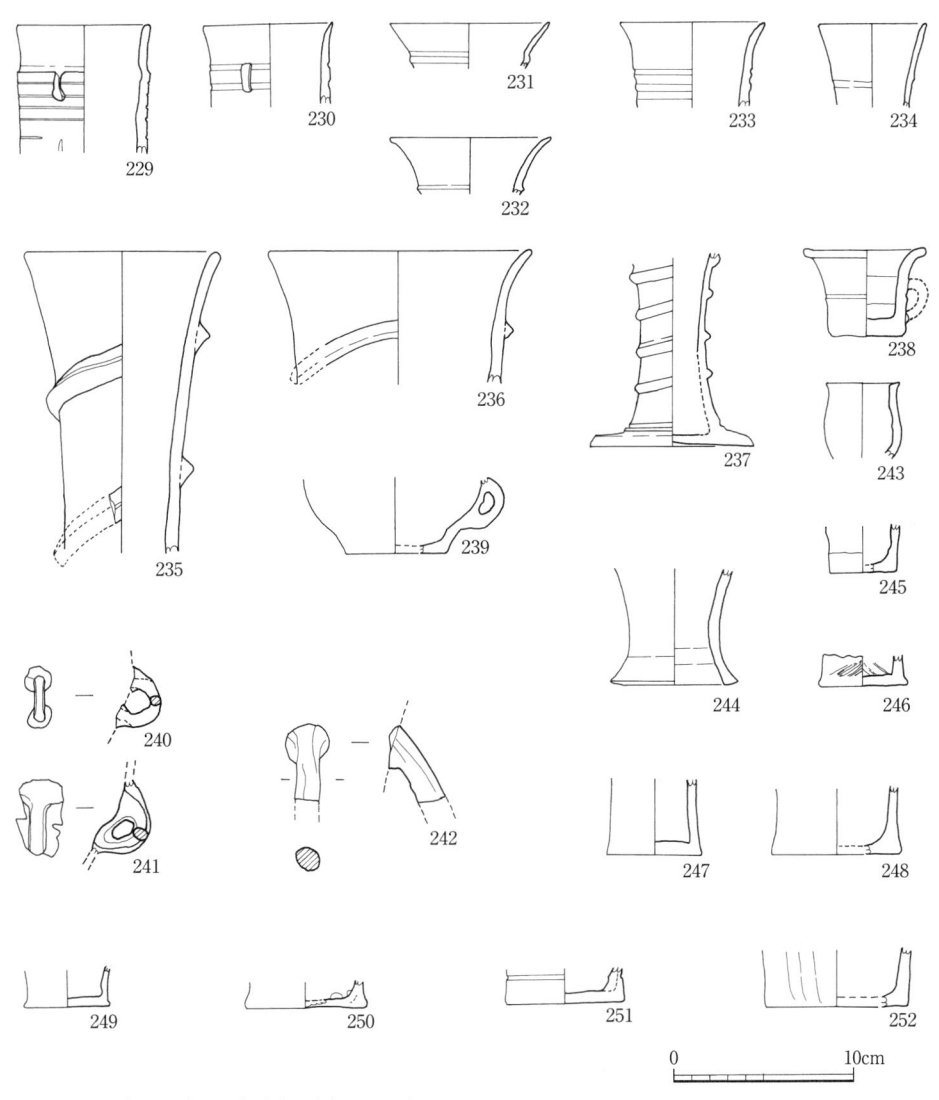

図79　四平山積石塚出土紅褐陶杯（縮尺1/4）

第3章◆四平山積石塚出土遺物　87

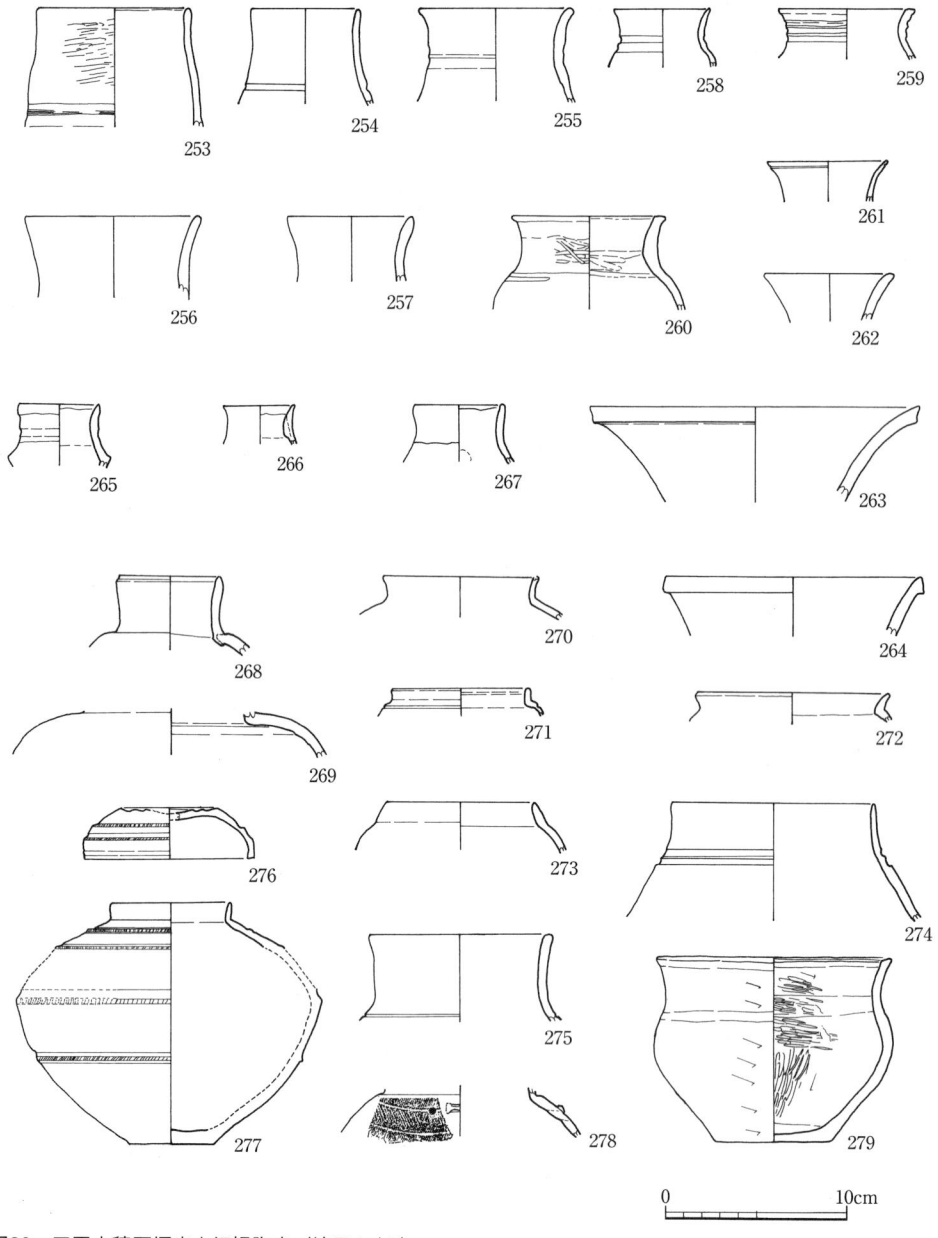

図80　四平山積石塚出土紅褐陶壺（縮尺1/4）

し、共時的なものと思われる。一方、38号墓E石室の鬶（221・222）は器壁がこれまでのものに比べかなり薄く、口縁は立ち上がるものの口縁の器高は比較的短い可能性がある。全体的な器形は不明であるが、他の型式とは異なるところから、Ⅴ式とみなす。31号墓S石室（220）は、流が立ち上がる点はⅢ類に近いが、器壁は薄

く口縁の長さが比較的短い可能性もあるところから、このⅤ式に分類しておく。

　杯（図79‐229～252・図版22・23）　杯は大きく5類に分類することができる。口縁が直立したコップ状の杯であり、平行沈線文や棒状浮文が施されるⅠ類（229・230）。断面三角形状の突帯が施されたり、Ⅰ類に類似した平行沈線文が施されるものであるが、口縁は外反して開くⅡ類（231～234）。Ⅱ類と同様に、口縁がラッパ状に開き、断面三角形状の隆帯を螺旋状に貼り付けるⅢ類（235～237）。単耳環からなるコップ状のⅣ類（238～242）。この他、小型でミニチュアの杯であるⅤ類（243）。その他、杯の底部と考えられるもの（244～252）がある。

　壺（図80‐253～279、図版22）　長頸壺、壺、短頸壺、広口壺に大きく分かれる。長頸壺は内湾気味で口縁端部が外反気味のものからなるもの（253～257）で、頸部以下で平行沈線文がみられるものもある。壺はやや外反気味の口縁をなす壺Ⅰ類（258～262）、口縁が外反して口縁端部が肥厚気味の壺Ⅱ類（263・264）、壺Ⅰ類がミニチュア化した壺Ⅲ類（265～267）に分かれる。短頸壺はほぼ直立する口縁で、頸部以下が無文ないし、頸部に平行沈線が施される場合があるⅡa類（268～275）、肩部から刻目平行隆帯が施されるⅡb類（277）に分かれる。Ⅱb類は大型であり、刻目隆帯文を持つ鉢状の蓋（276）が併存し、尊形器と呼ばれるものに相当するかもしれない。この他、口縁部は不明であるが、頸部から肩部にかけて平行沈線間に綾杉文が施されるもの（278）があるが、短頸壺である可能性がある。文様から見れば、典型的な郭家村上層の壺である。広口壺は、やや厚手の器壁で口縁が外反するもの（279）である。

　ミニチュア罐（図81‐280～314）　大きく2種類に分けられる。Ⅰ類（280～301）は口縁が肥厚気味でやや外反するもの。Ⅱ類（302～314）は口縁端部に隆帯が貼られ、隆帯上が刻まれるものである。Ⅰ類はさらに三つに分かれる。口縁が頸部からややすぼまりながら若干外側に張り出すⅠa類（280～293）。さらに口縁端部が肥厚して張り出すのがⅠb類とⅠc類である。この場合、口縁に接するように粘土帯を貼り足すⅠb類（294～298）。さらに粘土帯を口縁上端に載せるように貼り足すⅠc類（299～301）に分けられる。Ⅱ類もさらに三つに細分することができる。口縁端部から一段下がったところに断面三角形の隆帯と細かい刻みが施されたⅡa類（302～304）。断面三角形状の粘土帯を口縁端部に接して貼り足し、さらに隆帯上に縦長の刻目を施すⅡb類（305～310）。断面方形の粘土帯を口縁端部に接して貼り足し隆帯下端に縦長の粗い刻目が施されるⅡc類（311～314）に分けられる。

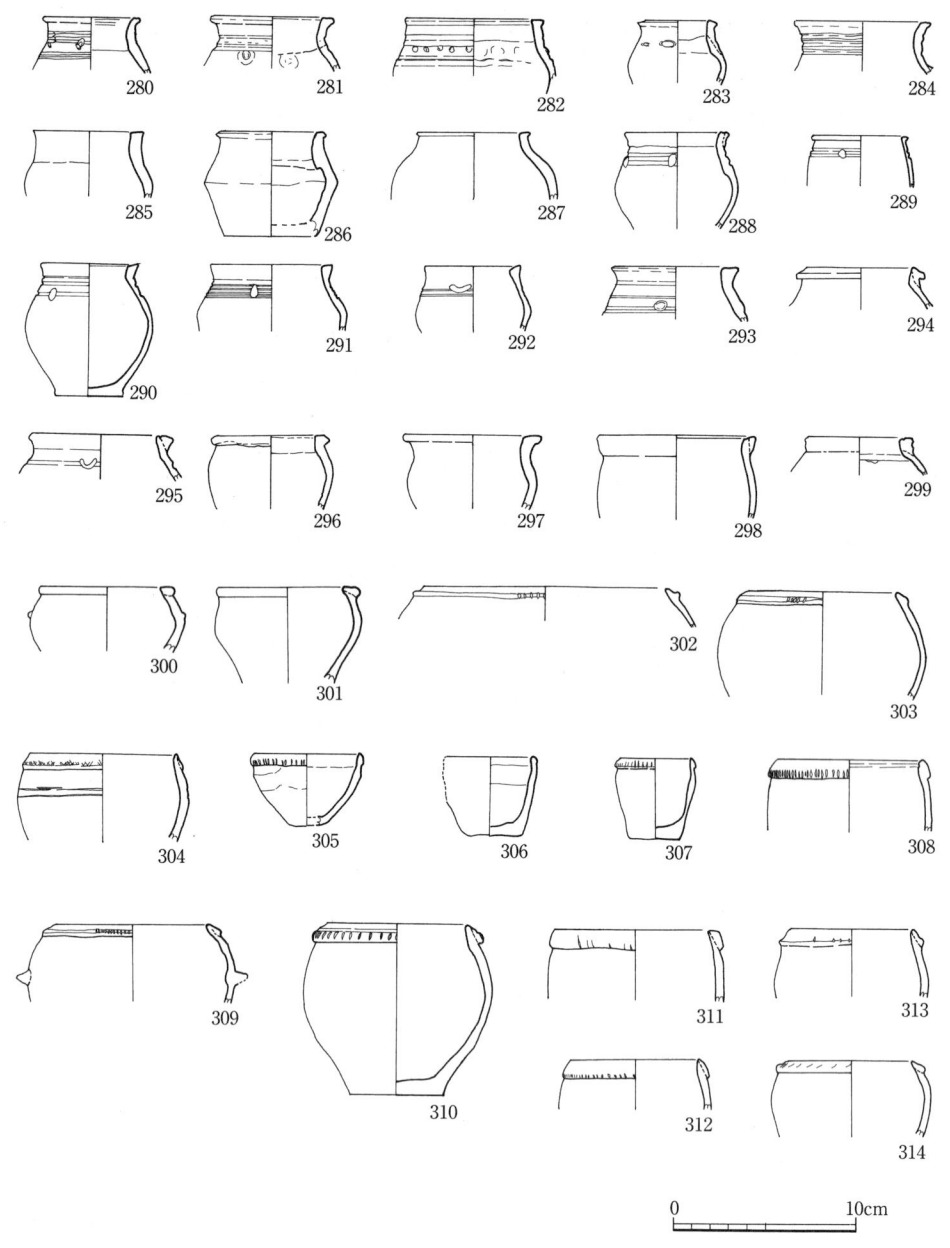

図81 四平山積石塚出土紅褐陶ミニチュア罐（縮尺1/4）

罐（図82-315〜344・図83-345〜353・図版23）　口縁が「く」の字形に屈曲し、小型の黒陶罐（図71-104〜112）とほぼ同じ形態を示す。平行沈線文を持つものも存在するが、大半が無文のものである。口縁の屈曲具合により大きく3種類に分類が可能である。Ⅰ類は口縁が折れ曲がり「く」の字形を呈するが、口縁屈曲部分の

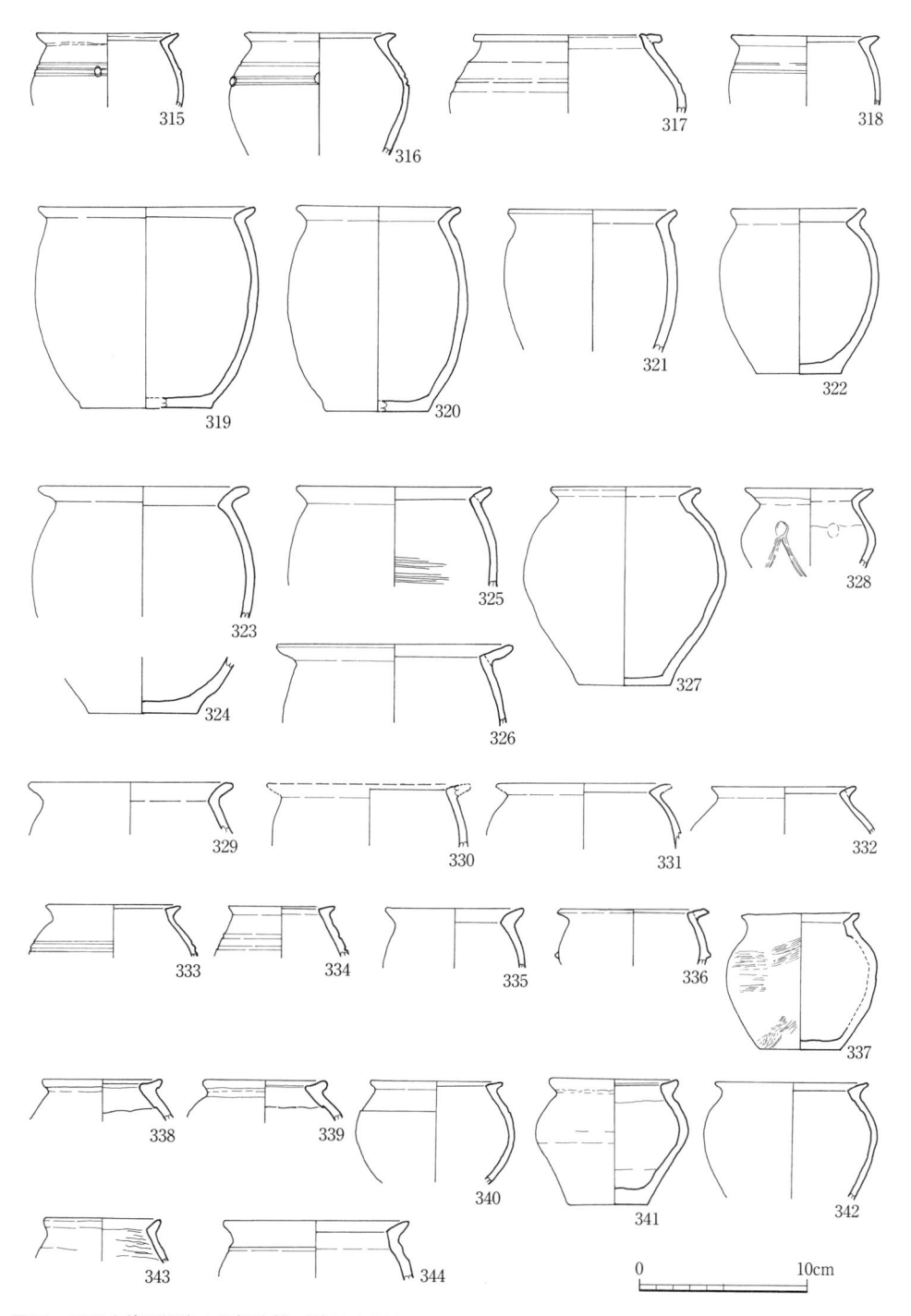

図82　四平山積石塚出土紅褐陶罐（縮尺1/4）

第3章 ◆ 四平山積石塚出土遺物

内面では線状を呈するように折れ曲がりが明確である（315～333）。Ⅱ類はⅠ類に比べ口縁がより鋭く折れ曲がり、口縁端部がⅠ類より短いもので、口縁屈曲部内面がⅠ類と同じように線状を呈するもの（334～344）である。一方、口縁はⅠ類に比べ短く肥厚気味であり、口縁端部内面がややレンズ状に窪むものである。おそらく

図83　四平山積石塚出土紅褐陶罐（345～353）・蓋（354～369）（縮尺1/4）

最終調整により口縁端部を指撫で状に押さえるために口縁端部内面がやや窪み気味になるものと考えられる。Ⅲ類はⅡ類と同じように短い口縁で屈曲するが、口縁屈曲部内面も婉曲的に曲がり、口縁先端部もより下方に巻き込むようにして終わっている（345～353）。

　蓋（図83-354～369・図版23）　大きく4類に分けられる。Ⅰ類（354～357）：豆（高坏）を天地逆にしたような形態であるが、摘み部分から蓋部にかけて中空であるところに特徴がある。蓋部は、頸部から口縁部にかけてなだらかに下るものと、垂直的に屈曲するものがある。Ⅱ類（360～366）：小さな杯状の摘みが付くもので、口縁部形態が知られているものであれば、頸部で折れ曲がり直線的に下方しながら口縁端部が垂直的に折れ曲がるもの。Ⅲ類（358・359）：杯を天地逆にしたような形態で、頸部から口縁部はスカート状に開くもので、明確な屈折部分が認められる。

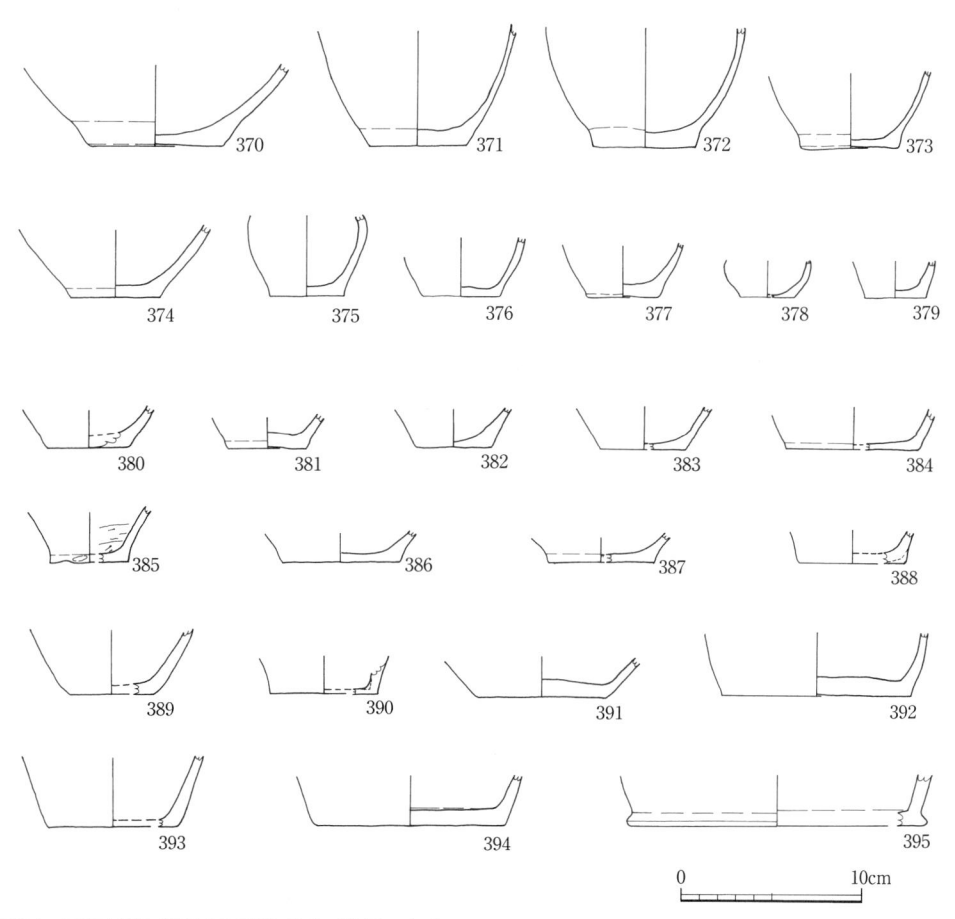

図84　四平山積石塚出土紅褐陶底部（縮尺1/4）

Ⅳ類（367～369）：鉢状の形態を天地逆にしたような形態で口縁端部が刻まれる。典型的な郭家村上層期の蓋である。

　底部（図84-370～395）　底部からやや膨らみ気味に胴部に至る形態で罐やミニチュア罐の底部と考えられるもの（370～379）。底部の屈曲部分から直線上に胴部に

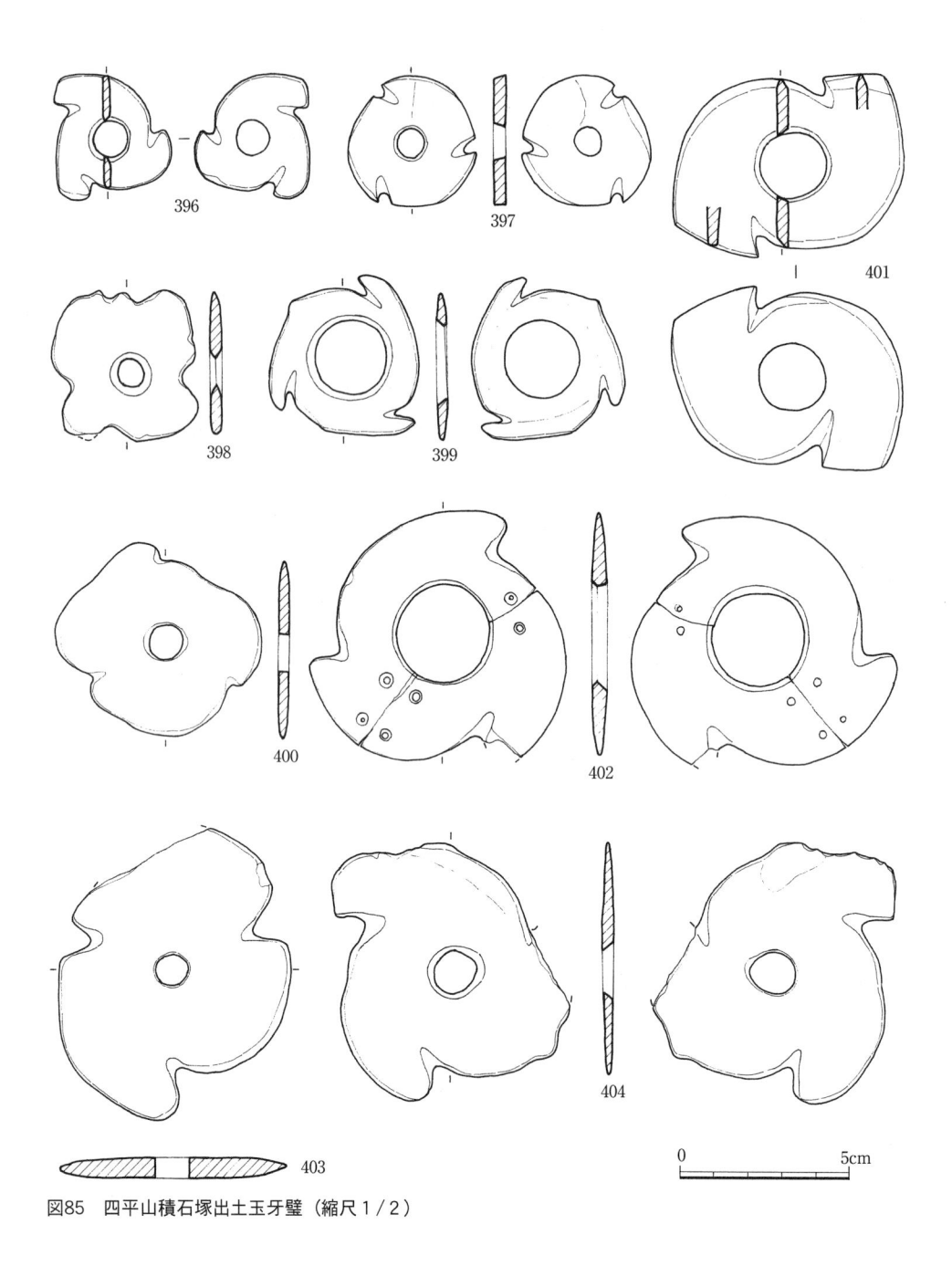

図85　四平山積石塚出土玉牙璧（縮尺1/2）

向けて開いていくもので、壺や盆などの底部と考えられるものである（380～395）。

　　　　　　　　　　　　　　　　　　　　　　　　　　　　　　（宮本一夫）

4　玉石器

　四平山積石塚から出土した玉石器（巻頭図版2）の材質は、半透明で光沢のある玉質とそうでない石質とを肉眼で識別することは可能である。とはいえ、鉱物学による玉の定義、とりわけ遼東半島に産する岫岩玉の性質をめぐっては、鉱物学でも未解決の問題が少なくない。長江下流域の良渚文化では真玉と仮玉とが識別されていたようだが、四平山積石塚の牙璧には玉質のものと石質のものとがあり、玉と石とが使い分けられていたとは考えにくい。このため、以下の報告では玉器と石器とをひとまとめにし、肉眼観察による玉質／石質の判別を材質の項に記すことにする。

　牙璧（図85、表2）　牙璧とは、中央に孔をもつ円盤の周囲に同じ方向の斜めの浅い剔り込みを入れて風車形にしたもの。8基の墓から計9点が出土した。最大径が3.6～5.3cmの小型と6.8～8.5cmの大型とに大別される。小型の重さは6.0～21.5ｇ、大型は27.7～47.1ｇ。断面は薄いレンズ形で、大型・小型とも最大厚は0.3～0.5cm、397が外縁に面をもつほかは周縁にいくほど薄くなる。剔り込みは3ヵ所のものが多いが、2ヵ所のもの（401）や4ヵ所のもの（398）もあり、大きさや形状は一様ではない。中央の円孔は直径0.8～2.8cm、大型・小型との相関はみられない。398と402が両面穿孔、そのほかはすべて片面穿孔で、いずれも管穿孔とみられるが、薄手のため断定できない。両面穿孔の2例は乳白色の石質で、片面穿孔のものは半

表2　出土牙璧一覧表

番号	墓	最大径	孔径	厚さ	重さ	材　質	備　考
396	36S	3.6	1.0	0.3	6.0	黄緑色玉質	
397	37	3.8	0.8	0.4	10.0	黄緑色玉質	
398	36P	5.2	0.8	0.4	11.1	乳白色石質	
399	高麗城48	4.8	2.2	0.4	11.4	濃緑色玉質	
400	35C	5.3	1.0	0.4	21.5	淡緑色玉質	
401	35C	6.8	1.9	0.4	27.7	緑色玉質	
402	35B	7.9	2.8	0.4	36.6	乳白色石質	補修孔、一部欠損
403	35A－B	8.5	0.9	0.5	47.1	黄白色玉質	一部欠損
404	36Q	8.4	1.2	0.4	38.8	黄褐色玉質	一部欠損

表3　出土環一覧表

番号	墓	径	孔径	厚さ	重さ	材　質	備　考
405	37	3.4	2.4	0.2	3.1	淡緑色玉質	
406	36U−V	4.0	2.3	0.3	4.8	淡黄色玉質	
407	38E	4.0	1.3	0.3	7.0	乳白色石質	
408	36W	4.3	2.3	0.3	5.9	黄緑色玉質	
409	36Q	3.6	1.9	0.2	2.0	乳白色石質	残存1/2
410	35B	4.3	2.0	0.3	3.9	乳白色石質	残存1/2
411	高麗城48	11.1	5.8	0.9	92.1	乳白色石質	補修孔、一部欠損
412	36Q	6.6	5.1	0.3	−	乳白色石質	残存1/6
413	38E	6.2	4.2	0.3	1.0	乳白色石質	残存1/4
414	36S	6.0	4.6	0.5	0.8	淡茶色玉質	残存1/10

　透明の玉質であり、材質と穿孔方法とは相関している。片面穿孔の例で穿孔面を上にしてみた場合、外周の突起（牙）は396・397・399・401・403・404が左捩り（反時計回り）、400のみ右捩りである。突起の形には尖ったもの、丸いもの、角張ったものがあり、いずれも両面から擦り込んでいる。小型のものは概して刳り込みの幅が狭く、大型のものは大きな刳り込みになっている。刳り込みを入れる前の全形はほとんどが不整形な円形であり、刳り込みを入れたのち最終的に周縁を整形している。ただし、外縁に面をもつ397は、あらかじめ外形を円形に整え、刳り込みを入れた後の調整を省いているので、突起が尖ったままになっている。399と404とは外形を整える段階で、刳り込みと刳り込みとの間に小さな突起を残している。山東省膠州市三里河墓地でも同じような小突起をもつ牙璧が出土しており、意図的な所為と考えられる。402は使用時に2片に割れたため、片面穿孔の補修孔を3対あけて綴じ合わせていた。牙璧の用途に関して、孔の一部が摩滅し、紐で垂下したと考えられるものがある。大型の400・401・403・404の紐擦れがとくに著しい。出土位置のわかる402では頭骨の近くから短冊形垂飾とともにみつかり、396では舌状垂飾とともに頭と考えられるところ、404では管玉や小珠とともに歯や骨が散在するところから発見されている。首飾りのような装身具として細い紐でつり下げられたのであろう。

　環（図86、表3）　9基の墓から計10点出土した。411が復元径11.1cm、孔径5.8cmと大きく、そのほかは直径3.2〜4.3cm、孔径1.3〜2.4cmと小型である。405と407とが両面穿孔であるほかは、すべて片面穿孔である。405と406は断面長方形で

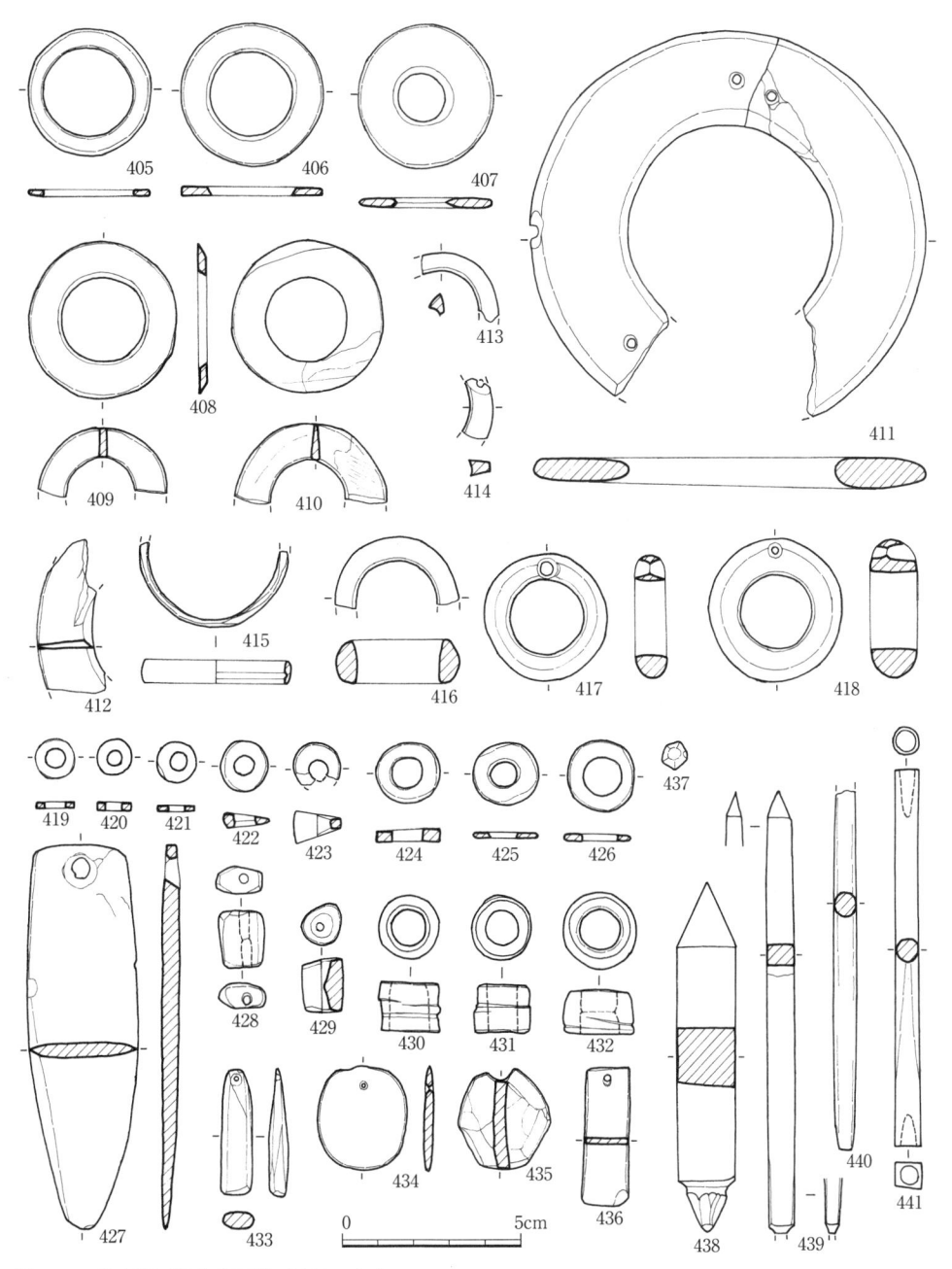

図86　四平山積石塚出土玉器（縮尺1/2）

　外縁が面をもち、408は外縁の左右に片面から研磨を加え、そのほかはレンズ状に両面からゆるやかに薄くなっている。406は孔の一部に紐擦れが認められ、垂飾として用いられたことがわかる。411は2片に折損したのち2対の孔をあけて補修した

第3章 ◆ 四平山積石塚出土遺物 ── 97

表4　出土指輪一覧表

番号	墓	外径	孔径	厚さ	重さ	材　質	備　考
416	36S	3.4	2.3	1.2	6.6	乳白色石質	残存1/2
417	36E	3.5	2.1	1.4	11.7	乳白色石質	
418	36P	3.8	2.0	1.4	21.7	乳白色石質	

表5　出土小珠一覧表

番号	墓	径	孔径	厚さ	重さ	材　質	備　考
419	36U−V	1.0	0.5	0.2	0.4	乳白色石質	
420	35A	1.0	0.5	0.3	0.7	乳白色石質	
421	35A	1.2	0.4	0.2	0.7	乳白色石質	
422	36P	1.4	0.5	0.5	0.9	乳白色石質	
423	37	1.4	0.6	0.9	1.4	淡緑色石質	残存2/3
424	37	1.8	0.8	0.4	1.5	乳白色石質	
425	37	1.8	0.6	0.2	1.2	乳白色石質	
426	36Q	2.0	1.0	0.2	1.3	乳白色石質	

もので、その大きさからみて腕輪として用いられたのだろうが、中原龍山文化の複合璧のように意図的に環を分割したものではない。補修孔のある割れ口に加工の痕跡がないからである。

釧（図86-415）　環の一種だが、短い円筒形のもの。37号墓から1/2に破損したものが出土している。直径4.2cm、幅0.6cm、厚さ0.2cm。乳白色石質。内面に浅い凹線が1条めぐっている。

指輪（図86、表4）　断面半円形の太い環。3基の墓から計3点が出土した。山東大汶口文化の類例は指輪とされ、それに従う。いずれも粒子の比較的粗い乳白色の石である。孔の内面はやや膨らみをもち、穿孔の痕跡を残さないように研磨している。上部に両面穿孔の小孔がある。

小珠（図86、表5）　外径1.0～2.0cm、孔径0.4～1.0cm、厚さ0.1～0.5cmの扁平な珠で、日本で臼玉と呼んでいるものより径が少し大きい。いずれも乳白色の石を用い、片面穿孔している。422と423とは断面がいびつである。35号墓A石室・37号墓にはほぼ同じ大きさの小珠がともない、36号墓P石室には牙璧と貝の小珠、35号墓A石室には骨管、37号墓には牙璧・管玉・ツノガイがともなっている。ほかの垂飾と組み合わせて用いたものであろう。

管玉（図86、表6）　緑色の不整形の石に穿孔した管玉Ⅰ類と、短い円筒形で白

表6　出土管玉一覧表

番号	墓	長径	孔径	高さ	重さ	材　質	備　考
428	36Q	1.2	0.3	1.6	3.2	緑色石質	
429	37	1.3	0.2	1.6	3.1	緑色石質	
430	37	1.7	1.0	1.4	4.4	白色石質	片面穿孔
431	39	1.6	1.0	1.4	4.9	白色石質	片面穿孔
432	39	2.1	1.1	1.2	6.4	白色石質	両面穿孔

色の石を用いた管玉Ⅱ類とに大別できる。Ⅰ類の429は横断面が円形に近く、428はやや平たい。いずれも孔を両面から錐で穿孔し、429は漏斗状の孔になっている。Ⅱ類は432が両面穿孔、ほかの2例が片面穿孔である。いずれも側面の中央に段があり、両面から管穿孔したときの芯を再利用したものと考えられる。この径が1.6～2.1cm、高さが1.2～1.4cmで、牙璧や環などの薄い玉石器は対象外だが、指輪は孔径が2.0～2.3cm、厚さが1.2～1.4cmあり、穿孔による径の縮小を数ミリと見積もり、高さ（厚さ）がほぼ一致すること、石質も近似することから、指輪を管穿孔したときに抜いた芯を再利用した可能性がもっとも高い。指輪と管玉Ⅱ類とがそれぞれ3点ずつあるのは、たんなる偶然としても、ともに同じ工房でつくられた製品であったことは十分に考えられよう。

戈形器（図86-427）　36号墓Q石室の出土。戈形の扁平な玉器で、全長10.5cm、最大幅3.0cm、最大厚0.5cm、重さ24.4ｇ。もとは青緑色半透明の玉であったが、大部分は乳白色に風化している。両側刃はほぼ対称形で、両面から刃をつけるが、鋭利さに欠け、先端も丸みをもつ。基部に近い中央に片側から孔をあける。先端に向かって少しずつ薄くなっており、稜はない。両側刃が対称形をなすこと、小型なうえに稜がなく扁平であること、孔が比較的大きく、基部に寄っていることなどから、武器あるいは儀仗用としての用途よりも、一種の垂飾と考えるべきであろう。戈は龍山文化にはなく、二里頭文化になって出現していることも、戈としての用途に疑問を抱かせる。石室中央やや小口寄りの歯・骨・牙璧・管玉・小珠などが散在しているところから、石室主軸に平行して出土していることも、垂飾具としての用途を暗示している。

棒状垂飾（図86-433）　36号墓S石室の出土。掘りあげた土から発見されたため、出土位置はわからない。短い棒状で、長さ3.4cm、幅0.9cm、厚さ0.5cm、重さ3.1ｇ。基部近くに片面穿孔の小さな孔がある。黄緑色を呈した半透明の玉質。

円形垂飾（図86-434・435）　36号墓W石室から2点出土。434は楕円形の扁平な垂飾で、長径2.9cm、短径2.5cm、厚さ0.3cm、重さ3.2ｇ。基部近くに両面から穿孔した小さな孔がある。緑白色の石質。435は長径3.8cm、短径2.6cm、最大厚0.5cm、両面・周縁ともに未調整で、上部に穿孔の痕が半円形に残存している。黄褐色の砂岩質で、石器の剝片か未成品であろう。

　短冊形垂飾（図86-436）　35号墓B石室の出土。短冊形の扁平な垂飾で、長さ3.8cm、幅1.3cm、厚さ0.2cm、重さ2.6ｇ。基部近くに両面から穿孔した小さな孔がある。緑白色の石質。

　玉粒（図86-437）　37号墓から1点出土した。径0.8cmほどの角張った小さな粒で、濃緑色の玉質。孔がないので装身具ではなく、玉廃材の2点といっしょに発見されているから、玉器製作時の廃材であった可能性が高い。

　錐形器（図86-438・439）　オベリスク形の筓飾である。438は太くて短い方柱の先端を四面から尖らせ、基部は周囲を凹線状に擦り込み、末端を先尖りの宝珠形につくっているが、形はややいびつで、縦方向の研磨によって多面形になっている。全長9.5cm、幅・厚さともに1.7cm、重さ55.4ｇ。淡緑色の玉質である。439は断面方形の細長い角柱で、先端を四面から尖らせ、基部は各面から擦り込んで細くしているが、その先は折れている。現長12.1cm、幅0.8cm、厚さ0.6cm、重さ14.5ｇ。淡緑色の玉質。

　筓形器（図86-440・441）　440は断面円形の細長い棒で、先に少しずつ細くなっているが、両端が折損し、現長9.8cm、径0.7cm、乳白色の石質。441は一端が断面円形、他端が断面方形の細長い棒で、両端ともに漏斗形の孔を穿っている。全長10.3cm、一端の径は0.8cm、他端の一辺も0.8cmでほぼ同じだが、中央ではやや細くて径0.7cmである。重さ12.1ｇ、濃緑色の玉質である。

　玉廃材（図87-442・443）　37号墓から2点出土した。442は濃緑色半透明の玉質で、長さは縦5.2cm、横3.6cm、厚さ1.6cm。表面と裏面とは平滑な研磨面をなし、ほぼ平行する。右側面には表と裏との両面からそれぞれ0.6cmほどの深さに擦り切り、残った厚さ0.4cmほどを折り割っている。両面からの擦り切り線は平行せずにレンズ状の弧線をなす。上側面には表裏両面に平行する擦り切りが認められ、裏面側に残った厚さ0.4cmほどは折り割っている。左側面と下側面とは自然面のままである。443は淡黄緑色半透明の玉質で、442より結晶の粒子が粗い。縦5.1cm、横3.7cm、最大厚さ1.0cm。同じように表面と裏面とは平滑な面をなし、ほぼ平行す

る。それ以外の側面は自然のざらついたままである。442・443とも擦り切りで玉器をつくりだしたときの廃材であろう。

石鏃（図87-444）　36号墓E石室の出土。灰白色の頁岩製。先端が少し欠損し、現長5.5cm、幅1.2cm、厚さ0.3cm。両側刃がほぼ平行し、刃は面をもってあまり鋭利ではなく、刃面は両面とも擦り切りによる七面状をなして基部まで続いている。横断面は細長い菱形で、鎬は明瞭である。基部は内側に凹み、矢柄を装着するために脊の両面を少し擦り込んでいる。擦り切りによる石鏃の製作はめずらしい。

片刃石斧（図87、表7）　平面が長方形で直線的な鋭い片刃をなす。448・450・

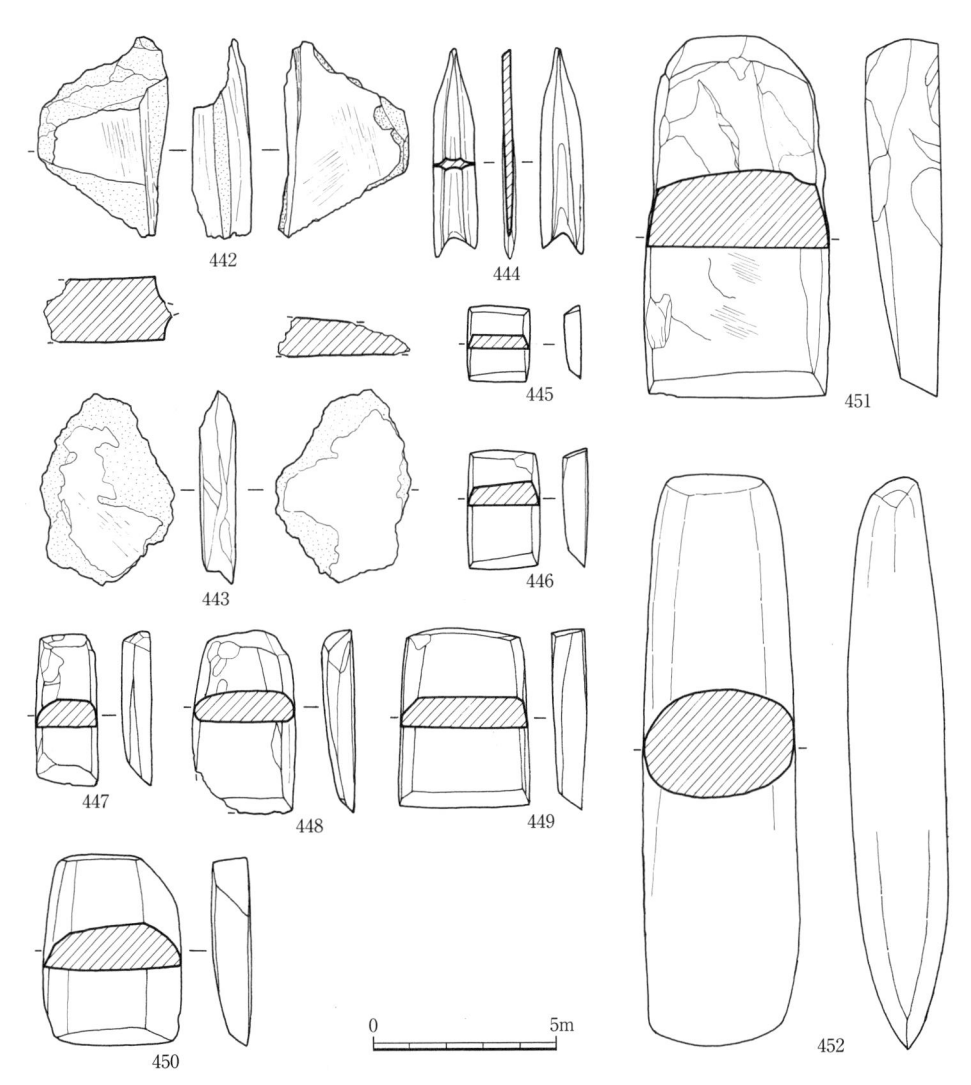

図87　四平山積石塚出土玉石器（縮尺1/2）

表7　出土片刃石斧一覧表

番号	墓	長径	刃幅	最大厚	重さ	材　質	備　考
445	38E	2.1	1.5	0.5	3.1	濃緑色玉質	
446	36E	3.2	1.9	0.8	9.6	茶褐色頁岩	
447	36V	4.1	1.8	0.8	11.4	黒色石質	
448	35B−C	4.1	3.0	0.9	22.2	淡青緑色玉質	刃の一部欠損
449	37	4.8	3.6	1.0	36.8	黄褐色頁岩	
450	35B	5.0	1.0	1.0	41.4	灰白色玉質	
451	36E	9.6	4.9	2.0	206.1	黒褐色石質	

451は基部を丸くつくる。刃のない面はいずれも平直だが、横断面が扁平な長方形ないしは台形状につくるものと、刃のある面がやや弧状に膨らむものとがあり、前者は全体によく研磨しているのに対して、後者とくに451は各所に自然面を残している。447は刃が傾く偏刃となるが、そのほかの例をふくめて使用痕は認められない。

太型蛤刃石斧（図87−452）　36号墓P石室の出土。灰白色の砂岩製。刃はゆるやかな円弧を描き、その断面は両刃で丸みのある凸刃、すなわち蛤刃をなし、身部へと稜線をつくらずに移行する。身部は細長く、断面は楕円形。両側面が刃部に向かってほぼ平行するが、基部の幅と厚さはやや小さい。全体によく研磨され、自然面を残していない。長さ11.2cm、刃幅3.8cm、最大厚さ2.8cm、重さ355.7ｇ。

（岡村秀典）

5　土製品

紡錘車（図88、表8）　6ヵ所から計6点出土した。453が断面が笠形にふくらむ饅頭形、454〜457がほぼ均等な厚さの円盤形、458が土器片を加工したもの。455と458が灰白色泥質であるほかは、いずれも砂粒を多くふくみ、茶褐色を呈する。焼成は良好。胎土のちがいは重さとも相関し、夾砂紅褐陶の4例はおよそ20ｇ前後、泥質灰陶の455はその倍ほどの重さになっている。456には両面に回転撫で調整が明瞭にみえ、454にはさらに外周および側面に研磨を加えている。

土錘（図88−458）　35号墓A−B石室より出土。円筒形で、両小口面寄りのところに横方向の溝を一周させ、それに直交して縦方向に2条の溝を彫っている。砂粒をほとんどふくまず、赤褐色を呈する。焼成は良好。全長5.9cm、長径2.1cm、

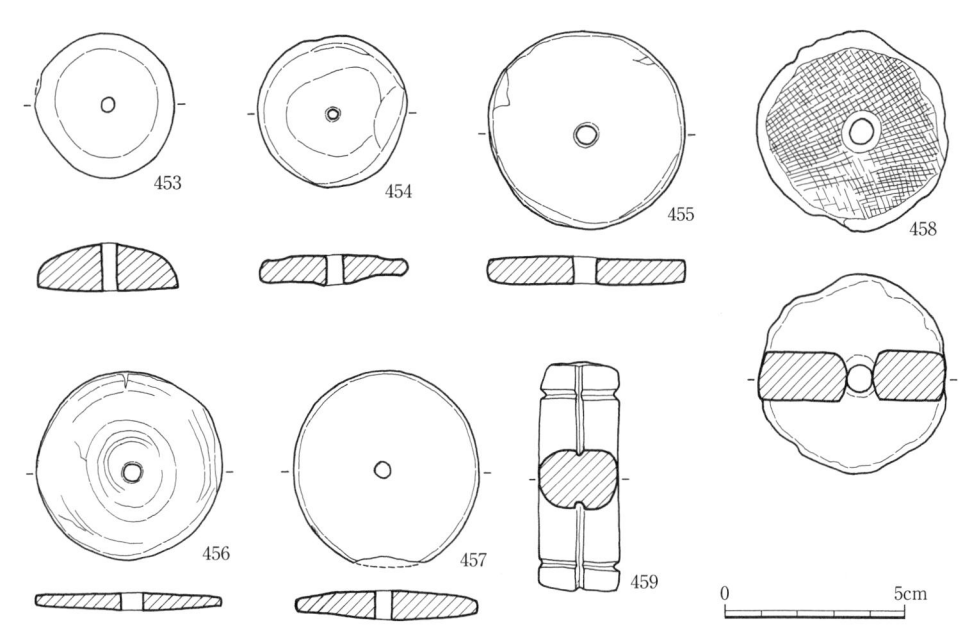

図88 四平山積石塚出土土製品（縮尺1/2）

表8 出土紡錘車一覧表

番号	墓	直径	孔径	厚さ	重さ	材　質
453	35A	3.9	0.4	1.3	20.3	夾砂紅褐陶
454	37	4.1	0.4	0.8	20.8	夾砂紅褐陶
455	35B－C	5.3	0.5	0.8	44.0	泥質灰陶
456	36W	5.0	0.5	0.5	19.9	夾砂紅褐陶
457	35B	5.1	0.4	0.8	24.4	夾砂紅褐陶
458	大牛角巻	5.3	0.7	1.4	－	泥質灰陶

短径1.6cm、重さ31.9g。四平山積石塚の土器とは色調と胎土が異なり、近世の混入品の疑いがある。

（岡村秀典）

6　貝・骨角牙器

貝珠（図89－460）　36号墓W石室の出土。薄手で、周縁の一部が欠損する。径1.3cm、孔径0.4cm、厚さ0.1cm、重さ0.2g。ツノガイとともに首飾りに用いたのであろう。

骨管飾（図89－461）　35号墓A石室の出土。中空の鳥骨を切断して管珠とした

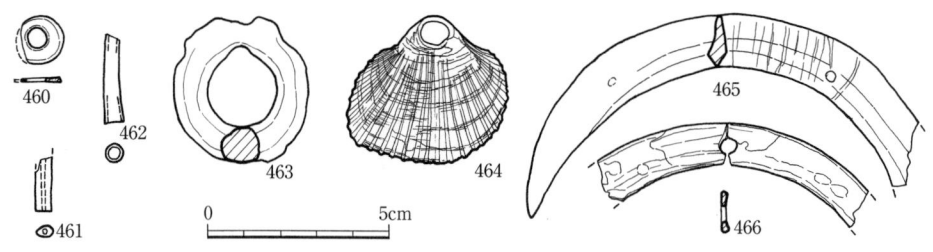

図89　四平山積石塚出土貝・骨角牙器（縮尺1/2）

もの。片面から小さな孔をあけているようにもみえる。残長1.5cm、長径0.5cm、孔径0.1cm。小珠2点といっしょに用いられたのだろう。

ツノガイ管飾（図89－462）　35号墓B－C石室、36号墓W石室、37号墓から出土し、そのうち35号墓B－C石室の例を図示した。先端は意図的に切断しているのか、残存している例はない。残長2.5cm、基部の径0.5cm。

角環（図89－463）　32号墓の出土。角を加工した断面円形の太い環で、外面がいちじるしく腐朽する。最大径4.0cm、孔径1.9cm、厚さ1.1cm。大きさと形からみて指輪として用いられたのであろう。

有孔貝（図89－464）　36号墓E石室の出土。サルボウの殻頂部に穿孔する。36号墓W石室からもサルボウの貝殻が出土しているが、それには穿孔がない。37号墓から出土した例は、殻頂部を研いで孔をあけている。

有孔猪牙（図89－465・466）　イノシシの牙に1孔をあけたもの。36号墓S石室出土の465は基部を欠くが、残長10.9cm、最大幅1.4cm、最大厚0.6cm。高麗城48号墓の466は両端を欠損し、残長7.4cm、最大幅1.3cm、最大厚0.3cm。

【備考】玉石器、土製品、貝・骨角牙器の実測図は、京都大学文学部における1987年度の考古学実習として、岡村秀典の指導のもと、伊藤淳史、河野一隆、高橋照彦、多賀茂治、竹内義治、次山淳が作成した。製図は岡村が行った。本文は1989年に執筆し、2006年と2007年に補訂した。

（岡村秀典）

第4章 ● 自然科学的分析

1 土器の胎土分析

（1） はじめに

　四平山積石塚の調査報告にあたって、土器の胎土に関する材質の調査をおこなう機会が与えられたので、材料の使い分け、混和物の岩石学的な特徴、および黒陶の表面を覆う黒色の組織と成分、などに関する諸点を中心においた分析結果を報告する。資料は黒陶11点、紅陶10点、白陶2点の計23点である。調査の方法は土器片の一部から薄片を作成し、胎土に含まれる岩石鉱物の特徴を偏光顕微鏡によって分析し、また黒陶については、器壁に直交する断面の薄片を作成して、器面の黒色層の組織や形状を確認する調査をおこなった。

表9　土器胎土分析資料

1	黒陶	罐	38E	9	黒陶	単耳杯	36E	17	紅陶	鬹	36E
2	黒陶	罐	38E	10	黒陶	盆	36E	18	紅陶	鬹	38E
3	黒陶	罐	36E	11	白陶	鬹	36KL	19	紅陶	蓋	36E
4	黒陶	大型罐	36E	12	白陶	（目録115）		20	紅陶	蓋	38E
5	黒陶	杯	36E	13	紅陶	小罐	38E	21	紅陶	豆脚	38E
6	黒陶	杯	38E	14	紅陶	小罐	36E	22	紅陶	鉢	38E
7	黒陶	杯	38E	15	紅陶	罐	36E	23	黒陶	罐	36E
8	黒陶	杯	38E	16	紅陶	鉢	38E				

（2） 胎土の構成

　胎土の性状の特徴としてはつぎのような諸点があげられる。

　白陶では、粘土質の地に0.3～0.5mm程度の砂が比較的多く含まれるもの（資料11、図90-1）、砂を多く含まない胎土のもの（資料12）の2種類がある。紅陶においても、同様に（資料13～17、19～21）と（資料18・22、図90-2）に区分できる。一方黒陶については、分析資料の中には、粘土質の成分を含む胎土の土器は見られ

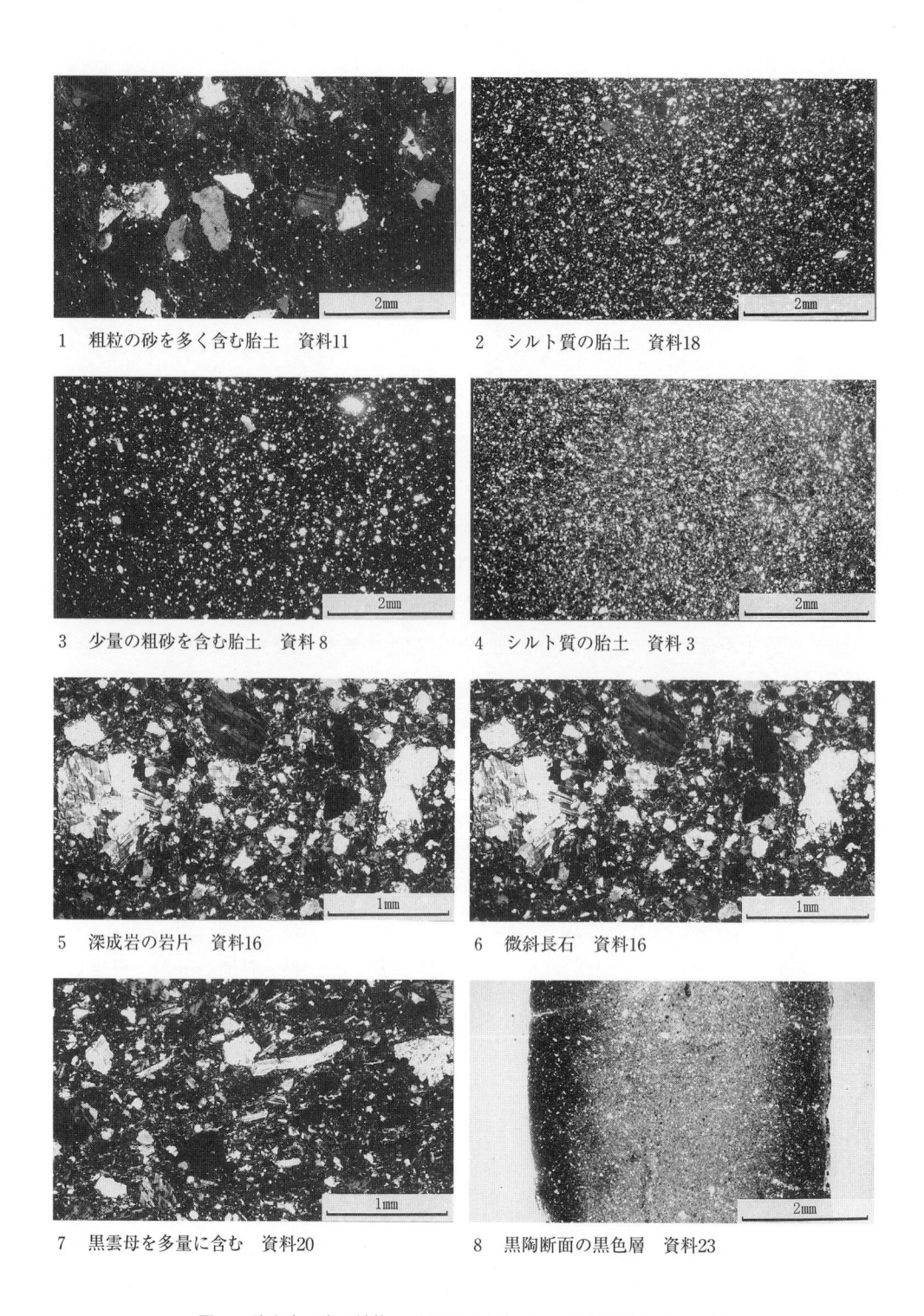

1　粗粒の砂を多く含む胎土　資料11
2　シルト質の胎土　資料18
3　少量の粗砂を含む胎土　資料8
4　シルト質の胎土　資料3
5　深成岩の岩片　資料16
6　微斜長石　資料16
7　黒雲母を多量に含む　資料20
8　黒陶断面の黒色層　資料23

図90　胎土中の岩石鉱物　（6は－ニコール、その他は＋ニコール）

ず、シルトあるいは細砂とよぶべき成分が大部分を占めるという点で共通している。あえて分類すれば、0.02～0.1mmのシルトおよび細砂にごく少量の0.3mm程度の砂を含むもの（資料1・2・4・6・8・10、図90－3）と、それより微細なシルト質の成分がやや多く含まれるもの（資料3・5・7・9・23、図90－4）にわけることもできるが大きな差をもっているわけではない。土器の材質を区分した場合、材料として選択された粘土、シルト、砂などの含有率の差は、器形の大小と用途に関係していることが多く、大きな器形や煮沸に用いられた土器には砂の含有率を高めているという一般的な傾向があり、ここにおいてもその一端を示しているものであろう。

　また黒陶の胎土の特徴として、緻密な粘土質の材料ではなく、シルトあるいは細砂とよぶべき成分が大部分を占めていることがあげられるが、そのような材質と後述するような焼成において黒の発色をあたえる作用とが、密接に関係しているものと考えられる。

（3）　岩石鉱物の特徴

　胎土に含まれる岩石および鉱物は、黒陶の1～10・23、白陶の12、紅陶の18・21でみられるような、粘土やシルトに混在していたような微細な砂のほかに、白陶の11や紅陶の13～17・19～21の胎土にみられるような、0.3～0.5mm程度の比較的大きな粒径の砂とに区分できる。後者の場合は素地の作成にあたって意図的に添加した砂である可能性が高い。これらの砂の鉱物学的な特徴としては、以下のような要素を見出すことができる。

　1. 前者のような微細な粒径の砂は、その大部分が石英および長石であるという特徴がある。これはいうまでもなく岩石が0.02～0.1mm程度の粒径に風化されたものであるが、その過程で有色鉱物は風化消失し、結果として風化に強い石英、長石類が多く残存したものと考えられる。その中で唯一紅陶の22のような微細な白雲母が比較的多くみられるという特徴をもつものもある。

　2. 一方、後者の白陶の1点と紅陶の8点のような、比較的粒径の大きな砂にみられる特徴の一つとして、深成岩の岩石片やその成因を顕著に示す鉱物片などを多く含むことをあげることができる。これらに共通している要素は、花崗岩とみられる深成岩の岩片（図90－5）のほかに深成岩の成因を示す鉱物としてパーサイト構造のカリ長石、微斜長石（図90－6）、比較的大きな粒径の雲母類（図90－7）と

輝石類などを含んでいるという点である。それに加えて、紅陶については17と20はとくに黒雲母を、21は輝石類をとくに多量に含んでおり、また19には泥岩の岩片が含まれるという点で特徴的である。このような岩石や鉱物の特徴は、深成岩の成因の岩石鉱物が風化した堆積物から土器の材料が採取されたことを強く示すものである。

（4）黒色の発色

土器の胎土や器面を着色させることは、先史時代からさまざまな方法によっておこなわれている。

その中で、黒い発色の特徴的な土器が世界各地に存在し、古くから関心がもたれて、その技術について多くの指摘がなされている。ペトリー（W.M.Flinders Petrie）は、エジプトのブラック・トップ土器（black-topped pottery）の技術を説明して、煙にともなう不完全な燃焼によって生じた、還元による鉄の黒色であるという可能性を指摘したが〔Petrie 1910〕、これについてルーカス（A.Lucas）は、焼成後の加熱された状態で有機質の植物の煤の沈着によって黒色化する可能性や、還元による鉄の黒色化によることなどをあげているが、はっきりした解答は与えていない〔Lucas 1962〕。

さて黒陶の黒色については、表10のような胎土の化学分析の結果から、資料13や46Aのような黒陶ではとくに灼熱減量の数値が高く、炭素の吸着と関係している

表10　中国新石器時代の土器の化学組成（周仁・張福庚・鄭永圃1964の表2より）

		SiO$_2$	Al$_2$O$_3$	Fe$_2$O$_3$	TiO$_2$	CaO	MgO	K$_2$O	Na$_2$O	Mno	灼熱減量	計
1	紅陶	64.66	17.35	6.52	0.77	2.39	3.35	3.35	1.26	0.09	−	99.96
2	灰陶	65.23	16.16	5.38	0.91	2.77	1.61	3.52	2.20	0.12	2.33	100.00
3	彩陶	67.08	16.07	6.40	0.80	1.67	1.75	3.00	1.04	0.09	1.47	100.25
54A	紅陶	66.50	16.56	6.24	0.88	2.28	2.28	2.98	0.69	0.06	1.43	99.90
YS	紅陶	67.0	14.80	8.8	0.8	1.6	1.3	2.8	1.0	−	1.8	99.9
13	薄胎黒陶	61.11	18.26	4.89	0.81	2.70	1.34	1.55	2.42	0.11	6.97	100.07
46A	薄胎黒陶	63.57	15.20	5.99	0.92	2.65	2.43	2.77	1.62	0.07	5.39	100.61
15	紅陶	65.57	14.94	5.34	0.88	2.56	2.10	3.14	2.14	0.10	3.39	100.10
52B	灰陶	67.10	16.61	6.23	0.89	2.01	2.33	2.79	1.30	0.04	1.95	101.25
60C	紅陶	66.21	15.49	5.77	0.77	1.85	3.39	3.24	2.45	0.08	1.08	100.31

1〜3：西安半坡、54A・52B：仰韶、YS・13：山東両城鎮、46A：山東城子崖、15・60C：長安客省庄

〔周仁・張福庚・鄭永圃1964〕。この炭素の浸透の状態は図90-8のように、器面から0.5mm程度の厚さの部分まで顕著で、中心部に向かって徐々に消失している。このような状態はギリシャの黒絵や赤絵の黒色部分の製作技術とは明らかに異なることを示している。黒絵や赤絵においては、器面に薄い黒色層を生じさせるように鉄含有率の高い微細な粘土を用いて、窯の焼成雰囲気を還元状態におくことによって、光沢のある黒色を生み出し、母体となる胎土の赤色部分との対比を意図した技術である〔Richter1987、清水1998〕。しかし黒陶においては、そのような表面部分の黒色の薄い緻密な粘土層は存在せず、焼成の終わりに器体の表面から炭素を多量に吸着させて黒色化させ、研磨によって器面に光沢をもたせたものであることが明らかである。

(清水芳裕)

2 龍山文化期黒陶片試料の炭素安定同位体比分析

(1) 研究目的

　龍山文化の黒陶に端を発すると考えられる黒色土器は、東南アジア、沖縄にわたって分布しており、タイやフィリピンにおいては現在も製作、使用されている。フィリピンの黒色土器は、製作過程において、焼成直後の土器を熱いうちに籾殻等で覆い、炭素を吸着させることで黒色に着色している〔Mihara et al. 2006〕。龍山文化の黒陶も、同様の技法を用いて製作されたならば、土器製作時に吸着された、籾殻等に由来する炭素を多く含有していると考えられる。

　炭素の安定同位体^{13}Cは光合成により植物体内に取り込まれるが、炭素循環の起源と光合成の経路の違いにより、炭素安定同位体比$δ^{13}$CはC$_3$植物とC$_4$植物との間で異なった値を持つ〔Parker 1964〕。C$_3$植物は陸上の高等堅果植物の大半、イネ、ムギ、ソバなどの栽培植物などがこれに入り、$δ^{13}$C値は平均−26.5‰ある。C$_4$植物はトウモロコシ、ヒエ、アワ、キビ、コウリャン、サトウキビなどで、$δ^{13}$C値は平均−12.5‰ある〔Park and Epstein 1961、Smith and Epstein 1971、Bender 1971、O'Leary 1981〕。中国においては現在、華北地方はアワ・キビ農耕、華中地方は稲作農耕が主体となっている。龍山文化期は、山東半島に稲作農耕が伝播した時期と考えられており、日本における農耕の起源を研究する上でも重要な時期である。この時期に稲作農耕が伝播したならば、それによって生じた栽培作物の割合の地域差が黒陶の炭素安定同位体比に反映されると推測される。本研究では、山東省・遼寧

省における龍山文化期の黒陶片試料に関して炭素安定同位体比を分析することにより、黒陶作成時に炭素の吸着材料として使用された植物の種類とその地域差を推定することを試みた。

（2）試料と分析方法

　分析試料は、遺跡の踏査による表面採取および発掘調査で出土した黒陶片を使用した。黄河下流域から丁公遺址8点、教場鋪遺址7点、景陽崗遺址2点、尚壮遺址3点の計20点、山東半島黄海沿岸部の日照市周辺から両城鎮遺址9点、丹土遺址7点、堯王城遺址5点の計21点、山東半島先端部の煙台市周辺から楊家圏遺址4点、舞台遺址5点、北城子遺址14点の計23点、遼東半島先端部から文家屯遺址5点、四平山遺址7点の合計12点、合計76点の試料を使用した。

　土器片試料の分析の際は、食物や燃料に由来する表面付着炭化物の混入を避ける必要がある。しかし、炭素は土器表面から吸着されるため、表面の炭素含有率が最も高く、信頼できる値を示す〔Mihara et al. 2006〕。そこで、土器表面を試料として使用するに際し、調理等に使用される可能性の少ない器種を選別する事で外来炭化物の影響を避ける試みをおこなった。まず器種判別の可能な黒陶片に関し、スス等の付着のないことを確認した上、表面をアセトンで拭いた後にデンタルドリルで表面を削り、粉末試料を採取した。判別のできなかったその他の試料に関しては、付着炭化物の混入を避けるため、表面をデンタルドリルで削り落とした後、炭素が多く含まれる黒色部分を削り採取した粉末試料〔三原ほか2006〕を使用した。試料は、土壌中から混入していると考えられるフミン酸、フルボ酸等の有機物を除去するため、90℃のホットプレート上で0.1NのHCl溶液、0.01NのNaOH溶液を用いてAAA（酸-アルカリ-酸）処理をおこなった。蒸留水で洗浄、乾燥させた後、錫製カプセルに封入し、安定同位体質量分析計（ANCA-mass: Europa Scientific Co. Ltd.）を用いて炭素含有率・炭素安定同位体比を測定した。試料は100μgの炭素を含むように秤量し、1試料につき2回測定をおこない、平均値を使用した。

（3）結果と考察

　各遺跡における炭素含有率（%C）、および炭素安定同位体比（$\delta^{13}C$）の測定結果を以下に示す（表11、図91）。また各遺跡における$\delta^{13}C$値の平均値と標準偏差を図92に示す。

表11　黒陶分析試料

labo No.	省	遺跡	地域	炭素含有率 (%C)	炭素安定同位体比 (δ¹³C)	遺跡別 平均値	遺跡別 標準偏差	地域別 平均値	地域別 標準偏差	備考
04PO47	山東省	丁公遺址	黄河流域	0.4	-12.5					(三原ほか, 2006)
04PO49	山東省	丁公遺址	黄河流域	0.3	-19.1					(三原ほか, 2006)
04PO51	山東省	丁公遺址	黄河流域	0.5	-14.6					(三原ほか, 2006)
04PO52	山東省	丁公遺址	黄河流域	0.4	-17.6	-15.4	2.2			(三原ほか, 2006)
04PO53	山東省	丁公遺址	黄河流域	0.5	-16.7					(三原ほか, 2006)
04PO54	山東省	丁公遺址	黄河流域	0.4	-14.0					(三原ほか, 2006)
04PO55	山東省	丁公遺址	黄河流域	0.9	-14.2					(三原ほか, 2006)
04PO56	山東省	丁公遺址	黄河流域	1.2	-14.3					(三原ほか, 2006)
04PO57	山東省	教場舗遺址	黄河流域	0.2	-15.9					(三原ほか, 2006)
04PO58	山東省	教場舗遺址	黄河流域	0.5	-18.2					(三原ほか, 2006)
04PO59	山東省	教場舗遺址	黄河流域	0.5	-14.1	-16.2	1.6			(三原ほか, 2006)
04PO60	山東省	教場舗遺址	黄河流域	0.3	-17.5					(三原ほか, 2006)
04PO61	山東省	教場舗遺址	黄河流域	0.5	-16.7					(三原ほか, 2006)
04PO63	山東省	教場舗遺址	黄河流域	0.6	-17.0					(三原ほか, 2006)
04PO64	山東省	教場舗遺址	黄河流域	1.0	-14.3					(三原ほか, 2006)
04PO65	山東省	景陽崗遺址	黄河流域	0.3	-17.6	-16.5	1.5			(三原ほか, 2006)
04PO67	山東省	景陽崗遺址	黄河流域	0.3	-15.5					(三原ほか, 2006)
04PO68	山東省	尚荘遺址	黄河流域	0.4	-15.6					(三原ほか, 2006)
04PO69	山東省	尚荘遺址	黄河流域	0.6	-15.1	-15.3	0.2	-15.8	1.7	(三原ほか, 2006)
04PO70	山東省	尚荘遺址	黄河流域	0.5	-15.2					(三原ほか, 2006)
04PO08	山東省	両城鎮遺址	日照周辺	2.6	-15.6					(三原ほか, 2006)
04PO09	山東省	両城鎮遺址	日照周辺	0.7	-17.3					(本研究)
04PO10	山東省	両城鎮遺址	日照周辺	0.3	-20.0					(本研究)
04PO11	山東省	両城鎮遺址	日照周辺	0.3	-13.9	-18.4	3.6			(三原ほか, 2006)
04PO12	山東省	両城鎮遺址	日照周辺	1.4	-22.4					(本研究)
04PO13	山東省	両城鎮遺址	日照周辺	0.7	-13.8					(本研究)
04PO14	山東省	両城鎮遺址	日照周辺	0.5	-18.9					(本研究)
04PO15	山東省	両城鎮遺址	日照周辺	1.7	-24.0					(本研究)
04PO16	山東省	両城鎮遺址	日照周辺	1.3	-20.0					(本研究)
04PO17	山東省	丹土遺址	日照周辺	0.4	-22.1					(本研究)
04PO18	山東省	丹土遺址	日照周辺	0.7	-21.5					(本研究)
04PO19	山東省	丹土遺址	日照周辺	0.6	-20.7	-21.6	1.0			(本研究)
04PO21	山東省	丹土遺址	日照周辺	0.5	-23.0					(三原ほか, 2006)
04PO22	山東省	丹土遺址	日照周辺	0.3	-20.8			*尭王城＋丹土		(三原ほか, 2006)
04PO23	山東省	丹土遺址	日照周辺	0.3	-22.3			-21.8	1.4	(三原ほか, 2006)
04PO24	山東省	丹土遺址	日照周辺	0.3	-20.4					(本研究)
04PO25	山東省	尭王城遺址	日照周辺	0.5	-20.7					(本研究)
04PO26	山東省	尭王城遺址	日照周辺	2.1	-23.6	-22.1	2.0			(本研究)
04PO27	山東省	尭王城遺址	日照周辺	0.4	-24.9					(三原ほか, 2006)
04PO28	山東省	尭王城遺址	日照周辺	0.2	-21.0			-20.3	3.0	(三原ほか, 2006)
04PO29	山東省	尭王城遺址	日照周辺	1.2	-20.4					(三原ほか, 2006)
03PO08	山東省	楊家圏遺址	煙台周辺	0.4	-21.1					(三原ほか, 2006)
03PO09	山東省	楊家圏遺址	煙台周辺	0.7	-18.5	-20.8	1.6			(三原ほか, 2006)
03PO11	山東省	楊家圏遺址	煙台周辺	0.5	-21.9					(三原ほか, 2006)
03PO12	山東省	楊家圏遺址	煙台周辺	1.1	-21.8					(三原ほか, 2006)
04PO01	山東省	舞台遺址	煙台周辺	1.0	-14.2					(三原ほか, 2006)
04PO02	山東省	舞台遺址	煙台周辺	0.6	-14.0					(三原ほか, 2006)
04PO03	山東省	舞台遺址	煙台周辺	1.2	-13.3	-14.4	0.8			(三原ほか, 2006)
04PO05	山東省	舞台遺址	煙台周辺	0.6	-15.0					(三原ほか, 2006)
04PO06	山東省	舞台遺址	煙台周辺	0.9	-15.4					(三原ほか, 2006)
04PO30	山東省	北城子遺址	煙台周辺	0.3	-16.3					(三原ほか, 2006)
04PO31	山東省	北城子遺址	煙台周辺	0.4	-16.9					(三原ほか, 2006)
04PO32	山東省	北城子遺址	煙台周辺	0.4	-20.2					(三原ほか, 2006)
04PO33	山東省	北城子遺址	煙台周辺	0.2	-20.4					(三原ほか, 2006)
04PO34	山東省	北城子遺址	煙台周辺	0.6	-17.3					(三原ほか, 2006)
04PO36	山東省	北城子遺址	煙台周辺	0.2	-22.0					(三原ほか, 2006)
04PO37	山東省	北城子遺址	煙台周辺	0.4	-19.9	-17.8	2.5			(三原ほか, 2006)
04PO38	山東省	北城子遺址	煙台周辺	0.3	-16.4					(三原ほか, 2006)
04PO39	山東省	北城子遺址	煙台周辺	0.7	-14.5					(本研究)
04PO40	山東省	北城子遺址	煙台周辺	1.6	-20.9					(本研究)
04PO41	山東省	北城子遺址	煙台周辺	1.2	-15.0					(本研究)
04PO42	山東省	北城子遺址	煙台周辺	1.2	-16.3					(本研究)
04PO43	山東省	北城子遺址	煙台周辺	2.7	-14.4			-17.6	2.9	(本研究)
04PO44	山東省	北城子遺址	煙台周辺	0.4	-18.6					(三原ほか, 2006)
06PO10	遼寧省	文家屯遺址	遼東半島	0.2	-19.0					(本研究)
06PO11	遼寧省	文家屯遺址	遼東半島	0.3	-19.7					(本研究)
06PO12	遼寧省	文家屯遺址	遼東半島	0.2	-18.4	-18.1	1.4			(本研究)
06PO13	遼寧省	文家屯遺址	遼東半島	1.2	-16.8					(本研究)
06PO14	遼寧省	文家屯遺址	遼東半島	1.7	-16.5					(本研究)
02PO01	遼寧省	四平山遺址	遼東半島	2.8	-14.6					(本研究)
02PO03	遼寧省	四平山遺址	遼東半島	2.0	-13.6					(本研究)
02PO04	遼寧省	四平山遺址	遼東半島	1.4	-12.9					(本研究)
02PO05	遼寧省	四平山遺址	遼東半島	1.6	-14.7	-14.0	0.7			(本研究)
02PO06	遼寧省	四平山遺址	遼東半島	3.2	-14.0					(本研究)
02PO07	遼寧省	四平山遺址	遼東半島	2.2	-14.5			-15.7	2.3	(本研究)
02PO09	遼寧省	四平山遺址	遼東半島	1.4	-13.7					(本研究)

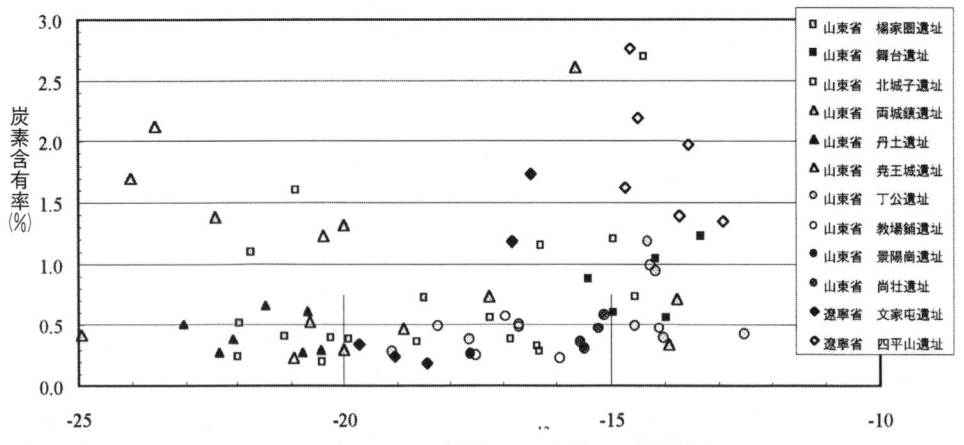

図91　遼寧省・山東省の黒陶の炭素含有率および炭素安定同位体比の測定結果

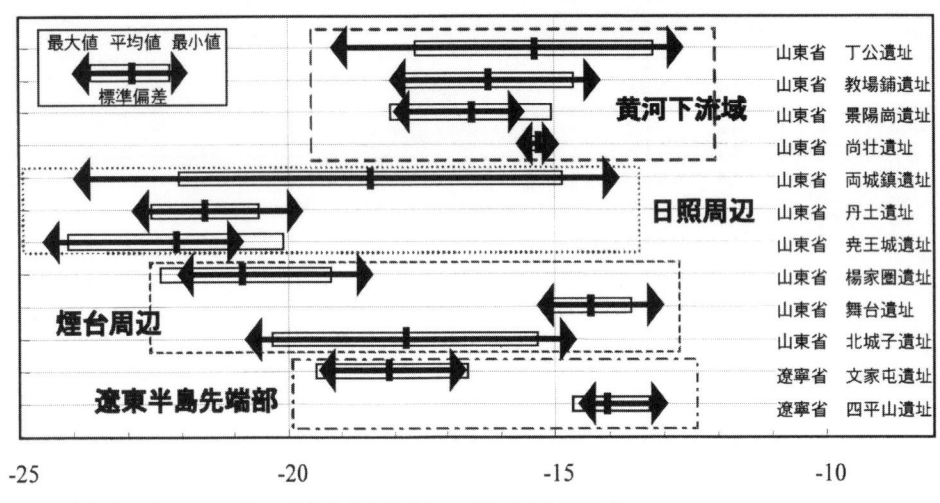

図92　遼寧省・山東省の黒陶の炭素安定同位体比の平均値と標準偏差

　黄河下流域：黄河下流域の遺跡では、δ^{13}C値は－15.8±1.7‰の範囲を示した。丁公遺址の試料の%Cは0.3～1.2%、δ^{13}C値は－15.4±2.2‰であった。教場鋪遺址の試料の%Cは0.2～1.0%、δ^{13}C値は－16.2±1.6‰であった。景陽崗遺址の試料の%Cは0.3%、δ^{13}C値は－16.5±1.5‰であった。尚壮遺址の試料の%Cは0.4～0.6%、δ^{13}C値は－15.3±0.2‰であった。黄河下流域の遺跡は概してC$_4$植物の代表値に近いδ^{13}C値を示し、この地域ではアワ・キビ等のC$_4$植物の栽培が主体であったことが示唆された。

　山東半島黄海沿岸部：山東半島黄海沿岸部の遺跡では、δ^{13}C値は－20.0±3.0‰の範囲を示した。両城鎮遺址の試料の%Cは0.3～2.6%、δ^{13}C値は－18.4±3.6‰であっ

た。丹土遺址の試料の%Cは0.3〜0.7%、δ¹³C値は−21.6±1.0‰であった。堯王城遺址の試料の%Cは0.2〜2.1%、δ¹³C値は−22.1±2.0‰であった。日照周辺の遺跡は、丹土遺址、堯王城遺址の試料は−21.8±1.4‰範囲でまとまり、C₃植物のδ¹³C値に近い分布を示したのに対し、両城鎮遺址の試料はC₃植物、C₄植物両方の値を含む幅広い分布を示した。両城鎮遺址では出土した炭化種子のうち、イネが49%、アワが36%であり、この測定結果とも矛盾しないものであった。

　山東半島先端部：山東半島先端部の遺跡ではδ¹³C値は全体として−17.6±2.9‰の範囲を示した。楊家圏遺址の試料の%Cは0.4〜1.1%、δ¹³C値は−20.8±1.6‰であった。舞台遺址の試料の%Cは0.6〜1.2%、δ¹³C値は−14.4±0.8‰であった。北城子遺址の試料の%Cは0.2〜2.7%、δ¹³C値は−17.8±2.5‰であった。山東半島先端部の遺跡では、楊家圏遺址の試料は黄海沿岸部と同様にC₃植物寄り、舞台遺址の試料は黄河下流域と同様にC₄植物寄りの値を示した。また北城子遺址の試料は両城鎮遺址と同様にC₃植物、C₄植物両方を含む幅広い分布を示した。

　遼東半島先端部：遼東半島先端部の遺跡ではδ¹³C値は全体として−15.7±2.3‰の範囲を示した。文家屯遺址の試料の%Cは0.2〜1.7%、δ¹³C値は−18.1±1.4‰であった。このうち、%Cが0.2〜0.3%の3点のδ¹³C値は−19.1±0.6‰、%Cが1.2〜1.7%の2点のδ¹³C値は−17.7±0.2‰であった。四平山遺址の試料の%Cは1.4〜3.2%、δ¹³C値は−14.0±0.7‰であった。遼東半島先端部では2遺跡間で異なる値を示した。四平山遺址の試料は黄河下流域と同様の値をとり、C₄植物の代表値に近い値を示したのに対し、文家屯遺址の試料は、四平山遺址と比較しC₃植物寄りの数値を示した。

　以上の4地域における黒陶試料のδ¹³C値の分布（図93）を見ると、黄河下流域ではC₄植物栽培が主体であったのに対し、山東半島の黄海沿岸部ではC₃植物の使用が高まっていた。山東半島先端部では黄河下流域と黄海沿岸部の両方の特徴を持ち、C₃植物の利用が高まっていた遺跡があることが示された。遼東半島では黄河下流域同様にC₄植物栽培が主体であったが、若干C₃植物が利用されていた可能性が示唆された。このことから、これらの地域で栽培されていた作物に関して、はじめアワ・キビが主体であったものが、黄海沿岸部を中心として山東半島先端部へ向かいイネの利用が増加していったことが示唆される。また黄河下流域への稲作の伝播は示唆されなかった。この結果は稲作の伝播経路とよく合致している。また山東半島と遼東半島の間では一部地域での物的交流があった可能性が示唆された。

（三原正三・宮本一夫・小池裕子）

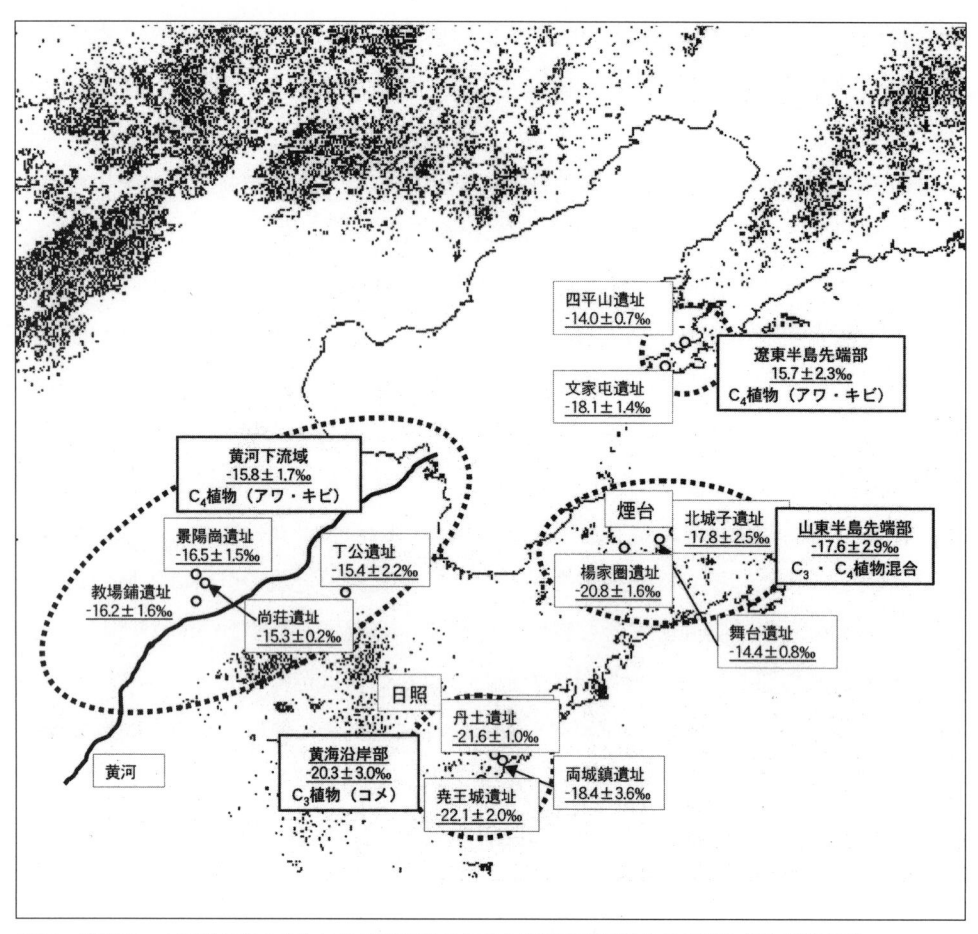

図93　遼寧省・山東省の龍山文化における遺跡の分布と炭素安定同位体比の平均値と標準偏差

3　四平山積石塚で出土した人骨

　この人骨資料は中国の遼東半島の大連と旅順を結ぶ中間に位置する営城子の北、渤海湾に面した黄龍尾屯にある四平山山頂の石塚群で見つかったものである。その四平山積石塚が1941年に日本学術振興会によって発掘調査された際、いくつかの石室から出土したものである。私たちが人骨鑑定を依頼されたときには、たくさんの小箱に小分けされていた。それぞれの小箱に記載されたメモで、どの石室から出たのか、かろうじて判別できる程度の状態であった。

　それら人骨の保存状態はきわめて悪く、多くは砕片しか残っていない。また歯が残るものも僅かしかなかった。したがって肉眼解剖学的な観察は最小限のことしか適わなかった。ここに石室ごとに出土した人骨の所見を記載する。

なお、人骨の記載は小箱に書かれた番号に則っておこなう。

（１）32号墓（図版31－1）
　かなりの量にのぼる長骨の断片や小片が残っている。いずれも人間の骨であるようだ。どの骨片も表面の風化がひどく、ほとんど原形をとどめていない。その内訳は、左右の大腿骨骨体の断片が４点、たがいに接合可能な脛骨の骨体上部の断片が２点、大腿骨の骨体の上部に当たる部位の小断片が３点、さまざまな部位の脛骨の小断片が８点、それにおそらくは大腿骨や脛骨の一部であろうとおぼしき長骨の破片が13点、合計で30片の骨が確認できた。
　大腿骨の断片４点のうち２点は右大腿骨の骨体中央部に相当する部分の一部であり、たがいに接合可能である。ほかの２点は左大腿骨の骨体中央部の一部である。これら左右の大腿骨は、それらの大きさや形状を比較するに、別個体の骨である可能性が捨てきれない。ちなみに右大腿骨の骨体中央部の髄腔は横径が11mm、矢状径が16mmほどある。
　大腿骨と脛骨ともに成人のものであろう。しかし性別は云々できない。右大腿骨の骨体には強くはないが柱状性が認められるのに、左大腿骨には、それが認められない。脛骨は骨体の扁平性が弱いのが特徴である。
　特記すべき事項として、脛骨の骨体の前縁を含む小さな断片に、げっ歯類による咬痕が確認できることをあげておこう。おそらく白骨化する時期に付けられたのであろう。

（２）32号墓Ｂ石室
　上腕骨か大腿骨か脛骨とおぼしき長骨の骨片が、いくつかある。しかし、いずれも骨表面の風化がはなはだしく、人間の骨かどうかさえ定かでない。

（３）35号墓Ａ北石室
　合計して14個ないし15個の歯が確認できる。これらの多くは歯冠と歯根ともに損傷が激しい。そのために歯種を同定できないものがあり、また上下左右のいずれかであると断定するのが難しいものもある。一応のところ同定できた歯については重複するものはない。しかし、たしかに同一個体のものかどうかは定かでない。もし同一個体のものであるとすれば、いずれの歯も歯根が完成していることから、その

人物が成人の年齢に達していたのは確かである。同定できた歯を歯式で示すと、下記のとおりである。

	P	I2	I1	C	
M3 M2 M1 P2 P1					

このうち残りのよい歯についての観察所見は、次のとおりである。

まず上顎の歯であるが、右側切歯は半分近くを強く咬耗しており、唇舌径は7.2mmほどである。左中切歯はほぼ水平に咬耗しており、舌側にはシャベル状の窪みがあり、近遠心径は7.7mmで唇舌径は7.0mmである。

下顎歯については、第1大臼歯は近遠心径が9.8mmで頬舌径が9.0mmの大きさである。第2大臼歯は歯冠の半分以上が強く水平に咬耗しており、象牙質が露出する。第3大臼歯は退化型の矮小歯で、わずかながら歯冠に咬耗痕がみられることから萌出していたのは間違いない。

この他に下顎の左歯列の小臼歯らしき歯がいくつかあるが、いずれも破損が激しく、正確な歯種、左右上下の区別はできない。これら小臼歯には歯冠の一部が袋状にう触しているものがあり、おそらくは虫歯の痕跡である。

（4）35号墓A南石室

長骨の破片と歯がある。長骨は獣骨片が2個、それに人間の子供のものが2片ある。歯は2個残っており、成人の上顎の右犬歯と下顎の左第3大臼歯である。

このうち犬歯のほうは、歯冠と歯根ともに裂損が激しく、形態や咬耗などにつき検査できる状態にはない。

第3大臼歯のほうも歯冠と歯根ともに壊れている。この歯の咬耗は、咬合面の遠心側では弱いが、近心側では強めで象牙質が露呈している。ちなみに、歯冠の近遠心径は11.8mmで、頬舌径は10.9mmである。

これら2点の歯が同一個体のものであるか定かではない。

（5）35号墓B石室

人間の頭蓋骨の断片が10個ばかりある。下顎骨の破片もあり、上肢の長骨の破片も多数ある。この他に人間のものとおぼしき大腿骨および脛骨の破片も大量にあるが、いったい何人分の骨があるか定かでない。

頭蓋骨の破片には、左頭頂骨のアステリオンからラムダ縫合を含む部分があり、

左側頭骨の後上部もあり、この両者は一部、鱗状縫合のところでつながる。頬骨の破片もある。

　下顎骨は左側の下顎体のかけらで、オトガイ孔のあたりから下顎角近くの部分である。これには、第２大臼歯と第３大臼歯の歯槽が壊れずに残っている。第３大臼歯の歯槽は完成しているようなので、大人の骨であることは確かだろう。

（６）35号墓Ｂ－Ｃ石室（図版31－２）

　三つの箱に分けて保存されており、いずれの箱にも人骨らしきものがある。これらは頭蓋骨、下顎骨、肩甲骨、橈骨もしくは尺骨、大腿骨、脛骨などの破片である。あきらかに上記のＢ石室のものとは別人物の骨だが、何人分の骨があるかは不明である。

　頭蓋骨としては、右側頭骨の外耳道の直上部や鱗部の破片、岩様部の小さな破片、それに部位が不確かな破片が多数ある。

　下顎骨としては、第３大臼歯の歯槽を含む左側下顎体の破片、オトガイ部分の破片がある。オトガイ部分は華奢で、とても男性のものとは思えない。

　右肩甲骨の棘基部周辺の小断片がある。

　橈骨もしくは尺骨の骨体の破片が10数個ある。

　右大腿骨の骨体の中央部から上部にかけての断片がある。これについては柱状性は弱いが、粗線は発達しているほうである。この他に長骨では、脛骨の骨体の破片があるが、その部位とか左右の別などは不明である。どの骨か識別できない多数の破片もある。

（７）36号墓Ｅ石室（図版31－３）

　鹿角片が１点、そして獣骨片（肋骨）が２点ほど混ざるが、ほかはすべて人間の骨である。

　人骨としては、頭蓋骨、上顎骨、肩甲骨、肋骨、椎骨、手骨、腰骨、大腿骨などの長骨の破片が確認できる。

　頭蓋骨は全部で14片あり、そのうち１点は焼骨である。このなかには上顎骨左側の梨状孔周辺の小片があり、ほかはみな頭蓋冠の破片である。

　左肩甲骨の烏口突起と肩関節の上端を含む断片と肩峰の付け根周辺の断片がある。

肋骨は2片あるのみである。どの椎骨か定かでないが、関節突起の破片がある。
　手骨は第2指か第3指、あるいは第4指の基節骨が残る。この骨は焼けており、ひどく彎曲しているなど変形しているため、どの指のものか、左右いずれか確認できない。
　左右は不明だが、腰骨の寛骨臼の一部が残る。寛骨臼の縁には骨増殖が認められ、成人の骨であることは間違いなかろう。
　大腿骨の骨頭の破片が2点ほどある。それ以外にも、長骨の破片が多数あり、そのなかには4、5点ほど焼けた骨が混じる。
　ここにある焼骨はいずれも黒く、ひび割れを起こしていないことから、低温で焼かれたものと思われる。つまり火葬骨などではなく、骨が堆積した上で火を受けた可能性が強い。

（8）36号墓P石室
　この小箱にあるのは、すべて人骨であり、いくつか複数の骨の破片が確認できる。それらは次の通りである。
　前頭骨の左側眼窩上縁部、左右は不明だが頭頂骨の矢状縫合を含む部分、後頭骨の後頭鱗後下部などの破片である。これら頭蓋骨の破片は、弱くではあるが焼けた痕跡が認められる。眼窩上縁は、かなり厚く鈍角を呈することから、男性の骨である可能性が高い。
　椎骨、たぶん胸椎であろうが、棘の根元部分の破片があり、かすかに焼けた痕跡がうかがえる。
　この他に、大腿骨の骨体の破片、さらには何かの長骨の破片が6点ばかりある。これらの骨が同一個体のものであるかどうかは定かでない。

（9）36号墓Q石室
　長骨の破片が、緻密質の厚いものから薄いものまで多数ある。いずれも保存状態が非常に悪く、人間の骨であるかどうか定かではない。人間の大腿骨の骨体部分らしき破片もある。

（10）36号墓S石室
　やや大きめな断片として残る長骨が認められる。このなかには人間の大腿骨の骨

体部分が5、6点あり、上腕骨の骨体の断片が1点ある。しかし細かい破片については、どの骨のものか同定するのは難しい。

　いずれにせよ、小さな破片については人間の骨かどうか断定できないが、人間のものなら大腿骨など大型の長骨の骨体部分であろう。

(11) 36号墓U-V石室

　微細な骨片が2個あるが、小さすぎて、人間の骨かどうかもわからない。

(12) 36号墓V石室

　長骨の小さな破片が1つあるだけで、これについては人間の骨かどうか定かでない。

(13) 37号墓

　左右が不明の下顎の大臼歯らしきものの断片がある。それと頭蓋冠の一部らしき小さな破片が5個ばかりある。しかし、この両者とも人間のものであるかは不明である。

　歯については、強く咬耗しており、象牙質が面状に露出している。

(14) 38号墓E石室（その1）

　獣骨らしきものの破片が1個と、おそらくは人間のものとおぼしき長骨の骨体の微小破片が3片ばかりある。

(15) 38号墓E石室（その2）

　この番号をつけられた小箱は二つあり、こちらのほうには焼けた骨の破片が少々ある。このなかに左頬骨の破片、上顎骨の前頭突起の破片、頭蓋冠のどこかの破片、それに長骨の破片が3個ばかりある。

(16) 38号墓G-H石室

　長骨の骨体の一部と思われる破片がいくつかある。いずれも、ひどく風化しており、人間のものであるか、どの部分の骨であるか、いずれも決められない。

　焼けた骨の破片もあり、これは生骨のときに焼けたものと思える。

(17) 結語

　四平山積石塚で出土したとされる骨は、いずれの石室から出土した骨も、ひどく骨表面や骨断面が傷んでおり、それに加えて小さな断片や破片ばかりである。そのために詳細な検査に耐えられるような状態ではない。

　たいていは人間の骨のようだが、ひどく保存状態が悪いため、なかには確かに人骨であると断定するには至らないものも少なくなく、さらに少なからずの獣骨や貝殻までもが混在している。

　たしかに人骨であると判ったものでも、性判別や死亡年齢を推定できるものは非常に少なく、わずかに36号墓P石室で出土した前頭骨の右側眼窩上縁が男性のものであろうと言える程度である。死亡年齢についても成人のものか子供のものかとか、大まかにしか言えないものばかりである。

　焼けた骨も少なくなく、生骨の状態で焼けたもの、骨となった後に焼けたものなどが混ざっている。なぜこんな状態になったのか、いささかの推論もできない。

（大藪由美子・片山一道）

4　35号墓B－C石室出土人骨歯牙

はじめに

　南満州先史時代人発掘遺物人体、特に歯については未だその調査発表せられるを知らず。著者は京都大学文学部考古学研究室梅原末治教授および名古屋大学文学部澄田正一助教授のご厚意により、考古学的発掘遺物として保存せられたる材料を貸与せられたるものを基礎として調査し、黒陶文化が中国中原か山東省等の人種が移住してその文化を構成したか、あるいは従来よりの定住者によりてその文化をなしたるかを、人種的、特に歯牙によりてこれを究明したいと考える。もとよりこれらのみにて充分とは言えざるも何分にも資料を得がたく、その点において貴重なるものと考える。

（1）調査材料および資料

　本調査の目的とする歯牙遺物は四平山積石塚35号墓B－C石室内に保存せられたる同一個体と推定せられる歯牙13個について調査したものである（図94）。

	2		2	3			
7 6 5 3 2	1			4 5 6 7

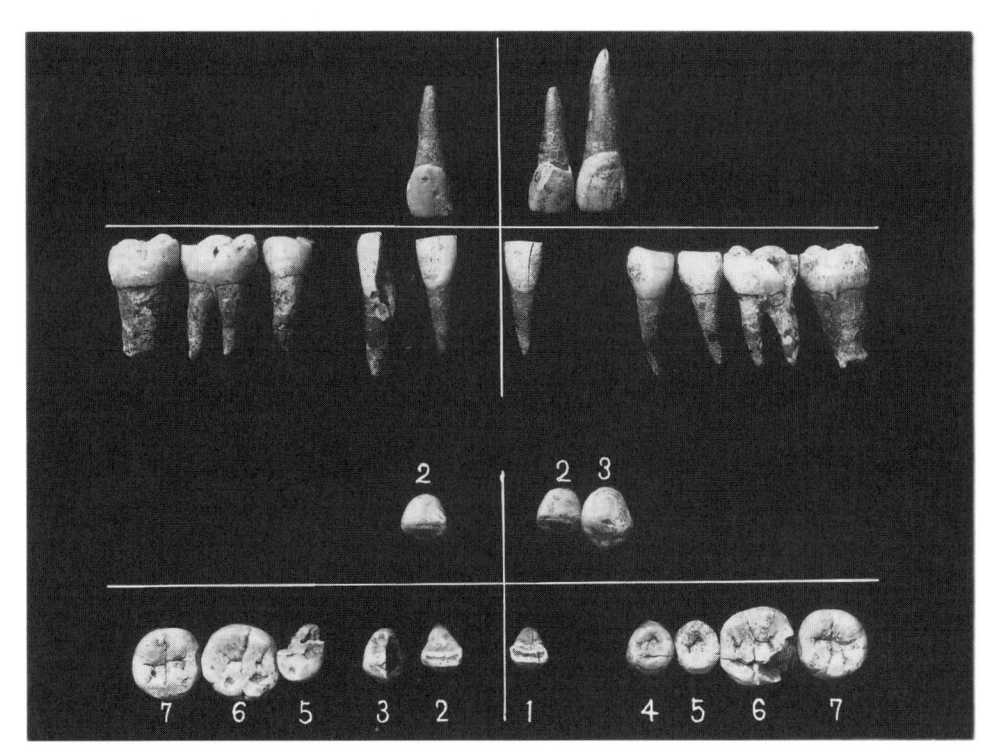

図94　四平山35号墓B－C石室出土人骨歯牙

(2) 計測結果

　藤田教授の提唱せられる計測方法〔藤田1949〕により計測をなした（表12）。

表12　四平山35号墓B－C石室出土歯牙計測値

部位	全長	冠長	根長	冠幅	冠厚
|2	19.0	8.2	10.5	7.0	7.0
|3	25.0	9.7	15.2	8.5	9.5
2|	20.0	8.5	11.0	7.5	7.0
|2	18.0	8.0	11.0	6.5	7.0
3|	22.5	9.0	12.5	／	8.2
5|	18.0	6.5	10.5	7.5	／
6|	16.5	6.5	10.5	12.5	11.7
7|	17.5	6.5	12.5	11.0	11.0
|1	17.6	9.5	9.5	6.0	6.5
|4	19.5	7.0	12.0	7.0	8.2
|5	18.2	6.5	11.0	7.0	8.5
|6	17.5	5.5	11.0	12.0	12.0
|7	18.5	6.0	12.0	11.0	10.8

(3) 考察

　南満州人は民族的にこれを見れば満州民族と漢民族であり、これら民族を人種学

表13　上顎切歯歯冠計測値の比較

民族	報告者	中切歯	側切歯
日本人	宮原	8.4	6.6
朝鮮人	林	8.5	6.8
蒙古人	矢吹	8.4	6.8
満州人	穂坂	8.7	7.0
オロチョン	穂坂	8.1	7.1
欧州人	ジュールライター	8.4	6.5
米国人	ブラック	9.0	6.4
満州石器時代人	神原		7.0-7.5

的に観察すると満州族は「ウラルアルタイ」系の中部「ツングース」に属する民族であり、漢族は「コンロン」系に属し、満州人の大部分を構成するところのこの両者は全然相異なる種属である。日本人、朝鮮人は南部「ツングース」であり、「オロチョン」族は北方「ツングース」であり、満州族とともに「ツングース」に抱合せられている。穂坂氏は現代満州人において、歯数、歯牙形態、歯穹、過剰歯、異常欠損、異常着色、智歯、口蓋皺襞、咬合、咬耗、齲歯、齲触頻度と血液型、治療成績など論述せられている〔穂坂1940〕。私どもが南満州先史時代人すなわち石器時代人遺物歯牙を研究するに興味を感ずるのは、歯牙の形態である。歯牙を形態学的にまた人種学的に見て差異の最も明瞭に現れるのは上顎の側切歯である。日本人の上顎側切歯の幅が白人のそれに比較して著しく大であるということは夙に知られているところである。満州人の上顎中切歯、側切歯の幅を計測した成績を他民族のそれと比較して見ると上記に示すがごとく（表13）、幅は広く白人とは甚だしい懸隔があり、在満の他民族と比較してみると流石に近属間には同様の傾向があることが判る。その他の歯牙についても形態学的計測を行った結果は各歯牙ともに長さ、幅、厚さ、ともにほぼ大きくその重量、容積とほぼ近似するか、あるいは大であった。

　私どもの調査した四平山遺物歯牙においても、上顎側切歯の幅が7.0－7.5mmをなし、現在の満州人および「オロチョン」族に近似せるを見る。しかしながら生活様式の古き石器時代人においては歯牙の咬耗は著明に認められ、食物中に珪石ないし花崗岩石粉末などの混入により咬耗現象が顕著に現れるものである。遺物歯牙においても上顎側切歯、犬歯下顎第一大臼歯は咬耗度は著しく、象牙質の露出を見るのである。

（4）咬頭数
　歯冠形態に変化を表すのは咬頭数で、未開人および先住民族に至るものは基本個数にある上顎４４４下顎５５５の大臼歯咬頭数を持ち、本遺物歯牙においても、下顎大臼歯基本歯数である５５５の形態を現している。

(5)	(5)	(5)	(2)	(3)	(5)	(3)
7	6	5	4	5	6	7

（5）咬耗度

　咬耗度は 2̲|2̲ 3̲|2̲ 3̲|1̲ はいずれも鉗子咬合の状態をなし象牙質の一部露出を見る。4̲|5̲|5̲ においては頰側咬頭咬耗し一部象牙質を現す。大臼歯において 6̲|6̲ の咬耗著しく咬合平面をなし、特に両接触点の摩耗顕著であり、高度の咀嚼力を応用したるを想起せられる。7̲|7̲ は一大臼歯ほど咬耗度は現れず一度の程度である。咬頭溝はいずれも深く鮮明である。

（6）歯根状態

　歯根の状態は 2̲| は扁平にして近心側やや豊隆し、遠心側は中央部根尖に至る従線をなし、|2̲ は扁平近心側豊隆し遠心側凹線をなし近心側においてやや凹面を現す。|1̲ は近心側豊隆し遠心側扁平凹面をなす。2̲| は近心側豊隆し遠心側中央に凹線状を現す。3̲| は近心面豊隆し遠心側舌側に近く扁平状凹状をなす。|5̲ は近心遠心両側面中央を溝をなして根尖に至り根管二根をなす。4̲|5̲ 共に扁平根をなし根尖に至るに従い遠心に湾曲す。6̲|6̲ 何れも近心根扁平にして二根管をなし、遠心根は何れも二根をなす。遠心舌側根は共に根中央部より急角度に根間中央部に湾曲す。根中央部基底は大きく菱形の空間を形成す。7̲|7̲ は共に二根管をなし、頰側根面は一連をなし舌側において分岐状をなし根尖に至り頰側に湾曲す。

　齲歯は各歯牙共に認められず。

　智歯崩出も認められず。

　以上調査に示されたる如く「オロチョン」及満州人に近く次いで蒙古人と考えざるを得ず、南満州における黒陶文化は独立して発生したるや、中原よりの伝来なるやは未だ判明せざるも、少なくとも黒陶の現存することは事実であり相当の当時の文化人である事にかわりはないと考える。

（神原庄一）

編者注：本文は神原庄一「古代人歯牙の研究　南満州に於ける先史時代殊に黒陶を含有する四平山石塚発掘歯牙に就て」（『臨牀歯科』201号、1953〈昭和28〉年6月）に掲載されたもののうち、「四平山石塚発掘遺物及記録報告書」として記載されたものとそれに関係する考察部分を再録したものである。

5　四平山積石塚出土の動物遺存体

　出土した動物遺存体は石室内から出土した小型のものが大部分で、海産貝類のような人間が死者の食料として供献したものと、ネズミ類やカエル類のように、埋葬後に石室内を生活の場とした2種類がある（表14）。中国と日本とは動物相が異なることから種の同定に至らなかったものが多いが、以下のような特色を指摘することができる。

　軟体類として腹足綱のアカニシの幼貝が2点、掘足綱のツノガイ、二枚貝綱のアサリが各1点、ハマグリが大小2点、出土している。ハマグリの保存状態は比較的よく、生息域からシナハマグリの可能性が高いが、出土個数が少ないことと、現生比較標本がないことから、種の同定ができずハマグリ類とする。小型のハマグリの殻頂部は穿孔されており、その周辺部に研磨痕が観察できることから、ツメタガイのような肉食性の貝類によって開けられたものでなく、人間による加工痕と考えられる。その他にタニシ類の口唇部の破片が1点、含まれる。

　両生類として比較的大きい無尾目（カエル類）が多数出土しているが、中国のカエル類の現生比較標本がなく、属や種の同定までに至らなかった。

　鳥類として、科、属不明の上腕骨片、キジ科の手根中手骨が各1点出土している。科、属不明の上腕骨も大きさから、キジ属としても矛盾はない。手根中手骨は、近位端が切り落とされているが、現生の日本産のキジや、日本在来家禽の高知県産オナガドリよりも小さく、矮小品種のニワトリの可能性がある。

　哺乳類としてネズミ科のキヌゲネズミ属や、ノウサギ科のノウサギ属が出土している。キヌゲネズミ属まで同定できる部位は、臼歯が植立した頭蓋骨や下顎骨であり、保存状態が非常によい。ネズミ科の多くの四肢骨や椎骨、寛骨が出土しているが、そうした部位で属、種の同定は不可能で、手元のキヌゲネズミ属の一種 *Cricetulus griseus* の標本と比較した結果、キヌゲネズミ属に含まれると同定した。これらのネズミ類の標本には解体痕などはみられない。種が不明の小型哺乳類の上腕骨に非常に細かい切痕が残され、ネズミ類が囓ってできる痕よりも、より鋭利であることから、ナイフ様の利器によって傷つけられた可能性が高い。

　出土した動物遺存体は、軟体類4科4属、両生類1目、鳥類1科、哺乳類1科2属であった。この中には、埋葬の際に死者の食物として供えられたアカニシ、ハマグリ、ツノガイなどの軟体類と、鳥類のキジ属、哺乳類のノウサギ類、石室内を生

活の場としたネズミ類、あるいは迷い込んだカエル類などに分けることができる。

四平山が位置する遼東半島では、漢代を通じて土坑墓、木槨墓または石槨墓などの、主として墓室底部に貝類を敷詰め、そのうえに遺体を埋葬する貝墓（または貝殻墓）といわれる墓葬がみられる〔于臨祥1958・1965、劉謙1990〕。石室内に副葬された貝類については、カキ、ハマグリ、タニシといった海産貝類がつかわれている〔劉謙1990〕。このような葬俗が漢代の遼東半島に集中しているのは、興味深い現象として捉えることができる。本報告においてはハマグリが確認され、加工された痕跡が認められた。資料点数が少ないこと、貝墓における貝類の使用方法とは異なるが、ともに海産貝類のハマグリを選択し墓に供えている点は共通しており、今後、漢代遼東半島の墓葬研究をするうえでの貴重な事例のひとつとなろう。

ハマグリのような海産貝類はまた、日本でも古墳に供えることが一般的に知られており、その遡源を中国にたどることも不可能ではない。

（藤田正勝・菊地大樹・松井章）

表14　四平山積石塚出土動物遺存体一覧表

番号	小分類	部位	左右	出土石室
467	ハマグリ		右	36E
468	アサリ		右	36E
469	ハマグリ		右	36P
470	ツノガイ			36K-L
471	アカニシ			36E
472	アカニシ			36E
473	カエル類	上腕骨	左	38E
474	カエル類	上腕骨	左	38E
475	カエル類	尺骨・橈骨		38E
476	カエル類	脛骨・腓骨	右	38E
477	カエル類	寛骨	左	38E
478	カエル類	寛骨		38E
479	カエル類	椎骨		38E
480	カエル類	椎骨		38E
481	ノウサギ科	脛骨	左	36V
482	不明木乳類	上腕骨		38E
483	不明木乳類	尺骨	左	38E
484	不明木乳類	寛骨		35A
485	不明木乳類			35E
486	キジ科	手根中手骨	左	35E
487	ネズミ類	頭蓋骨		38E
488	ネズミ類	下顎骨	左	35E
489	ネズミ類	下顎骨	右	38E
490	ネズミ類	下顎骨	左	38E
491	ネズミ類	下顎骨	右	38E
492	ネズミ類	切歯		
493	ネズミ類	上顎骨	右	35E
494	ネズミ類	上顎骨	左	35E
495	ネズミ類	寛骨	左	35E
496	ネズミ類	寛骨	右	35E
497	ネズミ類	寛骨		38E
498	ネズミ類	大腿骨	右	35E
499	ネズミ類	大腿骨	左	35E
500	ネズミ類	大腿骨	左	35E
501	ネズミ類	大腿骨	左	38E
502	ネズミ類	脛骨		35E
503	ネズミ類	脛骨	右	35E
504	ネズミ類	脛骨	左	35E
505	ネズミ類	脛骨	左	38E

第5章 ● 結　語

1　積石塚の石室構造と編年

（1）はじめに

　各石室の発掘時における所見ならびに第4章第3節の人骨の鑑定においても、各石室からは複数の人骨部位がみられることはなく、ほぼ1体分の人骨が埋葬されていたことが明らかとなった。いわゆる複数合葬墓ではなく、各石室は個人墓として築造されたことが考えられている。また、四平山積石塚などの遼東半島の積石塚は火葬骨であることが指摘されてきた〔安志敏1993〕が、四平山積石塚の人骨の鑑定では、明確な火葬骨とはいえないことが明らかとなった。低温による火を受けた可能性が指摘されているが、そうであるならば火を受けたことが必ずしも埋葬行為に伴うものではなく、山火事など二次的に火を受けた可能性も大きいであろう。各石室の大きさは表15に示すように、伸展葬においても十分な空間が存在し、さらに一部にみられる四肢骨の配置からも仰臥伸展葬である可能性が高い。ここで確認できたことは、各石室単位で個人が埋葬されていたという事実である。この事実を基に以下に石室構築に関して検討してみたい。

　四平山積石塚の場合、単列群集墓と単独墓に分けられる。32号墓、34号墓、35号墓、36号墓、38号墓、39号墓、40号墓が単列群集墓である。そして33号墓、37号墓、41号墓が単独墓をなす。このうち33号墓は未調査であり、やや長大であるところから32号墓と同様に単列群集墓になる可能性がある。四平山の尾根筋にこうした積石塚が配置されており、単独で配置されているものと、連続して墓室が列状に並んでいるものをまとめて墓番号が付けられている。これらの墓番号は、本書附篇1に記録されている発掘前に森修氏によってなされた踏査の際につけられたものであろう。これらの内、四平山山頂に位置するのは36号墓であり、その中でも36号墓P石室がまさに山頂部に位置している。こうした、山頂部を中心に尾根筋に配置される墓室や石室の位置関係には一定の意味が存在するであろう。ここでは、これら列状

に配置された積石塚の中でも、ほぼすべての墓室が発掘調査された35号墓を中心に、墓室構造からその構築順序を考えてみたい。

（2）単列群集墓の編年

単列群集墓をなす35号墓と隣接する34号墓は、地表調査の際には分離した墓葬と考えられたが、発掘調査により35号墓と34号墓の中間で35号墓D石室・E石室が発見されたところから、連続した列状の墓葬を形成していることが明らかとなった。これをあわせて単列群集墓と呼ぶべきであろう。継起的な墓室の築造がなされたことにより、結果的に列状をなしたということであろう。しかし、

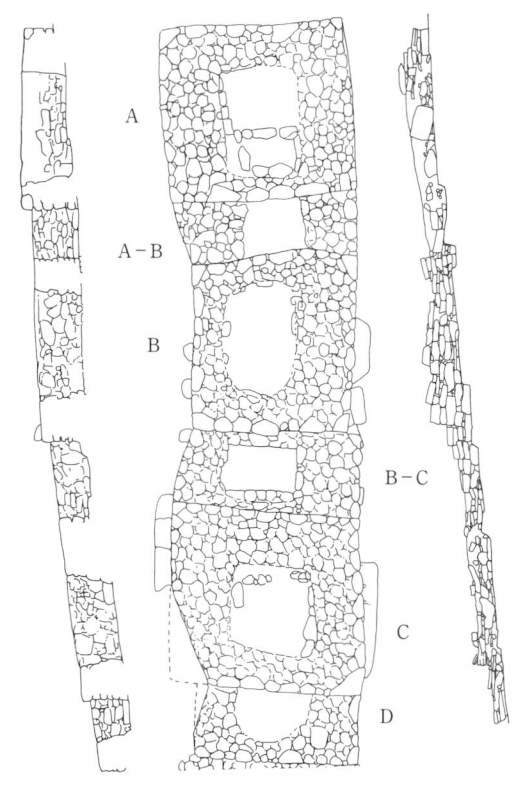

図95　四平山積石塚35号墓の平面・断面図

35号墓と34号墓の築造の順は、34号墓が未調査であるところから不明である。

35号墓は図14や図95の墓葬側面図に見られるように、35号墓B石室が最も墓壁の遺存状態がよく、構築過程がよく理解される。そこでは、35号墓A石室側の斜面上部を若干掘り込んで整地をしてから石室墓壁を積み上げている。方形である積石塚の墳丘が構築されたことが明確である。墳丘外壁である石室側壁外面は切石状に面をもって積み上げられており（図版6-1）、精巧な構築方法は方墳と見違えんばかりである。墓葬側面図からすると、35号墓A石室側からB石室に向かって墳丘外壁の一部が崩落しているように見える。B石室の墳丘外壁にA石室やA-B石室の墳丘壁が覆い被さっていることをもって、直ちにB石室の方がA石室より築造が古いということはできないであろう。なぜなら、A石室の方が斜面上部にあることから、その崩壊にあっては自然と崩壊した墳丘の一部は斜面底部のB石室側に落ちていくからである。ただし、A石室の南側外壁底面とB石室北側外壁底面が同じレベルにあることは、A石室とB石室が互いに意識して構築されたことを示している。A石室南壁とB石室北壁の地山をそれぞれ階段状に掘り込んで、二つの石室間には

テラス面を設けている。こうした互いの構築上の意識関係は理解されるものの、こうした状況から両者の築造上の時間的な前後関係を決めることはできない。

　一方、35号墓B石室とC石室は築造の意識上かなり密接な関係にあることが伺える。図95の中心軸線の断面図に示されるように、35号墓B石室とB－C石室は同一レベルにあり、A石室より一段下がった場所に構築されている。従って35号墓C石室がB石室より1段下がった場所に構築されているが、B石室とC石室の中間に構築されたB－C石室は、B石室を意識して石室底面がB石室底面と同一レベルになっている。さらに、35号墓C石室のB石室側の墳丘外壁は、B石室と同じ高さから構築されている。すなわち既に35号墓B石室が存在していて、それを意識しながらC石室を構築し、さらにB－C石室を構築したものと考えられる。この点で、高い位置により古い段階の墓が構築された可能性がある。A石室もこの原則からみれば35号墓という列状群集墓において、最も古い段階に構築された石室である可能性もある。しかし、墳丘の構築状況のみからはA石室とB石室の構築順序は決定しがたい。これらの検討でいえることは、A石室→A－B石室、B石室→C石室→B－C石室という二つの時間軸が設定できるのみであり、それら二つの時間軸の正確な相互関係は決定しがたい。但し、少なくともA－B石室築造時にはB石室は築造されていたという状況は存在しよう。そこでの問題は、A石室とB石室の相対的な築造時期である。この築造順序の問題は、後に述べる副葬品の型式学的な検討から副葬遺物の時間軸によって解決できるのである。

　ともあれ35号墓は、A石室を構築してからA－B石室が次に構築され、一方ではB石室が構築されて後にC石室が構築され、さらにB－C石室が築造されるという、一連のものとして継起的に構築されたものと想定される。そしてさらに34号墓の35号墓側にE石室を付加し、さらにD石室によって35号墓C石室と34号墓を連結させることにより、一連の墓室が列状に連結したのである。ただし、34号墓は未調査であり、さらに35号墓E石室とD石室の調査状況が不明であり、細部においては不明な点が多い。ただし、列状群集墓の構築がこのように単独墓を構築して後にその間に墓室をさらに付加して連結させることによって、結果的に列状群集墓が構築されたことが理解できたであろう。さらに、その場合の基点となる単独墓は山頂側のより高いところから配置されていった可能性があろう。

表15 四平山積石塚の石室規模

	墓壙長（m）	墓壙幅（m）	墓壙深さ（m）	蓋石の有無	有機質土壙	頭位	その他
四平山32	2.9	1.2					
四平山35A北	2.3	2.0	1.1			西	
四平山35A南	1.6	0.8	1.2				
四平山35A-B	1.5	1.3	1.1				
四平山35B	2.7	1.9	1.1	有	有		
四平山35B-C	1.9	1.1	0.9			西	
四平山35C	2.1	2.0	1.1	無			
四平山36E	3.7	1.9		有			
四平山36K-L				有	有	西	
四平山36P			1.5	有	有	西南	
四平山36Q	2.0	1.2					
四平山36S	2.0	1.1		有	有	西南	
四平山36U-V							
四平山36V	1.9	1.1		有	有		
四平山36W	2.3	0.8		有			
四平山37	3.4	1.9		有		東南	石棺
四平山38E	3.0	1.5					石棺
四平山38G-H	2.8	1.0		有	有	西南	
四平山39	2.6	1.4	1.05	無			

（3）石室の特徴

　積石塚は地表に石を積み上げて構築された35号墓の各石室に見られるように、方形のマウンドを構築する。方形マウンドの四辺は切石状に面をなしてほぼ垂直状態に積み上げられている（図版5－2・3、図版6－1）。同様に石室の四辺も垂直に面をなして積み上げるものであり、底面が旧地表面に相当している。したがって、墓葬そのものは地下に存在するのではなく、地上にあるのであり、その点では一般的な華北の墓制とは異なり、紅山文化の積石塚に見られるような長城地帯以北に存在する積石塚の系統にある。但し、紅山文化の積石塚も方形や円形の墳丘を持つものの、埋葬施設は地下に存在する。この点では遼東半島の積石塚には地域的な差異が見られ、紅山文化の積石塚とも異なっている。また、丘陵の尾根線に沿って構築するというのも、紅山文化の積石塚とは異なった墓葬景観を示している。丘陵尾根線の地表面に四壁からなる石を積み上げ、方形の墳丘と石室を同時に構築するという遼東半島のみに認められる極めて地域独自な墓制であるといえるであろう。

　四平山積石塚で興味深いのは、表15にも示すように、36号墓E石室、36号墓P石室や37号墓（図版8－1、図版12－1・2）などにみられる蓋石の存在である。墓室内や墓室底面に落ち込んだ状態で蓋石が見つけられる場合も多いが、37号墓のように本来の状態に近い状態で発見された例も見られる。それによれば石室の中段ぐらいに石室長軸に直交するように長方形状の板石である蓋石が複数枚高架されている。そして蓋石の上部には礫が充填した状態で方形マウンドが構築されている。すなわち石室内部は蓋石によって中空の状態になり、さらにその上部は礫によって密

封されている。この中空部分に被葬者が安置されており、副葬品は被葬者の周囲に置かれていたであろう。発掘時の所見によれば、石室底部近くでは石室内部の土壌が有機質土壌に変わるという。このことは、蓋石で密封された石室内部に従来は木棺などが存在していた可能性も考慮すべきであろうが、北方的な積石塚の構造から想像するならば木棺などは存在しないとすべきかもしれない。むしろ石室そのものが石棺的な用途であったと考えるべきであろう。

　このように、石室の構造や積石塚の構造は、極めて地域的独自性が示されるものであり、中原など華北の新石器時代墓制には存在しないものである。積石塚という点だけで見れば、系統的には紅山文化の積石塚の系統にあるとすべきであるが、紅山文化の分布範囲は遼西にあり、遼東にはこのような積石塚は発見されていない。遼東半島の先端部のみに積石塚が存在しており、分布上は飛び地になっていることからも、紅山文化との直接的な系統関係を想定することはできない。しかも既に述べたように、遼東半島積石塚はその構築方法からしても地下室に墓室をもつ紅山文化のものと異なり極めて地域的な独自性が強いものである。かつ遼東半島において積石塚以前の墓制が明確ではないことから、このような積石塚が如何にして成立したかは謎である。今のところ、地域的に独自に開発された墓制というしか方法がないであろう。

（４）四平山積石塚の位置づけ

　四平山積石塚の特徴は、山の尾根線に連なるよう一列に複数の積石塚が連続して形成されるか、あるいは単独に１基のみが形成されるかにある。これは、私がかつて分類した単列群集墓と単独墓に相当する〔宮本1995a〕。この他、多列群集墓が存在する。これは老鉄山・将軍山積石塚に認められる形態ではあるが、老鉄山・将軍山積石塚には単列群集墓もある。四平山積石塚に近い東大山積石塚〔岡村編2002〕も多列群集墓に分類されるものである。しかしこれら群集墓が、１列をなすか多列といった集塊状をなすかは、群集墓であるという継起的に連続的に墓室を構築するという機能面では同じであり、その結果が形態的に違うということでしかない。それは継起的に連続して石室を作る際に、急峻で尾根面にしか墓葬が形成されないところには列状を呈し、丘陵部に平坦面が形成されているところでは集塊状に多列に墓葬が構築されていくという違いとして表現されるものと考えられる。したがって、これらは時期差に由来するというよりは、同じ龍山文化期に併行する段階であるこ

とからも、地形環境に起因しているものと考えるべきであろう。千葉基次がかつて単独墓から単列群集墓さらに多列群集墓といった時系列を想定した〔千葉1988〕が、そのような単純なものではない。

　むしろ重要なのは、単列群集墓や多列群集墓（集塊墓）のような複数墓と単独墓には、被葬者間の系列が存在する場合と、単独での埋葬で終わってしまったという二つの形態があることにあろう。前者の場合、親族構造に基づいた血縁的な系譜原理において連続的に埋葬が行われたもので、後者の場合は一代限りにおいて埋葬行為が断絶している場合を示している。おそらくは系列化している埋葬習俗こそが、集団における社会的な位置づけの安定性を示すものである。第5章第4節において述べるように、副葬品の内容や構成においても次第に社会的な階層関係が構築されていく段階において、氏族間での階層格差が階層関係の基礎単位となっている。したがって、単室墓のような個人的な被葬者の社会的な位置づけを優先するより、血縁集団をもととした氏族単位での階層格差を基礎単位とする社会的な傾向を墓葬構造に現すのが、この段階の積石塚の構造ではないかと想定されるのである。

（宮本一夫）

2　黒陶と紅褐陶の編年からみた積石塚の変遷

（1）黒陶

　四平山積石塚出土の黒陶は、相対的にみた場合、ここで図示してきたものは山東龍山文化前期に属するものである。かつて李権生は自らが示した山東龍山文化の5期編年において、この前期段階のものを李権生の2期に、そして相対的に新しい38号墓積石塚段階を5期に分期していた〔李権生1992〕。果たしてその位置づけでよいのであろうか。ここではもう一度山東龍山文化の土器編年観を再考することから、その位置づけを再考してみたい。

　本来、遼東半島の黒陶を考えるにあたって比較対象となるのは、対岸の膠東半島の龍山黒陶である。しかしながら、膠東半島には良好な資料が少なく、また墓葬出土の一括遺物も少なく、膠東半島における明確な編年作成は難しい状況にある。そこで、膠東半島に比較的近く、また文化内容も比較的類似性の高い山東東南部の資料を用いて比較検討してみたい。山東東南部は黒陶の全土器に対する割合が比較的高く、かつ黒陶の様式も四平山のものに類似している。膠東半島から遼東半島にかけての類似性を高くもつものである。山東東南部で有効な資料をもつ遺跡としては、

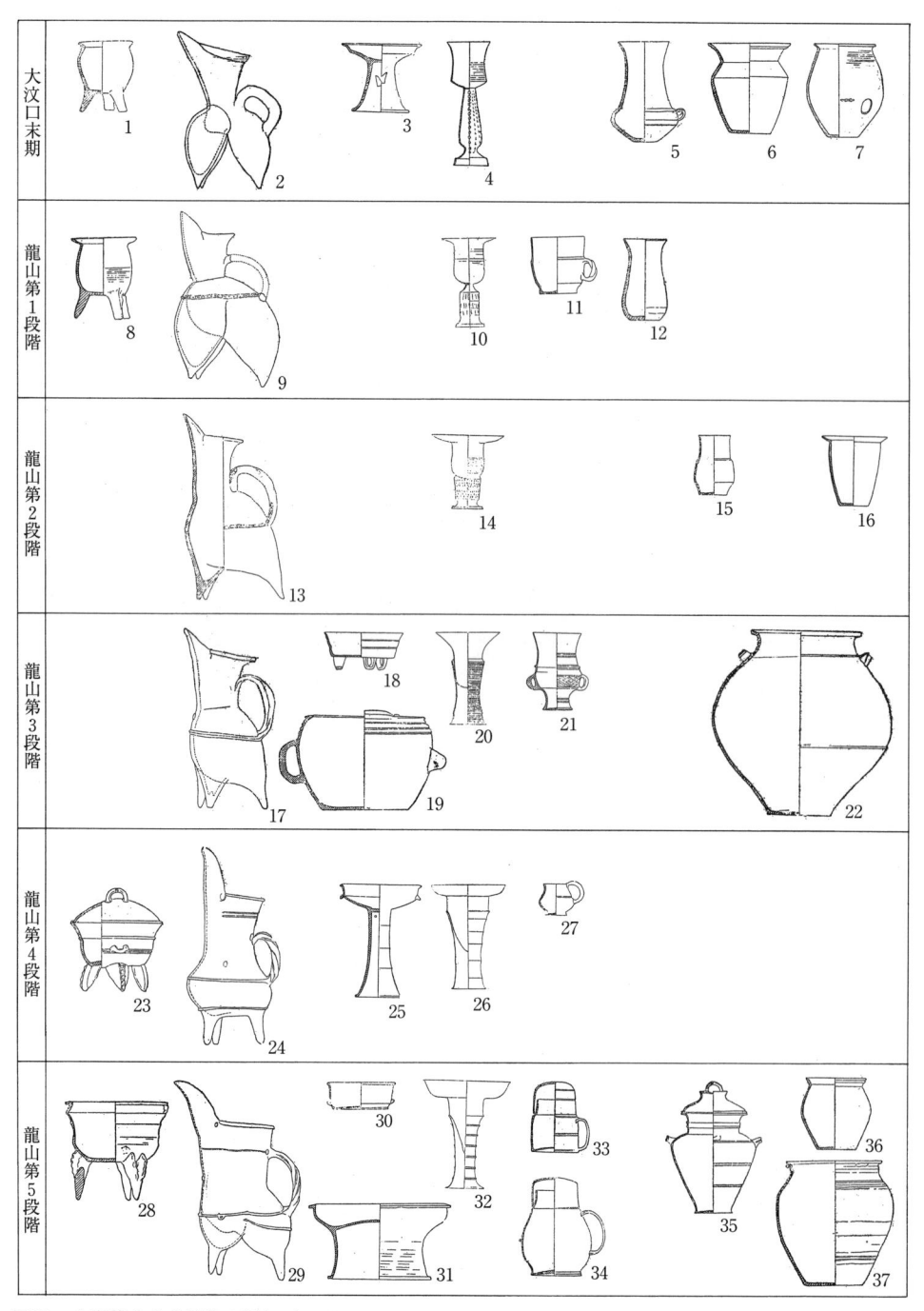

図96 山東龍山文化黒陶の編年 (1・3・4・7：M302、2・6・7：M282、8〜12：M2113、13〜16：M2108、17〜22：M2124、23〜27：M134、28〜37：M2100)

表16 黒陶土器編年対応表

龍山文化	本編年（三里河墓地）	三里河墓地分期	欒豊実編年	趙輝編年
前期	1段階（M2113）	第1期	第1期	第1期
	2段階（M2108）	第1期	第1期	
	3段階（M2124）	第2期	第2期	
	4段階（M134）	第3期	第3期	第2期
後期	5段階（M2100）	第3期	第4期	第3期
			第5期	第4期
			第6期	

膠県三里河遺跡〔中国社会科学院考古研究所1988〕、諸城県呈子遺跡〔昌濰地区文物管理組・諸城県博物館1980〕、日照市両城鎮遺跡〔中美両城地区聯合考古隊2004〕などがあげられる。

　この中で、三里河遺跡は大汶口文化後期から龍山文化期まで連続する墓地遺跡で、墓葬単位の副葬品が有効な一括遺物として発表されている。三里河遺跡の一括遺物を中心に土器編年を試みたのが図96である。大汶口文化末期とそれに続く龍山文化が大きく5段階に分かれ、鬹や高柄杯を中心にして型式変化を見て取れるものである。鬹は、大汶口文化末期では流が横方向に突き出るのに対し、龍山文化期以降は垂直方向に延び、袋足から充足あるいは平底への変化、あるいは全体的に注ぎ口である流から口頸部が肥大化していく傾向が読み取れる。黒陶の高柄杯は杯部が次第に発達し、杯状の形態から盤状の形態へ変化していく。また杯部と脚部の接合部の形態変化が明瞭であり、杯部が脚内部に落ち込むように変化していく。この土器編年は、三里河遺跡で墓葬の切り合い関係と型式学的細分に基づいた時期区分であり、呈子遺跡の土器型式による3段階の時期区分とほぼ同時期段階に相当している。大汶口文化末期は三里河282号墓や302号墓を代表とするものである。

　この三里河墓地の時期区分と欒豊実〔1997〕や趙輝〔1993〕の山東龍山文化土器編年との対応を表16に示した。山東龍山文化は前期・後期の二期区分と前・中・後期の三期区分があるが、学界の大勢は前者である。欒豊実や趙輝も二期区分であるが、この他、韓榕〔1989〕も二期区分でその分期は趙輝のものとほぼ同じである。黎家芳・高広仁〔1979〕の土器編年は、ここでいう龍山文化前期に納まるもので、龍山文化前期の細分を示したものである。また、三里河墓地の分析に基づく本編年も、表16にあるように1～4段階までが龍山文化前期の編年であり、これらの型式変化が大汶口文化末期から龍山文化前期にかけての型式変化を示していることが理解できるであろう。

　さて、この山東龍山文化土器編年から四平山の黒陶を位置づけてみたいが、その

前に土器編年の時期決定において最も型式差を示す鬶において、大枠的な年代観を示してみたい。鬶に関しては次の紅褐陶で本来述べるべきであるが、器形変化の特徴が捉えやすい利点があることから、まず取り上げてみたい。すでに第3章第3節の紅褐陶の説明に際して、型式区分を説明したが、流が横方向へ傾くⅡ式から垂直方向に上向きに延びるⅢ式へと変化していく。このⅡ式の特徴は、図96にも示されるように、山東龍山文化期というよりは大汶口文化末期の特徴を示している。Ⅱ式鬶が出土したのは36号墓Q石室であったが、ここからはⅠ式鬶である豚形鬶が出土している。この豚形鬶も山東龍山文化に認められず大汶口文化後期に認められるものである。したがって36号墓Q石室は、鬶からいえば龍山文化段階より古い大汶口文化末期の特徴を有している。しかし共伴する黒陶はここでいう龍山文化第1段階の特徴を示している。このほか、龍山文化前期の特徴を示すⅢ式鬶もここでいう龍山文化第1段階のものである。一方、37号墓出土の高柄杯は第1段階ないしさらに古い特徴を示している。李権生が型式的に新しい傾向を示すとした38号墓の黒陶も、龍山文化前期に納まるものである。38号墓E石室のⅤ式鬶は、流の形態が短く垂直気味に立ち上がるものであり、器壁が薄いところに特徴がある。流と口縁の境にはリベット状の円形浮文が貼り付けられているが、この特徴はⅡ式鬶にも既に存在しており、決して新しい特徴にはなり得ず、龍山文化後半期に下がるようなものではない。38号墓E石室に伴出する紅褐陶の鼎（図74-144）もノミ形足を呈しており、龍山文化前期の特徴を示している。やはり38号墓も龍山文化前期に納まるものである。このような時期決定は、これまで李権生によって指摘された四平山の年代観〔李権生1992〕とはかなり異なるものである。ただし、李権生の編年も呈子遺跡など山東東南部の編年に限れば、ここでいう龍山文化前期に限られるものであり、図96と同じように龍山文化前期の中で捉えることができるであろう。李権生の土器編年で問題となるのは、このような山東東南部で前期に納まる土器型式と山東西北部や山東中南部の龍山文化後期の土器型式を併行時期としたところに、混乱が生まれたのである。

　以上のように、四平山積石塚でこれまで発見された黒陶は、山東龍山文化前期に納まるものであった。しかし、黒陶そのものの土器型式から龍山文化前期内での細別時期区分は難しい。さて、ここで山東東南部の黒陶の内容と、四平山の黒陶を比較してみたい。器形的に言えば、杯や高柄杯には類似性が認められるものの、鼎、壺、鉢の形態などに四平山の特殊性が認められよう。特に鼎は卵殻黒陶からなりノ

ミ形の足がつくもので特異であるが、このような薄い器形をなす黒陶の鼎は、膠東半島においても認められない。遼東半島の黒陶にも地域的な独自性が存在する可能性が高いのである。特に、小型の黒陶罐（図71 – 104）は本地域の紅褐陶罐と同一の製作技法を有しており、在地で少なくとも黒陶の一部が作られていた可能性は高い。また、同じく紅褐陶罐と同一の形態を示す黒陶罐（図71 – 109）も在地産と考えられる。但し、底部には糸切り痕が明瞭であり、製作技法は黒陶本来のものである。かつて黒陶は山東半島からもたらされた可能性が想定されていた〔宮本1990、岡村1994〕が、在地生産の可能性が高いであろう。第4章第2節の黒陶の安定同位体比分析からも、炭素組成は膠東半島のものに類似するが必ずしも同一の値を示してはいない。四平山積石塚の黒陶も、在地生産が基本であり、外来品は一部にとどまるものと考えるべきであろう。

（2）紅褐陶

　第3章第3節で紅褐陶の型式を説明し、型式変遷の想定を行った。仮にこの型式変遷が妥当なものであるならば、一括遺物すなわち石室単位での型式群の組み合わせにおいて、器種単位での組列に矛盾が存在しないはずである。いわば型式学の常識的な検証過程が存在しなければならない。そこで各石室単位での紅褐陶の型式の組み合わせを表示したのが表17である。型式学的な変遷が想定された組列は以下の5例である（図97）。鉢Ⅰa→Ⅰb→Ⅰc式、鉢Ⅱa→Ⅱb・Ⅱc→Ⅱd式、鬶Ⅰ・Ⅱ→Ⅲ→Ⅳ・Ⅴ式、ミニチュア罐Ⅰa→Ⅰb式、ミニチュア罐Ⅱa→Ⅱb→Ⅱc式である。

　鉢Ⅰ類は口縁端部の段部が沈線に置き換わり、さらに無沈線化する変化方向を示す。鉢Ⅱ類は、口縁の外反度が次第に弱まっていくとともに、文様が変化していく。鬶は既に述べたような流が横方向に突出するⅡ類から直立するⅢ類に、さらに平底の底部をなすⅣ類や流が比較的短く直立するⅤ類へ変化する。ミニチュア罐Ⅰ類は、口縁端部がやや肥厚するa類から口縁端部に断面三角形状の粘土帯を貼り付けるb類、さらに粘土帯を口縁端部に載せるように貼り付けるc類へと変化する。さらにこれらの変化は胴部最大径が次第に上昇していく変化方向を示している。ミニチュア罐Ⅱ類も同じように胴部最大径が次第に上昇して行き、内湾する口縁形態から寸胴形の器形へ変化している。また刻目隆帯が口縁端部からやや離れた位置に貼り付けられたa類から、次第に口縁端部に接するように貼り付けられたb類へ変化する

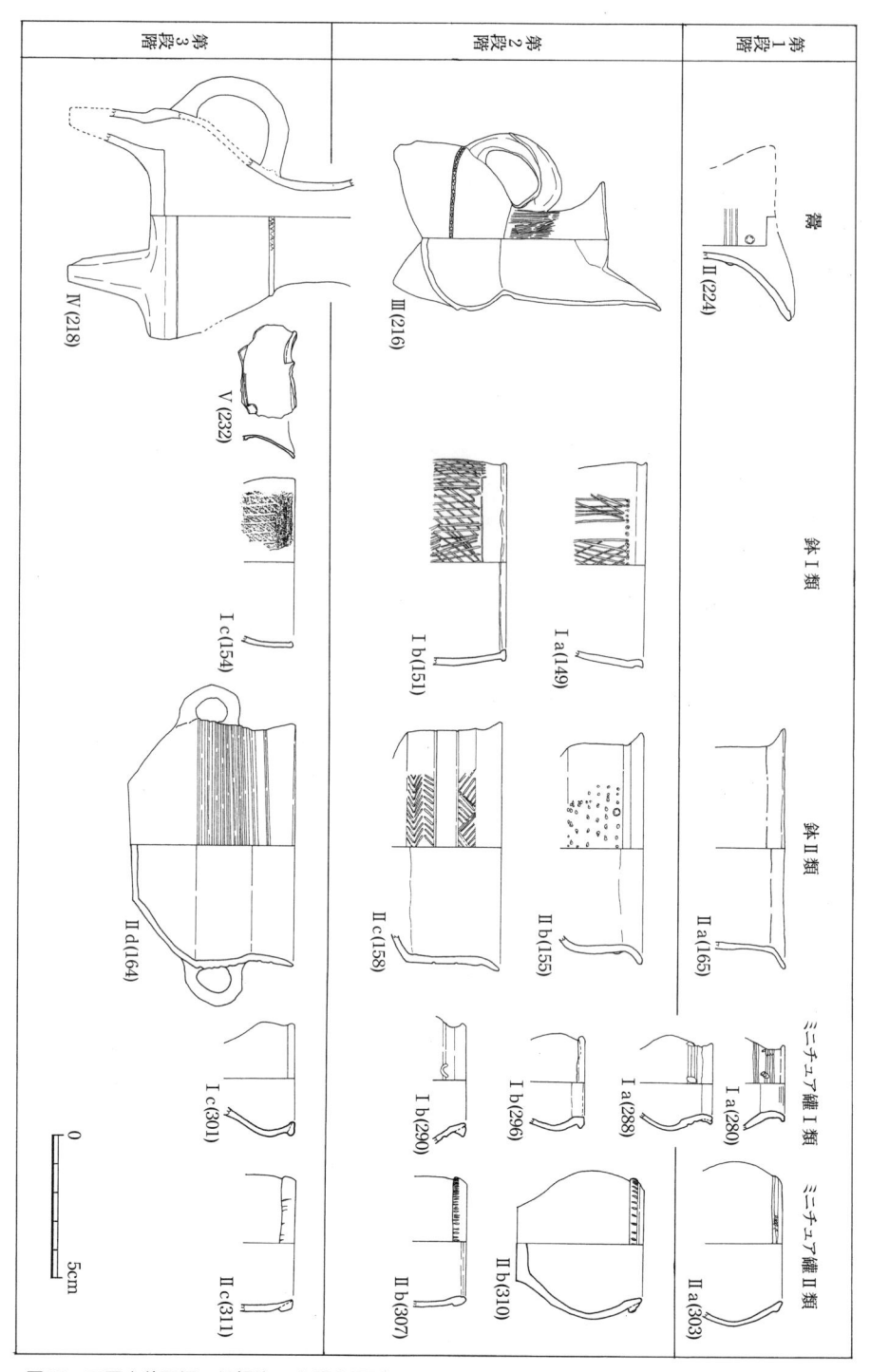

図97　四平山積石塚の紅褐陶の土器変遷図

表17　四平山積石塚紅褐陶・鬹の型式の組み合わせ

	鼎	鉢 I	鉢 II	盆	豆	鬹	杯	壺 長頸壺	壺 短頸壺	壺 広口壺	ミニチュア罐 I	ミニチュア罐 II	罐	器蓋
四平山32				III							I b		I、II	
四平山35A		I b	II b						III			II c	II	
四平山35A-B					I							II c	II	
四平山35B											I a			
四平山35B-C								I					I	
四平山35C											I b			
四平山36E		I a	II d	I b	II	III、IV	III		I・II		I a、I b、I c	II b、II c	I、II	IV
四平山36K-L		I a		I a、I b	IV	III			II a、II b		I b	II a	II、II	
四平山36P	○					III	I、III、V				I a		II	
四平山36Q	○		II a	II	I、II	I、II	IV	○	II a		I a	II a、II b	II、III	
四平山36S		I c				V		○					II	
四平山36U-V				I a					I					
四平山36V			II b	III				○	I		I a		II、II	
四平山36W		I a、I b	II c		IV				II			II b	I、II	
四平山37			II c	I b、III							I a、I b		I	
四平山38E	○	I c	II c			V					I a、I c		I、II	
四平山38G-H	○			I a、II		II		I		○			II、II	
四平山39			II c	III							I a	II b	I、II	I、III

表18　四平山積石塚紅褐陶の型式変遷

時間軸	石室番号	鉢 I	鉢 II	盆	鬹	ミニチュア罐 I	ミニチュア罐 II
第1段階	四平山36Q		II a	II	I、II	I a	II a、II b
第2段階	四平山32			III		I b	
	四平山35B					I a	
	四平山36P				III	I a	
	四平山36K-L	I a		I a、I b	III	I b	II a
	四平山36V		II b	III		I a	II b
	四平山36W	I a、I b	II c				II b
	四平山36U-V			I a			
	四平山37		II c	I b、III		I a、I b	
	四平山38G-H			I a、II			
	四平山39		II c			I a	II b
	四平山35C					I b	
	四平山35B-C						
第3段階	四平山35A	I b	II b				II c
	四平山35A-B						II c
	四平山36E	I a	II d	I b	III、IV	I a、I b、I c	II b、II c
	四平山36S	I c			V		
	四平山38E		II c		V	I a、I c	

とともに、刻目隆帯の断面形が三角形状のものから方形状のc類へ変化する。さらには刻目そのものの簡略化が認められる。

　これらの型式組列は表17の石室別の型式群によってほぼ矛盾なく組み合わさって存在することが確かめられた。そこで、これらの紅褐陶の型式変遷が妥当なものとすることができる。さらにこうした型式変遷をもとに副葬紅褐陶を持つ石室を並べてみると表18のように、3段階の変遷としてまとめることができる。鉢IIa式、鬹I・II式、ミニチュア罐Ia・IIa式の第1段階、鉢Ia・Ib式、鉢IIb・IIc式、鬹III式、ミニチュア罐Ib・IIb式の第2段階、鉢Ic・IId式、鬹IV・V式、ミニチュア罐Ic・IIc式の第3段階とすることができる。すなわち、この順番で石室が構築されたと考えることができるであろう。すでに黒陶や鬹の形態的特徴から、四平山32号墓、35号墓、36号墓、37号墓、38号墓、39号墓は山東龍山文化前期

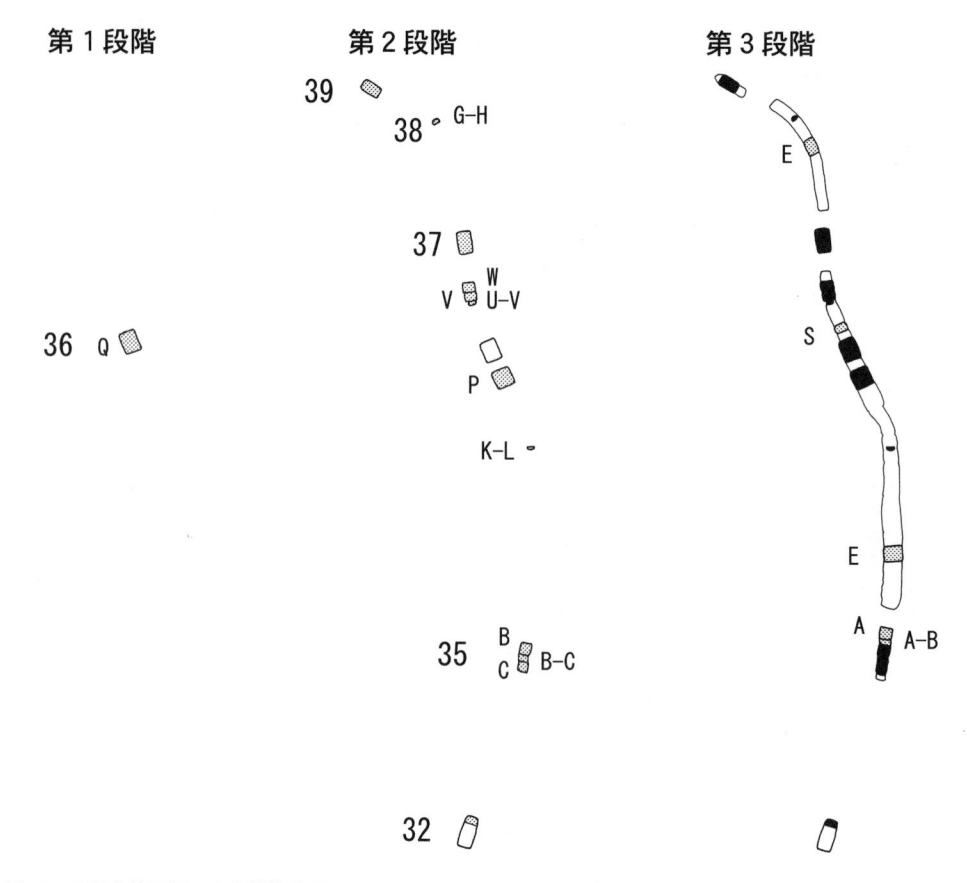

図98　四平山積石塚の石室構築変遷図

に併行する段階のものであることを述べてきた。さらに、表18に示すように、紅褐陶の型式変遷は黒陶で同時期とした32号墓〜39号墓の石室単位での細かい時期変遷や時間的な前後関係を示すことを可能にしているのである。

　では、その紅褐陶の型式細分による時期差を基にすると、大きく以下のような3段階に分けて、積石塚の築造順序が復元できるであろう（表18）。第1段階の最も古い段階が、36号墓Q石室である。第2段階が、32号墓、36号墓P石室、36号墓K－L石室、36号墓V石室、36号墓W石室、37号墓、39号墓である。第3段階としては、35号墓A石室、35号墓A－B石室、36号墓E石室、36号墓S石室、38号墓E石室をあげることができるであろう。

　さて、鬲や鉢などの時期決定できる主要器種がないため決定的ではないものの、35号墓B石室はミニチュア罐Ⅰa式を持つことから、第1段階に遡る可能性がある。35号墓C石室はミニチュア罐Ⅰb式を持ち、第2段階に属する。35号墓の場合既に

墓葬構造からB石室続いてC石室そしてB－C石室という築造順序が考えられていた。A石室とB石室の前後関係は不明であったが、副葬された紅褐陶の型式差からみれば、A石室はB石室やC石室より後出する可能性が示された。この紅褐陶の編年からみれば、35号墓B石室とC石室さらにB－C石室が第2段階に構築され、さらに35号墓A石室とA－B石室が第3段階に築造されたと考えられる。

　石室の構造面からの観察と紅褐陶の土器型式からの観察によれば、35号墓はまずB石室、そしてC石室が構築され、その後、A石室が構築されるかあるいはその前にB－C石室が構築されて後A石室が築造されることが分かっていた。そしてA石室構築後さらにA－B石室が構築され、列状の35号墓が完成することになる。時間軸上は少なくともB石室とC石室という構築グループ、そしてA石室・A－B石室という二つのグループに分かれることが確認される。B石室そのものは第1段階まで遡る可能性も残されているが、積極的な証拠がないところから第2段階に位置づけておきたい。

　また、38号墓の場合も38号墓E石室を第3段階に位置づけることが可能である。一方、38号墓G－H石室の時間軸上の位置づけは難しい。比較できるものとして盆Ⅰa・Ⅱ式を伴出するが、盆Ⅱ式は36号墓Q石室の第1段階に共伴し、盆Ⅰa式は36号墓K－L石室や36号墓U－V石室など第2段階の墓葬に伴出している。仮にこれが時間軸を示しているとするならば、盆Ⅰa式・Ⅱ式をもつ38号墓G－H石室は第2段階に位置づけできよう。

　このように紅褐陶の型式差から時期細分を行っていくと、すでに本章第1節で積石塚の石室構造から築造順を考えてきたことに加え、より積石塚の構築過程が明確になった。特に35号墓はB石室、C石室が構築されて後にA石室が構築され、その間を埋めるようにA－B石室、B－C石室が構築されているが、その最初の段階が第2段階にあり、この段階から継起的に積石塚が構築されてきたことが想定された。第3段階に35号墓ではA石室が構築され、次いで既に構築されていたB石室との石室間にA－B石室が築造されることにより、尾根線に沿って列状の積石塚が形成されたのである。そこで、こうした積石塚単位で、石室構築の順を推定したのが、図98である。これにより、単列群集墓、単独墓と分類したそれぞれの積石塚も、段階的に単独墓が継起的に作られ、それぞれが共時的に構築されたとともに、結果的に単列群集墓のような集団墓が形成されたことが理解されるのである。さらに、単列群集墓の基点となった墓葬は、第1段階の36号墓Q石室のような山頂部でかつ36号

墓全体の中心に位置していたり、第2段階の35号墓B石室のような35号墓全体の中心に位置するような配置がなされており、それぞれの単列群集墓の契機となる墓葬がその後の造墓にあたって中心的存在であったことが伺える。

（3）まとめ

　四平山積石塚には、黒陶と紅褐陶が共存し、墓葬内にこれら両種の土器が副葬されていた。黒陶は山東龍山文化の系統にある土器であり、紅褐陶は在地の遼東半島先史時代から存在する土器の系譜にあることが従来考えられていた。系譜的にはそのような2系統を考えるべきではあるが、紅褐陶にも山東龍山文化の影響の中に生まれた器形もあり、一概に2系統としてまとめることにも躊躇を覚える。さらに、山東龍山文化系統の黒陶も、鼎など遼東半島の地域性が認められる器形も存在し、黒陶が交易品として山東半島から招来したとする場合はごくわずかに限られていただろう。郭家村遺跡〔遼寧省博物館・旅順博物館1984〕や文家屯C区〔岡村編2002〕などでは黒陶も出土しており、遼東半島の一般的な集落遺跡ですら黒陶は存在している。むしろ遼東半島において紅褐陶のみならず黒陶の生産も為されていたと考えられるべきである。また、両者をもって山東龍山文化期の副葬土器としての埋葬習俗が存在していたと考えられる。

　さて、黒陶と紅褐陶の土器型式細分とその型式群の組み合わせを石室単位での一括遺物による検証によって眺めるならば、黒陶と紅褐陶の検討には矛盾がないものであることが明らかとなった。そこではまず黒陶の型式比較により、四平山積石塚が山東龍山文化の前期にほぼ相当するものであることが明らかとなった。さらには紅褐陶の土器型式の変化方向とその型式群のまとまりを石室副葬一括遺物によって検証することにより、その段階に応じるように3段階の型式群の細別が可能になり、3段階の積石塚の構築時期の細別が可能となったのである。このことは龍山文化初頭から連続的に墓域が営まれており、積石塚単位において継起的に墓葬が営まれてきたことを示しているのである。そして、最終的な結果として、各墓域において単列群集墓が形成されたのである。また、中心的な墓の配置は丘陵峰のより高位置に選地される傾向にあり、さらに各墓域においてより高位の位置あるいは最初に配置された墓を中心として墓葬が順次増加し拡大していく傾向が理解されるのである。

（宮本一夫）

3　四平山積石塚の玉石器

（1）岫岩玉と玉器生産

　中国で「玉」といわれる軟玉は、繊維状の結晶が緻密に交錯する構造の透閃石・陽起石（Tremolite-actinolite）を指していう。これを真玉ともいい、およそ硬度は6～7度、比重は3ほどで、色調は半透明の黄色から緑色に近く、磨くとつややかな光沢がでる。白雲（苦灰）岩や蛇紋岩が変成した透閃石・陽起石は自然界に広く分布しているが、真玉といえるものはその中のごく一部にすぎない〔聞1993〕。

　遼東半島に産出するのが岫岩玉（岫玉）である。それは遼東半島の中部にある遼寧省岫岩県に由来し、なかでも岫岩県の細玉溝と瓦溝が主産地として名高い〔楊1986〕。豊富な産出量と安い価格とにより、こんにちでは中国玉器の60％のシェアを占める。地質学的には白雲岩大理石の地層中に属し、蛇紋岩の鉱物含有量が85％以上の場合、蛇紋岩質玉の岫岩玉になるというが、変成の程度や地質条件により色調や硬度に産地ごとの違いが現れる〔欒1984〕。これに対して中国地質科学院の聞広〔1993〕は、遼東の小珠山下層期から中層期の玉器を真玉とみなし、北京大学地質系の王時麒ら〔1998・2001〕もまた偏光顕微鏡による観察や化学分析によって透閃石の鉱物含有量が95％以上に達する透閃石質玉が岫岩玉に豊富にあり、硬度は6～6.5度、比重は2.91～3.02であることから、岫岩軟玉と呼ぶべきだと主張している。聞広は出土玉器を、王時麒らは現在の玉鉱を分析し、ほぼ同じ結論に到達したのである。

　後漢代の許慎『説文解字』が美しい石を玉というように、本来の玉と石との判別は多分に感覚的なものであった。かりに鉱物学において弁別が可能であるとしても、それがそのまま新石器時代の認識と一致するわけではない。もっとも、長江下流域の良渚文化において、鉱物学の分析で認められた真玉が上位の墓にだけ排他的に副葬されているのは、鉱物学の判別が新石器時代の認識と一致した数少ない例として注目に値する。四平山積石塚の玉石器については、鉱物学的な分析を行っておらず、本稿はまたそうした検討が目的ではないので、透閃石質玉・蛇紋岩質玉・白雲岩大理石をまとめて岫岩玉またはたんに玉と呼ぶことにする。

　なお、すべての玉についていえることだが、土中に埋没しているときに、玉器の外面が部分的あるいは全体に白く変色することが多い。四平山積石塚の玉器にみるように、岫岩玉もまたその例外ではない。

いま岫岩玉の主産地は岫岩県内にあるが、玉器の分布状況から長海県広鹿島と旅順口区老鉄山にも岫岩玉の産地を推定する説がある〔劉1989〕。それは広鹿島の小珠山遺跡下層から玉斧が、近隣する呉家村遺跡からも小型の斧や鑿などの玉製工具類が出土し、また旅順の郭家村遺跡では玉廃材が出土しているからである。このような玉器のほとんどが石器と同じ形の工具類であり、その時期は紀元前5千年紀の小珠山下層期から前3千年紀の小珠山上層期におよんでいる。装身具をのぞくこれら小型の玉器は、鉞のような威儀具ではなく、石器と同じように、身近にある材料を利器として利用したものであろう。すなわち、遼東半島の各地で玉が産出したため、石材と同じように各地で身近にある岫岩玉が利用されたと考えられる。また、文家屯遺跡にも小型の玉斧や多数の玉廃材があり〔岡村1993〕、四平山積石塚37号墓からは2点の玉廃材が出土し、営城子の周辺にも岫岩玉が散布していた可能性が高い。ちなみに営城子は岫岩県から直線距離で200kmあまり離れており、両地域の交流がうかがえる考古資料はまだ発見されていないことから、文家屯や四平山の近くで玉材が採取されたと推測するのが妥当であろう。

　九州大学考古学研究室に所蔵する文家屯遺跡の採集品をもとに、遼東半島の玉器生産について論じたことがある〔岡村1993・2001〕。それは1927年から1930年にかけて現地在住の松永憲蔵が採集した玉石器で、牙璧・環・錐形器（笄飾り）のほか、管穿孔したときの玉芯が十数点と錐状の穿孔具などがふくまれている。その採集地点は文家屯の後背丘陵という以外には不明だが、現地の状況から判断して、東胡廬山積石塚で発掘したものであろう。その玉芯は長径が1.0～3.4cm、厚さが0.2～1.4cmで、それに合致する大きさの有孔玉器には牙璧と環とがあり、玉芯はその穿孔時に切り抜いたものと考えられる。文家屯の東大山積石塚〔岡村編2002〕のほか、四平山積石塚からもそうした牙璧や環が出土しており、すべて同一の集落で製作されたものであった可能性がある。とりわけ四平山積石塚37号墓からは2点の玉廃材が出土しているから、その被葬者または墓の造営者が玉器製作に携わっていたことはまちがいないだろう。

　玉器の製作地と推測される文家屯遺跡は、牧城湾に面した標高10m足らずの平地にある貝塚である。1942年に住居址をふくむ集落の一部が発掘され〔岡村編2002〕、A地点は郭家村下層期を主体に小珠山下層・大汶口文化・偏堡類型・郭家村上層の土器片をふくみ、B地点とC地点は偏堡類型と郭家村上層の土器片が多かった。またA地点では、石鏃の未成品と成品が多数出土したほか、玉環や石庖丁の未成品が

採集され、各種の玉石器の製作址であったことが判明している。1989年には旅順博物館によって踏査され〔劉・王1994〕、郭家村下層・偏堡類型・郭家村上層の土器が採集されている。四平山積石塚は郭家村上層期に編年できるから、文家屯遺跡は四平山積石塚に先行して存在し、同時期に並存した集落と墓地であったことはまちがいない。しかし、旅順の郭家村遺跡をはじめ遼東半島には玉石器の小規模な製作遺跡が各地に散在し、黄龍尾屯など四平山の周辺にも文家屯のような玉石器の製作遺跡があった可能性があるから、文家屯と四平山とが同一住民の集落と墓地であったのか否かは、今後の調査にゆだねなければならない。

（２）牙璧

　四平山積石塚でもっとも特徴的な玉石器が牙璧であり、計9点が出土した。牙璧については、清末考証学の呉大澂『古玉図考』が『尚書』堯典にみえる天文儀器の「璿璣」に比定したが、夏鼐〔1984〕がその命名と用途の誤りを正して牙璧の名称を提唱し、こんにちにいたっている。もっとも牙璧の名称は1942年の文家屯東大山積石塚の調査日誌で八幡一郎が用いているから、考古学では一般的な用語であった。夏鼐はさらに、牙璧は大汶口文化の璧から派生した装身具で、殷・西周時代に継承されたことを示した。これを受けて安志敏〔1998〕や欒豊実〔2005〕は出土地の明らかな牙璧を集成し、牙の数によって4型式に整理した。安・欒の分類は編年を目的としたものではなかったが、新石器時代の牙璧はおもに山東と遼東に分布し、出土墓の年代から大汶口文化中期から龍山文化前期に盛期があるとされた。しかし、たとえば河南省安陽市殷墟婦好墓の牙璧（図100－2）について、墓の年代からそのまま殷後期のものとみなされたが、それは型式からみても孔の紐擦れからみても明らかに新石器時代から伝世してきたものである〔岡村1999〕。婦好墓に数多くの伝世玉器がふくまれていることは林巳奈夫〔1991：515－576〕がつとに注意しているところであり、出土墓の年代をそのまま玉器の製作年代とみなすような過ちを避けるためにも、まず型式学的方法によって牙璧の編年を組み立てることが肝要であろう。そして、中国の玉器全体をみわたすなかで、牙璧がどのように生まれ、殷周時代にどのように継承されたのかを明らかにする必要があるだろう。

　牙璧の編年には、断面形、牙の形、歯牙状の凹凸の有無、大きさの4要素が重要であり、わたしは大汶口型と殷墟型の2型式に大別した〔岡村1999〕。すなわち、大汶口型は周縁が薄くなった環形で、牙は両面から斜めに擦り込んでつくり、牙と牙

図99　牙璧の分類

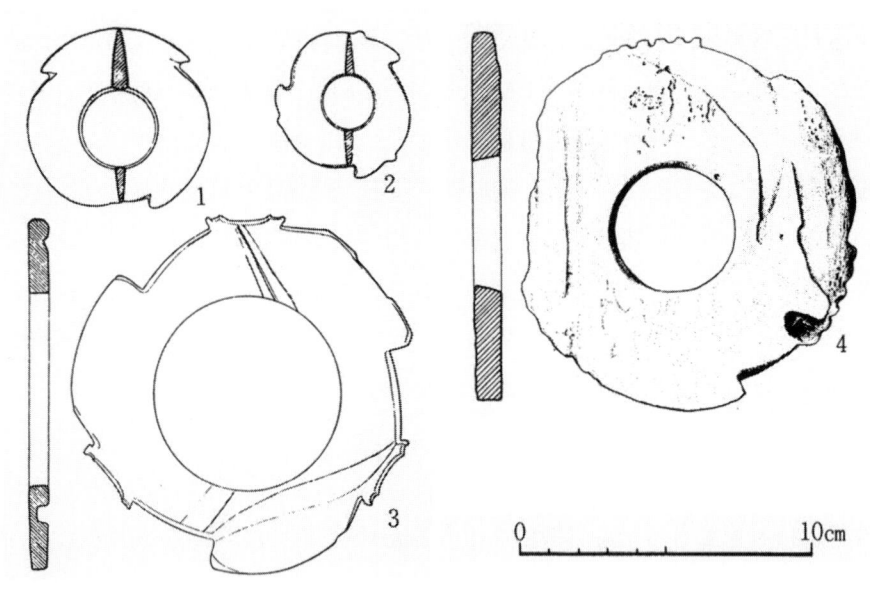

との間に歯牙状の凹凸がなく、最大径が10cmをこえない小型品である。殷墟型は、内縁から外縁まで厚さのほぼ均一な璧形で、牙の剔り込みが鈍く、周縁の牙と牙の間に歯牙状の凹凸があり、最大径が10cmをこえる大型品である。およそ牙璧の変化は、環形から璧形へ、牙の剔り込みが鋭いものから鈍いものへ、小型品から外径が10cmをこえる大型品へ、歯牙状の凹凸の出現、という流れがみいだせる。

　大汶口型牙璧は、遼東半島に製作地のひとつがあり、遼東から山東におもに分布する。山東でもっとも古い牙璧の出土例は大汶口文化中期の鄒県野店31号墓というが〔欒2005〕、図が報告されていないので確認できない。大汶口文化後期から龍山文化前期になると、膠州市三里河墓地をはじめ出土例が増加する。三里河273号墓の牙璧は、外径6.4cm、断面が長三角形を呈し、牙の方向が一定しない（図99－1）。同229号墓の牙璧は、外径4.5cm、各牙の間に小さな突起がある（図99－2）。遼東半島では小珠山中層期の長海県呉家村遺跡の例がもっとも古いが、残念なことに採集品である〔遼寧省博物館ほか1981〕。3つの牙のうちひとつが欠損し、その方向に孔が紐擦れによって凹んでおり、長期にわたって用いられていたことを示している（図100－1）。これをのぞけば遼東の出土例はすべて郭家村上層（小珠山上層）期のものである。2006年に内蒙古自治区通遼市扎魯特旗の南宝力皋吐墓地で発見された例も大汶口型牙璧である〔吉2007〕。南区26号墓の牙璧は、墓坑の側辺から出土したため、被葬者が身につけていた装飾品ではないが、欠損した牙の方向に孔が深く

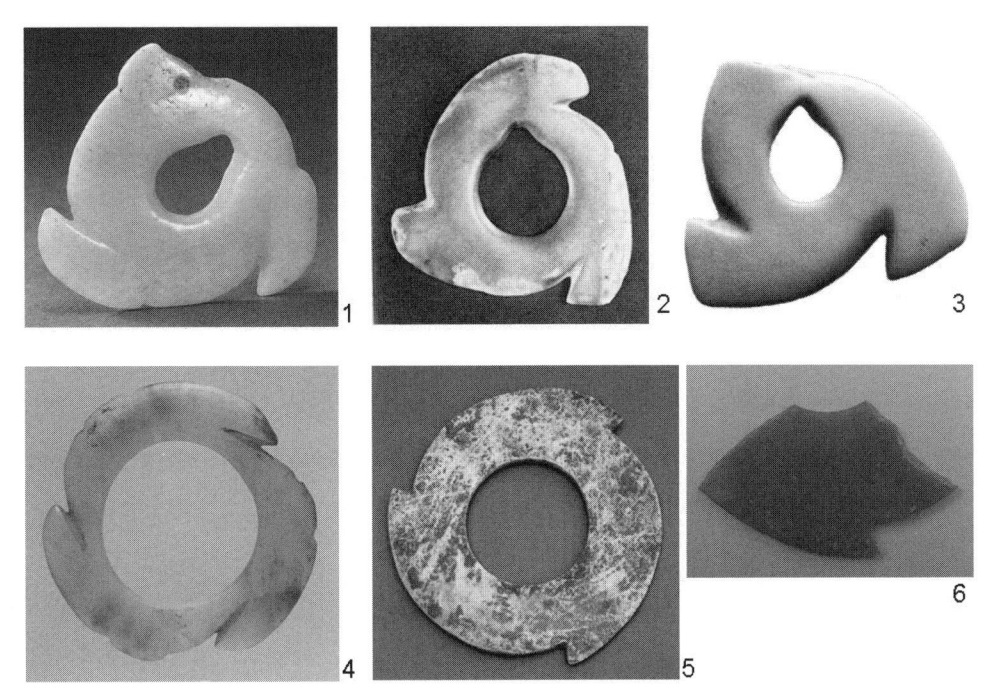

図100　牙璧の諸例（1呉家村、2殷墟婦好墓、3南宝力皐吐、4石峁、5陶寺、6清涼寺）

紐擦れしていることから、呉家村の例と同じように長期にわたって伝世したものである（図100－3）。この墓地から出土した土器は小河沿文化に属し、遼寧高台山文化の偏堡類型に類似する土器もあるという。子細は正式報告をまって検討するとしても、上文のように文家屯遺跡には偏堡類型の土器がふくまれていることから、紀元前3千年紀の地域間交流のなかで遼東半島で製作された牙璧が内蒙古東部にもたらされた可能性があろう。

　一方、殷墟型牙璧は、殷後期に下るものである。河南省安陽市小屯西北地11号墓の牙璧は、外径12.0cm、孔径6.7cm、厚さ0.4cm、三方に牙があり、各牙の間に歯牙状の凹凸がある（図99－3）。同小屯232号墓の牙璧は、外径12.5cm、孔径4.6cm、厚さ0.8cm、周縁が傷んでいるが、三方に牙があり、各牙の間に歯牙状の凹凸があったらしい（図99－4）。

　牙璧の出現と大汶口型から殷墟型への変化は、玉璧（環）と連動している。まず、中国新石器時代の玉璧は、大きく良渚系と紅山系の2系統に分けられる。良渚系は良渚文化に出現し、中原の廟底溝二期文化から斉家文化へと西にひろがった系統で、厚さの均一なまま外縁が面をなすのが特徴である。これに対して紅山系は紅山文化と大汶口文化にみられる系統で、外縁が薄くなってレンズ状の断面となるのが特徴

である。この良渚系と紅山系のちがいに着目すれば、大汶口型牙璧は紅山系玉璧と共通することは明白である。大汶口文化と紅山文化との間にどのような交流があったのかはわからないが、紅山文化には牙璧が未発見であり、遼東半島の小珠山下層期には玉璧や牙璧など装身具としての玉器が発見されていないことから、消去法によって、牙璧は大汶口文化のなかで出現した可能性がもっとも高い。しかも、牙璧の製作には長江流域に発達した管穿孔（管鑽）の技法が用いられている〔岡村1993〕。良渚文化と大汶口文化とは密接な交流関係をもっていたから、そのなかで管穿孔の技法が北伝したのであろう。

龍山文化中後期になると、有刃の玉刀・玉斧・玉璋などを指標とする新しい玉器が山東南部に出現する。神面文や歯牙状の凹凸には良渚文化の影響が認められ、そのなかで良渚系玉璧の手法をとりいれた殷墟型牙璧が生成したのであろう。その初期の例が山東省滕州市荘里西で採集された牙璧で〔夏1984〕、厚さのほぼ均一な璧形であること、牙の刳り込みが鈍いこと、歯牙状の凹凸があることは殷墟型の特徴だが、最大径が8cmと小さいことは大汶口型の特徴を残している。山東省臨朐県西朱封で採集された2点の牙璧は〔山東省文物考古研究所ほか1989〕、外縁を薄くつくり、両面から斜めに擦り込んだ大汶口型の牙をもつが、歯牙状の凹凸があること、小さいほうでも最大径10.8cmであることは殷墟型の特徴である。これらは大汶口型と殷墟型の中間型式であろう。両者はともに龍山文化の遺跡であり、西朱封では多数の玉器を副葬した龍山文化中期の大型木槨墓が発見されている。採集品であるため牙璧の年代が特定できないものの、大汶口型牙璧が龍山文化前期までに終焉をむかえ、龍山文化中期に新しい玉器が出現していることから、殷墟型牙璧への変化は龍山文化中期ごろにはじまったと考えられよう。それを裏づけるのが、山西省襄汾県陶寺Ⅱ区墓地における近年の出土例である〔王・厳2006〕。最大径15cm、牙の刳り込みが鈍い殷墟型の特徴をもち（図100-5）、陶寺中期に位置づけられている。実年代は前2千年紀末であり、およそ龍山文化後期に併行する。山東からの搬入品か、在地の製品なのか、実見していないので判断がつかないが、いずれにせよ龍山文化のうちに殷墟型が出現していたことはまちがいない。

ただし、廟底溝二期文化の山西省芮城県清涼寺墓地から大汶口型と殷墟型の中間型式の玉牙璧が出土していることからみれば〔山西省考古研究所・芮城県博物館2002、李・張2003〕、その変化の時期はさらにさかのぼる可能性がある。わたしの実見した例（図100-6）は、岫岩玉に近い濃緑色半透明のもので、4分の1ほどの

断片だが、内縁から外縁まで厚さのほぼ均一な壁形で、牙の剔り込みが鈍く、両面から斜めに擦り込んだ牙になっていない。採集品のため正確な年代はわからないが、清涼寺墓地の全体が廟底溝二期文化に属しているのであれば、龍山文化に先行する前3千年紀前半から中ごろに位置づけられる。ここからは良渚系につながる玉璧も出土していることから、大汶口文化の牙璧と良渚系の玉璧とを融合した新しい牙璧が中原で生みだされた可能性もあろう。清涼寺墓地の正式な発掘がいま実施されているところであり、その成果をまって再検討したい。

　四平山積石塚から出土した計9点の牙璧は、すべて大汶口型に属し、1ヵ所の牙璧の出土数としてはもっとも多い。それは造墓集団がみずから玉器を製作していたからだが、それにもかかわらず牙璧の材質や形状はどれひとつとして近似するものがない。36号墓Ｓ石室の例が文家屯の東大山3号墓例に形と玉質が近いのが、かろうじて指摘できるぐらいである。35号墓Ｃ石室の牙璧は2牙であり、36号墓Ｐ石室の例は外縁の5ヵ所に浅い凹みがある。孔の小さいものが多いが、35号墓Ｂ石室や高麗城48号墓の例は孔が比較的大きい。このようなバリエーションが生まれたのは、郭家村上層期（龍山文化前期）における時期差というよりも、定型化しない範型の自由さがあったからであろう。

　四平山積石塚の牙璧は1基の墓から1点ずつ出土している。2人の合葬墓である山東省鄒県野店31号墓で2点の牙璧がともなっていたのをのぞけば、遼東でも山東でもすべて1基の墓につき牙璧は1点だけである。牙璧の孔には紐擦れの痕が明瞭で、とくに35号墓Ａ－Ｂ石室、35号墓Ｃ石室、36号墓Ｑ石室から出土した大きめの牙璧の紐擦れが顕著であること、四平山35号墓Ｂ石室や36号墓Ｓ石室では頭骨の近くから短冊形垂飾や棒状垂飾にともなって牙璧が出土し、36号墓Ｑ石室では管玉や小珠とともに歯や骨が散在するところから牙璧が出土した。このことから首飾りのような装身具として用いられたと考えられる。夏鼐〔1984〕もすでに山東省膠州市三里河墓地の事例からそのことを指摘している。

　牙璧の形を太陽の象徴と考えたのは林巳奈夫〔1991：519－521〕と尤仁徳〔1991〕であり、林はこれを冏形玉と命名した。仰韶文化の河南省鄭州市大河村遺跡から出土した彩陶は、いま日本でお天気マークとして使っているような、円圏から日暈が放射する文様をもち〔林2006〕、牙璧の形はそれとよく似ている。太陽の象徴とされる円盤形の璧に日暈をあらわし、太陽文としての特徴を強調したのが牙璧であったのだろう。

（3）錐形器

　四平山積石塚から出土したオベリスク形の玉笄飾は、中国では錐形器や鏃形器と呼ばれる。基部が茎のように細くなって研磨が不十分であることから、骨や木など有機質の笄に差し込んで装飾したものであろう。大汶口文化の山東省莒県陵陽河12号墓などで被葬者の頭上から茎を頭に向けて出土し、良渚文化の山東省新沂県花庁遺跡において女性遺体の頭部から基部に筒形の玉器を嵌め込んだ錐形器が出土したことをあげて、林巳奈夫〔2002：19-23〕も笄飾としての用途を指摘していた。林はさらに錐形器は日月の神が発散する「気」とその光線を象徴すると考えている。

　錐形器は四平山積石塚から2点出土しているほか、文家屯の採集品が3点あるが〔岡村1993〕、四平山積石塚の例よりずいぶん小さい。遼東半島では錐形器はあまりひろがらなかったようである。

　これに対して山東では断面方形のものと断面円形のものの両方があり、出土数も多い。もっともさかのぼるのが大汶口文化中期の泰安市大汶口58号墓の錐形器であり、断面円形で茎に1小孔がある〔山東省文物管理処ほか編1974〕。大汶口文化後期になると出土数が多くなり、膠州市三里河では大汶口文化後期の墓66基から20点出土した。その出土位置は被葬者の手や口の中が多い。しかし、龍山文化になると一転して数が激減し、98基の墓からわずか1点が出土しただけである〔中国社会科学院考古研究所編1988〕。

　錐形器を出土する墓の年代や出土数からみて、山東から遼東へと伝わったことはまちがいない。一方、江南の良渚文化では、断面円形の錐形器が多く、基部に孔をもつのがふつうである。しかし、良渚文化に後続する浙江省西南部の好川墓地では、断面方形で基部に孔のない、四平山の例に近い錐形器が出土しているから〔浙江省文物考古研究所ほか2001〕、龍山文化の段階には山東から江南への影響もあったことがうかがえる。

（4）遼東と山東との交流

　以上の分析により、遼東半島では小珠山下層期から地元に産出する岫岩玉を用いた玉器を製作していたこと、四平山積石塚37号墓から擦切り痕をもつ玉廃材が出土し、文家屯遺跡では管穿孔の廃材とみられる玉芯が多数採集されていること、郭家村上層期の四平山積石塚をはじめ、東大山積石塚など文家屯周辺で多数の玉器が出土していることから、四平山や文家屯の周辺ではさかんに玉器がつくられていたこ

とを明らかにした。また、玉器のうち牙璧と錐形器とは、四平山や文家屯で出土しているほか、山東南部の各地にも分布していること、錐形器は大汶口文化中期に出現して大汶口文化後期に盛行したこと、牙璧は紅山系の玉璧から生みだされ、大汶口文化後期から龍山文化前期に大汶口型が盛行し、龍山文化中後期には良渚系玉璧をうけた殷墟型に変化したことを明らかにし、その年代と分布から山東が古くて遼東が新しいと考えられること、遼東の小珠山下層期には玉斧や玉鑿などの工具類があっても、玉で装身具類をつくる伝統がなかったこと、牙璧や環の製作に用いられた管穿孔の技法は長江流域にはじまり、山東を経由して遼東に伝えられたことから、遼東における牙璧や錐形器の製作は山東からの影響ではじまったと推測した（図101）。

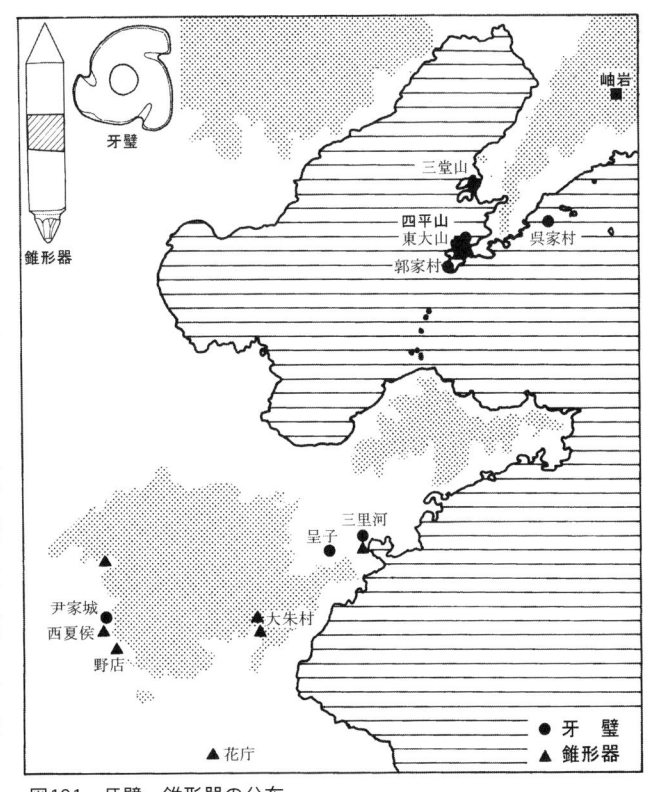

図101　牙璧・錐形器の分布

　しかし、四平山や文家屯の周辺で製作された牙璧と錐形器が、逆に山東へと流通した可能性はないのだろうか。山東出土玉器の製作地については、鉱物学の分析など多角的な検討が必要だが、一部を実見した印象では黄緑色半透明または乳白色で遼東の岫岩玉にきわめて類似する。膠州市三里河墓地の報告も〔中国社会科学院考古研究所編1988：42〕、大汶口文化の玉器は青玉・白玉・岫岩玉を原料にし、遺跡の周辺には玉の産出がないため、交換によって遼東の岫岩玉を入手したものと推測している。海峡を挟んで原料が運ばれたのか、それとも製品がもたらされたのかは、容易に結論づけられないが、遼東で玉器を生産し、同形態の玉器が山東からも出土することから、遼東から山東へと玉器の製品が運ばれた可能性は十分にあるだろう。

　玉器の生産と流通をめぐって、わたしはかつて以上のように論点を整理し〔岡村

1993〕、文家屯の報告書においてもそれを再確認した〔岡村編2002〕。その後の知見として最後に特記しておきたいのは、遼東半島と山東半島との距離はわずか100kmほど、その間に廟島列島が点在し、島づたいの交流があっただけでなく、遠く山東南部との間にも直接的な交流があったらしいことである。その根拠は貝の副葬の習俗とツノガイの持ち込みである。文家屯の東大山積石塚では2号石室にアカニシが4点、3号石室にハマグリ2点とマルツノガイ14点があり〔岡村編2002〕、四平山積石塚35号墓B－C石室ではツノガイが1点、35号墓C石室ではアカニシのような巻貝や、36号墓E石室では巻貝と二枚貝のサルボウ、36号墓P石室ではサルボウ、36号墓W石室ではツノガイ2点とサルボウ1点が出土している。アカニシ・ハマグリ・サルボウは文家屯遺跡でも出土しているので、近くの砂浜で採集したのだろうが、甲元眞之氏の教示によれば、ツノガイは山東半島南岸よりも南の温暖な海域に生息するため、交易によって持ち込まれたと考えられる。ツノガイは首飾りとして用いられることが多いので、製品として流入したのであろう。一方、膠州市三里河墓地〔中国社会科学院考古研究所編1988〕では、被葬者の肩や手足の近くにイボニシかハマグリを1～4点副葬した土坑墓が多く発見されている。四平山積石塚や東大山積石塚での貝の正確な副葬位置はわからないが、小突起をもつ巻貝や大きい二枚貝を選択している点、山東省東南部の習俗に倣った可能性が高く、両地域の緊密な関係がうかがえる。今後、土器などをふくめて総合的に検討する必要があろう。

(岡村秀典)

4　四平山積石塚の社会──黒陶の器種構成と墓葬の配置──

　黒陶の器種構成を石室単位で比べた場合、そこには構成要素の違いが認められる。表19に示すように、黒陶の器種構成は石室ごとに異なっている。そこで、その器種構成を分類すれば、大きく5種類に分けることができる。ところで、山東龍山文化の副葬土器において、器種構成から階層差が存在することを明らかにしたことがある〔宮本2006〕。そこで、四平山積石塚においても山東龍山文化系統と考えられる黒陶と鬹を中心に石室単位での構成差に注目したい。ここで在地系土器である紅褐陶をあえて除いて検討するのは、黒陶や鬹といった山東龍山文化系統の土器における墓葬の副葬品構成の規範が、四平山積石塚においても同様に存在するかどうかを検討することにある。なお、本報告書において副葬遺物とりわけ土器に関しては、器形を判断できる土器についてはできうる限り図化することとした。したがって盗

表19　四平山積石塚黒陶・鬶の器種組成

墓番号	鼎	鉢	豆（高杯）	鬶	高柄杯	杯	壺	罐	器蓋	合計個数
四平山32										0
四平山35A		1				2	2			5
四平山35A-B		1				2	1	1		5
四平山35B		1				1		1		3
四平山35B-C						2	1	1		4
四平山35C		1				2		1		4
四平山36E		2	1	2		15	5	2		27
四平山36K-L			1	1		3		4	2	11
四平山36P	4		3	1		2				10
四平山36Q	2	3	2	2		4	4		1	18
四平山36S	1			1		3	1	1		7
四平山36U-V						1			2	3
四平山36V						3	1	1		5
四平山36W						3	1			4
四平山37	1		1		1	3	1		2	9
四平山38E	2		1	1		4				8
四平山38G-H						1		1		2
四平山39						1	1			2

掘などの二次的な要因は別として、図面化された土器をもって各墓葬の副葬遺物の全体構成であると考えることができるのである。

以下、副葬品構成の分類を掲げる。

　　A類：杯

　　B類：杯・罐（壺）

　　C類：杯・罐・鉢

　　D類：杯・鬶・罐・（豆）・（鉢）

　　E類：杯・（鬶）・（高柄杯）・鼎・罐・（豆）・（鉢）

これらの分類で明らかなように、黒陶をもつ墓室の内、杯は必ず含まれている。杯は器種構成の基本要素であることが認められ、杯のみからなる器種構成の単位をA類とする。いわばA類は飲器のみからなる構成単位である。

この杯にさらに器種が増加するのが、貯蔵器の罐である。罐はそれに類似する壺に代わる場合もみられることから、罐に代わって壺が伴う場合も、同じ器種構成単位のB類とした。B類は飲器＋貯蔵器からなる器種構成である。

このB類にさらに鉢が加わる場合をC類とする。すなわち飲器と貯蔵器の構成の上にさらに盛食器が増加しているのである。

さらに、これらの組み合わせの上に鬶が伴出する場合をD類として区別する。鬶は紅褐陶ないし白陶からなっている。また、このD類は、器種的には豆が伴出する場合あるが、必ずしもすべてに豆が加わるわけではないことから、鬶の有無をもってこの分類の基準としたい。したがって、このD類は、飲器や盛食器における器種の増加が認められる。

表20 四平山積石塚紅褐陶組成表

墓番号	鼎	鉢	盆	豆	杯	壺	ミニチュア罐	罐	器蓋	計
四平山32			1					3		4
四平山35A		3	1			5	1			10
四平山35A-B			1				1	1	1	4
四平山35B			1				1			2
四平山35B-C		1				1		4		6
四平山35C					1	1				2
四平山36E		2	1	8	1	3	9	9	3	36
四平山36K-L	1	1	1	3	1	5	2	2	2	18
四平山36P	1			1	4		2	2		10
四平山36Q	1	1	1	4	7	5	4	2	2	27
四平山36S			1		1	2		1		5
四平山36U-V			1				1	1		3
四平山36V		1	1			2	2		2	8
四平山36W		3		2		1	3	1	1	11
四平山37		1	2				3	1	1	8
四平山38E	1			2	1		3	3	1	11
四平山38G-H			2		2	2		5		11
四平山39		1		1			2	2	2	8

　E類は、これらの器種とともに、さらに鼎が加わることにより区分される。豆や鉢に関してはすべての墓室に伴うわけではないが、鼎の有無はこの分類の重要な基準になっている。E類は、これまでの器種構成の上に煮沸器が加わったことになるのである。

　こうしてみていくと、A類：飲器、B類：飲器＋貯蔵器、C類：飲器＋貯蔵器＋盛食器、D類：飲器（鬶）＋貯蔵器＋盛食器、E類：飲器＋貯蔵器＋盛食器＋煮沸器という器種構成要素になり、次第に器種構成が充実していることが認められる。あるいは別の言い方をするならば、器種構成における階層構造が認められるのである。表19に示すように、総個体数も36号墓E石室を除けば、器種構成の階層構造に応じて個体数の多寡が認められる。

　さて、こうした黒陶の器種構成の階層構造を、その他の副葬品との対応で検討してみよう。同じ副葬土器という場合、在来系の紅褐陶の構成が問題となろう。これらの副葬土器構成の対応は、表20に示されている。黒陶器種構成A類に伴う紅褐陶は、盆と罐からなっている。すなわち、盛食器と貯蔵器からなっており、これに黒陶の杯である飲器が伴う構成である。黒陶が認められない32号墓では、盆と罐からなる紅褐陶の器種構成を示し、紅褐陶の構成からすれば、黒陶器種構成A類と変わらないことになり、黒陶の有無が相違点となっているとともに、土器構成上の階層差となっている。すなわち、黒陶器種構成A類の下位に紅褐陶のみの副葬土器からなる32号墓が位置づけられるのである。

　黒陶の飲器と貯蔵器からなる黒陶器種構成B類には、紅褐陶の鉢（盆）と罐に加えて豆あるいは杯が伴う。紅褐陶の器種の増加が認められるが、黒陶器種構成B類

表21　四平山積石塚玉石器組成表

石室番号	黒陶器種構成	玉石器 牙璧	玉石器 環	玉石器 斧	玉石器 その他
四平山32					簪1
四平山35A	C				小珠2
四平山35A-B	C	1			
四平山35B	C	1	1	1	短冊形1
四平山35B-C	B			1	
四平山35C	C	2			
四平山36E	D			2	指輪1、鏃1
四平山36K-L	D				
四平山36P	E	1		1	指輪1、小珠1、錐形器1
四平山36Q	E	1	2		小珠1、管玉1、戈形器1
四平山36S	E	1	1		指輪1、棒状垂飾1
四平山36U-V	A		1		小珠
四平山36V	B		1		
四平山36W	B		1		簪1、円形垂飾2
四平山37	E	1	1	1	原石2、釧1、小珠3、管玉2、玉粒1
四平山38E	E		2	1	
四平山38G-H	B				
四平山39	B	1	1		管玉2

　に不足する盛食器である鉢を紅褐陶で補完していることが認められる。黒陶器種構成C類に関しても、黒陶器種構成B類と同じように豆あるいは杯が伴っている。黒陶器種構成B類とC類は、黒陶と紅褐陶を合わせた全体の器種構成は変わらないことになる。改めてその違いに着目すれば、盛食器を黒陶で副葬するか、紅褐陶で副葬するかの違いが明確となり、階層差は存在すると考えられる。

　このように紅褐陶がある意味では、黒陶の代価物として副葬されていると仮定すれば、黒陶器種構成D類とE類においても鼎などの器種が加わり、紅褐陶における器種構成においても黒陶の器種構成の多寡とほぼ対応していることが認められる。この黒陶器種構成D・E類の段階の紅褐陶の基本的器種構成は、鉢、ミニチュア罐、豆、杯などからなり、一応の器種の増加は認められよう。以上のように、紅褐陶の副葬構成においても、先に示した黒陶器種構成の階層化は肯定できるのである。

　さらにそのほかの副葬品との対応はどうであろう。玉石器の副葬との共伴関係で検討するならば、表21に示すように、黒陶の器種構成E類の方が、器種構成の少ないA類に比べ、玉石器の副葬数量が多い傾向にあることはよくわかるであろう。玉器の中でも特に貴重な存在である牙璧に注目するならば、四平山積石塚38号墓E石室を除くと、その他3基のすべてが黒陶器種構成E類墓に相当し、牙璧が共伴しているのである。また、その他の玉石器も相対的にこれら3基の所有が多い傾向にある。したがって、黒陶にみられる階層構造は、玉石器の副葬においても相関関係を示していることになる。つまり、黒陶の器種的階層構造は、その他の副葬品の数量あるいは質と対応しており、黒陶の器種が増えれば増えるほど、その他の副葬品の

表22 四平山積石塚の副葬品からみた階層関係

石室番号	黒陶器種構成	黒陶土器数	紅褐陶土器数	土器総数	牙璧	環	斧	社会階層
四平山32		0	4	4				5
四平山35A	C	5	10	15				3
四平山35A-B	C	5	4	9	1			3
四平山35B	C	3	2	5	1	1	1	3
四平山35B-C	B	4	6	10			1	4
四平山35C	C	4	2	6	2			3
四平山36E	D	27	36	63			2	2
四平山36K-L	D	11	18	29				2
四平山36P	E	10	10	20	1		1	1
四平山36Q	E	18	27	45	1	2		1
四平山36S	E	7	5	12	1	1		1
四平山36U-V	A	3	3	6		1		5
四平山36V	B	5	8	13		1	1	4
四平山36W	B	4	11	15				4
四平山37	E	9	8	17	1	1	1	1
四平山38E	E	2	11	13				1
四平山38G-H	B	8	11	19		2	1	4
四平山39	B	2	8	10	1	1		4

質や量が増加する傾向にあるのである。こうしてみていくならば、四平山の黒陶の器種にみられた階層構造は、被葬者間の階層構造を示す可能性が強いと考えられるのである。すなわち、被葬者の身分差を黒陶の器種構成が表していることになるのである。ただここで興味深いことは、黒陶器種構成Ｄ類においては牙璧など玉石器の組み合わせが少ないのに対し、より下位に属する黒陶器種構成Ｃ類において牙璧が組み合わさっている。しかし一方ではＤ類は圧倒的多数の土器個体数が副葬されている。これは副葬品内容に土器に重きが置かれる土器型墓と玉石器に比重が置かれる玉石器型墓といった違いとして現れている。この違いは社会階層とともに性差を反映している可能性があろう。僅かな例ではあるが、黒陶器種構成Ｅ類の36号墓Ｐ石室は男性被葬者であり、最上層は男性が占めていた可能性もあろう。同じことはＣ類墓が大半を占める35号墓においても見られる。立地上主要なＢ・Ｃ・Ａ石室は同じようにＣ類墓であるが、Ｂ・Ｃ石室には牙璧が伴うが、一方ではＡ石室は牙璧を伴わないものの、土器総数はＢ・Ｃ石室に比べ格段に多い。同一階層でありながら、Ｂ・Ｃ石室が男性被葬者であり、Ａ石室が女性被葬者といった性差を示しているという解釈も可能であろう。

　さて、こうした階層構造を簡単にまとめたものが表22である。黒陶器種構成に加え、紅褐陶のみからなる最下層の段階が存在するが、これと黒陶器種構成Ａ類墓とは、土器の相対的数量もともに少ないことから、これらを併せて最下層としておく。

したがって、黒陶器種構成E類墓が社会階層第1階層、D類墓が第2階層、C類墓が第3階層、B類墓が第4階層、A類墓と紅褐陶のみからなる墓葬が第5階層とすることができる。合計5段階の階層構造が存在したと考えることができよう。なお、こうした階層構造と表15に示す石室規模と比較するならば、石室規模における階層格差は認められないものの、蓋石をもつものが階層上位者と比較的対応している。石室の構造やあるいは木棺の可能性を示す有機質土壌は、このような階層構造と相関している可能性があろう。

ではこうした階層構造が、墓室の配置関係においてどのように対応しているのであろうか。第2章で検討したように、副葬黒陶の年代関係からは、すべてが山東龍山文化前期併行の段階に位置づけられる。さらに紅褐陶の型式差から四平山積石塚の存続年代は3時期に区分され、その3段階においては、それぞれの段階内での時間差はほとんど認

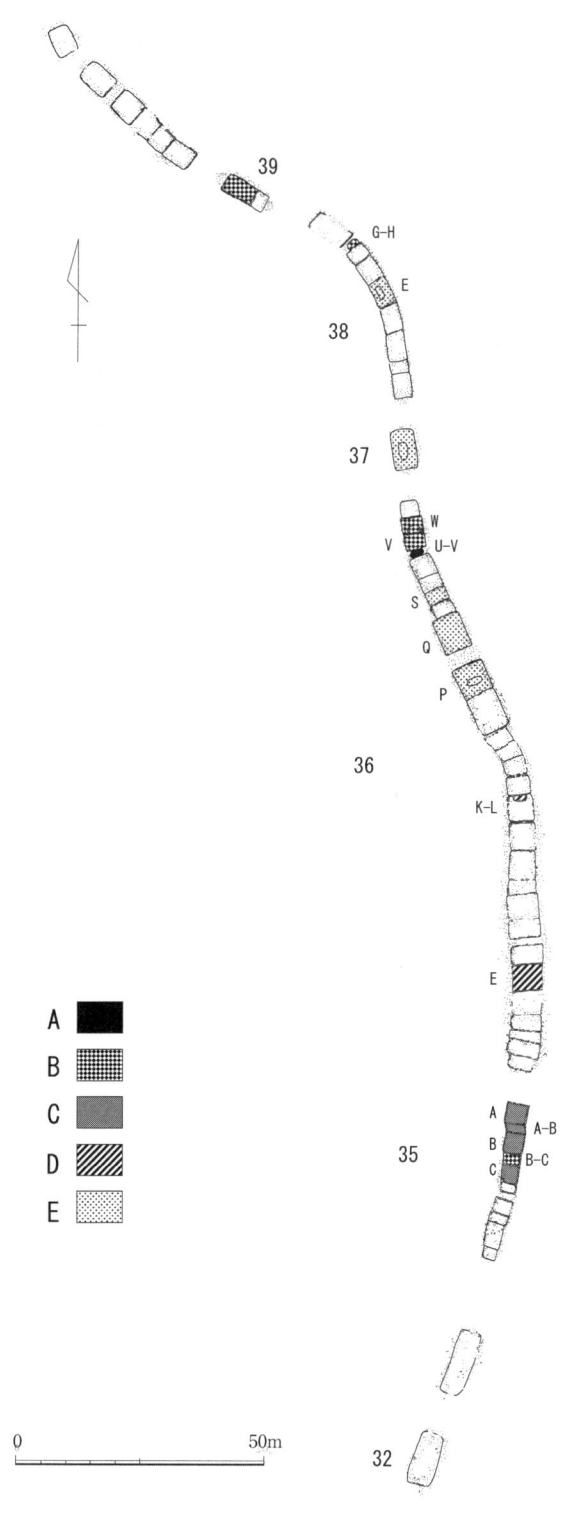

図102 四平山積石塚の階層関係（縮尺1／1500）

められず、同一時期に併存していたと考えられる。こうした前提のもとに、階層構造とその墓室の配置を検討してみよう。

まず山東龍山文化前期併行とした墓群の、黒陶器種構成Ａ類～Ｄ類の５段階の階層構造に応じて墓室の配置を示したのが図102である。これで示される配置からは、階層構造の最も上位に位置するものが、尾根の最も高いところに位置する36号墓Ｐ石室と36号墓Ｑ石室、さらに36号墓Ｓ石室と37号墓である。これらの最上位集団の墓において、副葬黒陶から比較するならば、36号墓Ｑ石室が最も優位であり、ついで４個の鼎を有する36号墓Ｐ石室が優位であり、ともに尾根の頂上部に位置している。36号墓とは独立して位置する37号墓の場合も、同じように優位な状態を示している。ともかくこれら最上層集団が最も尾根の高い位置に位置することは間違いない。第２位の階層である黒陶器種構成Ｄ類墓は、36号墓内でも南側斜面に位置している。

36号墓群より南側斜面に位置する35号墓群では、黒陶器種構成Ｃ類墓が、35号墓群の主要な石室であるＢ・Ｃ・Ａ石室で認められ、それらの中間に付設されたＢ－Ｃ石室は黒陶器種構成Ｂ類墓である。Ｂ石室やＣ石室といった中心とそれらの中間に階層構造の低い墓が位置しているように見てとれる。すなわち35号墓が第３階層を頂点として、序列化して配置された一つのまとまりとしてみることが可能である。

こうしてみた場合、36号墓も、第１階層の黒陶器種構成Ｅ類墓を中心に、第２階層の黒陶器種構成Ｄ類墓が南側斜面、第４階層の黒陶器種構成Ｂ類墓が北側斜面末端に固まっている。したがって36号墓も真ん中の尾根頂部を中心に各階層が序列化されながら位置づけられているのである。すなわち、尾根頂部にある36号墓と37号墓は同等の関係として、最上位階層の墓が並列していると考えればよいのではないだろうか。ただ、37号墓は一つの石室のみからなり、下位集団を伴っておらず、墓群を構成していない。こうした場合、各階層からなる36号墓はどのように考えられるのであろうか。これは、各階層からなる一つの単位集団と考えられる。すなわち一つの氏族集団として存在していると考えられないであろうか。37号墓の場合は、最上階層のみが存在するが、後続の造墓がなされなかった氏族集団と考えられる。その場合、35号墓群も別の氏族集団と考えられるが、これは最上階層の黒陶器種構成Ｅ類をもたず、第３階層にあたる黒陶器種構成Ｃ類を最上位とする墓群であり、墓群単位でみれば36号墓群より、階層的に劣っている。したがって、これは氏族集団単位においても階層差があることを物語っているものと考えられるであろう。

同じような状況は、38号墓においても認められる。発掘された墓室がわずか2基であることに問題も残ろうが、副葬品の階層差と墓室位置を比べるならば、以下のようになる。すなわち、38号墓の中心に最上位階層の黒陶器種構成E類墓であるE石室が位置し、北部斜面の端に第4階層の階層構造をなす黒陶器種構成B類墓であるG－H石室が配置されている。墓群の中心に上位階層の墓室が位置し、周辺に下位階層の墓室が位置するという墓室配置構造をなすのである。

　したがって、集団の階層差が尾根頂部を頂点として両斜面に階層的に位置づけられたものではないかと考えられる。すなわち、丘陵頂部の36号墓とそれに続く尾根筋の37号墓と38号墓が第1階層、その北側斜面に位置する第4階層の39号墓、南側斜面では第2階層を頂点とする35号墓、さらに南側に下った地点に紅褐陶からのみ

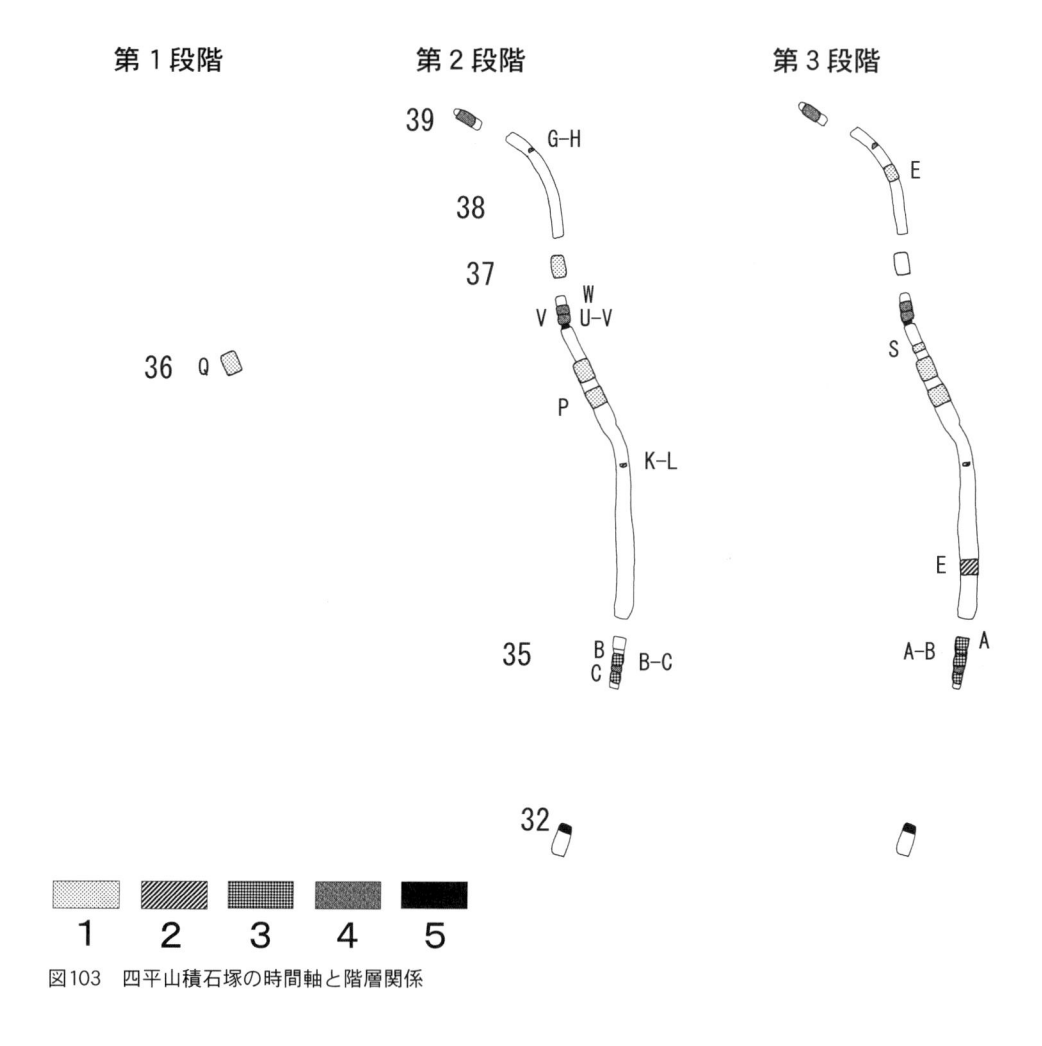

図103　四平山積石塚の時間軸と階層関係

の第5階層の32号墓が位置する。こうした墓室の配置にも氏族単位での階層化が明確に位置づけられている。その場合、37号墓や39号墓のような単一墓を氏族単位の墓と認めうるかに問題が残ろう。この場合、社会構成上一代限りの埋葬で終わり、その後の再生産が行われなかった、すなわちクラン系列が途絶えたことを意味すると思われる。

　続いて、これを3段階の時期ごとに見ていくと図103のようになる。まず、第1階層の36号墓Q石室が第1段階に築造される。続いて第2段階には、36号墓では引き続き盟主的な存在である第1階層の36号墓P石室が丘陵頂部に築造され、下位の第4階層以下はその下位の斜面部側に配置される。さらに第3階層を盟主とする35号墓の氏族集団が南側斜面部に選地し、中心的存在の35号墓B石室が築造される。36号墓の北側では、36号墓と同列の37号墓、36号墓より下位の氏族集団である38号墓、39号墓、32号墓がそれぞれ築造される。さらに第3段階になると36号墓の氏族集団はその盟主的地位を堅持しながら、第1階層のS石室が築造される。一方ではその階層秩序に変化が見られ、第1段階・第2段階までは第1階層の墓主が36号墓に限られていたのに対し、新興の氏族集団である38号墓に第1階層の38号墓E石室が構築されることになる。社会階層の安定的な秩序が次第に崩壊していく過程が読み取れるとともに、そこに四平山墓地の終焉が見てとれるのである。

　以上のように、四平山積石塚は、墓室の副葬品から5段階の階層制が存在することが判明した。また、この階層制は氏族内部での階層構造を示すとともに、1氏族が列状をなすように墓室を形成していると考えられる。さらに、これら氏族は、氏族単位に階層化がなされていた可能性が存在する。その氏族単位での階層構造を端的に示すのが、既に述べた副葬品から読み取れる階層制であるとともに、墓群の尾根状の配置においても示されているのである。したがって、この四平山積石塚の社会段階は、氏族内部での階層化とともに、氏族間での階層化が明瞭になった時期として位置づけられるであろう。

　さらに注目すべきは、積石塚という遼東半島の南端部にのみ限られた地域固有の墓制であるにもかかわらず、四平山積石塚では副葬品内容が黒陶や鬹を初めとして山東龍山文化に類似していることである。とりわけ階層構造から示された社会の発展段階は、山東半島における大汶口文化後半期から山東龍山文化前期と同段階にある。黒陶を中心とする副葬土器の社会階層を示す埋葬規範も、山東龍山文化に見られる階層規範あるいは埋葬習俗〔宮本2006〕と全く同じものであるといえる。ここ

で示した5段階の階層構造は、山東龍山文化全体を通して認められる4段階の階層構造をさらに細かく細分したものに相当する。それら階層規範を示す副葬土器の組み合わせにおいては何ら区別のないものである。とりわけ鼎を中心とする副葬品構成が最も階層の高い位置にあることも同様である。すなわち、外見的には積石塚という地域固有の墓制を採用しながら、内面的なソフトの面では山東龍山文化の社会規範や葬送行為に従っているのである。葬送に纏わる信仰や儀礼において全く山東龍山文化のものと同じであるということは、外的な文化の伝播を地域的に受容する過程としては、興味深い現象であると思われる。山東半島系統の移住者を象徴する山東龍山文化の黒陶や鬲と在来民の象徴である紅褐陶が、二重性とその融合を示すように、墓制においても外見的な在地性を固持するとともに、葬送儀礼などの内面性においては新来の社会基盤を採用している。

　このことは、山東半島からの移住者と在来民の交配によって新たなアイデンティティとして積石塚が創設されたことを意味し、一方、目に見えない所では、山東龍山文化の葬送儀礼や葬制による移住者を中心とした階層構造の維持が計られたことを示している。こうして構築された階層構造も、第3段階において新興の氏族の台頭に見られるように社会秩序の変化が認められ、ここに四平山積石塚が終焉することとなる。

（宮本一夫）

5　積石塚からみた遼東半島先史社会

（1）四平山積石塚の歴史的背景

　積石塚は遼東半島の先端部すなわち旅順から金州以南のごく限られた地域に認められる墓制である。その初現が何に求められるものであるかは不明であるが、遼東半島先端部では龍山文化併行期から春秋時代併行期まで形態を変化させながら存続する墓制〔宮本1995ａ〕である。その意味でも遼東半島先端部は一つの孤立した独自な社会を持続させていた。

　山東大汶口文化前期から遼東半島先端部と膠東半島では両地域の相互交流が始まるが、大汶口文化後半期からは膠東半島から遼東半島への文化的な圧力が強まり、土器のみではなく石器形態や石器組成という面でも膠東半島の強い影響を受けるようになる〔宮本1990・宮本2003〕。その中で山東龍山文化期には、山東龍山文化それも山東東南部から膠東半島という黄海沿岸の文化伝播ルートに乗る形で黒陶文化

が流入したものと考えられる。この文化伝播は、山東半島南半内においてはアワ・キビ農耕に稲作農耕が主体的に取り込まれていく生業上の変化時期にも当たっている〔宮本2007〕。この段階、山東半島先端部は小珠山上層文化である。在地的な土器である紅褐陶においてはそれまでの深鉢から罐、すなわち日本考古学でいう甕が出現するという意味でも、在地的な土器組成が大きく転換していく段階であり、文様などにおいては在地的な系譜を引くものであった〔宮本1985〕。こうした文化伝播時期や文化変容期は、日本列島とりわけ北部九州に弥生文化が成立する時期に、渡来人が一定の役割を果たしたのと同じように、膠東半島から遼東半島へと人の移動が存在したことが想定される。

　この段階にこそ、在地的な墓制である積石塚の副葬品に黒陶が用いられることになる。さらに鬻を加えてその副葬品構成は、山東龍山文化の習俗や規範に含められるものであった。いわば積石塚という外郭的な構造は在地的な様相が強いが、黒陶や鬻あるいは牙璧などの玉器を中心とする副葬品構成やそれに応じた階層構造は、山東龍山文化そのものであった。いわば埋葬後外面に見える点では在地的でありながら、目に見えない社会システム面では山東龍山文化の強い影響を受けていることが観取できるのである。

　このことは、第5章第3節で論証された牙璧や錐形器などの玉器が、山東においてまず生成され、遼東半島に伝播したという解釈とも符合する。また、四平山積石塚にみられた巻貝や二枚貝の副葬も山東東南部の習俗を習ったものである。牙璧や錐形器の出土分布も山東の東南部を中心としており、牙璧や錐形器さらに貝副葬の習俗が山東東南部から伝播したことを物語っている。アワ・キビ農耕に稲作農耕を組み込んだ地域は、黄海沿岸の山東東南部である。第4章第2節の黒陶の安定同位体比分析でも示されたように、山東東南部から山東東端の煙台地域、さらに遼東半島は稲作農耕文化を含んだ文化伝播の主要なルートであり、そこに人間の移動が介在していたことは間違いない。

　その後、遼東半島は山東龍山文化の黒陶を在地的に変化させた双砣子1期を迎え、一時的に山東半島の影響が低い段階を迎えるが、再び山東半島の岳石文化の強い影響を受けた双砣子2期を経る。その後の双砣子3期は十字形楼孔や台付き鉢（甗形器）に二里岡文化や殷墟文化など商的な要素が見られるが、これは間接的な影響関係であり、次第に在地的な変化を示すようになり、山東半島との交流は認められなくなる。むしろ、この段階以降は遼東半島から朝鮮半島への一定の文化伝播・文化

的影響が見られる段階であり、朝鮮半島に無文土器文化が成立していく段階である〔宮本2008〕。このような膠東半島と遼東半島の文化的交流関係の変容は、この時期の山東半島における地域間関係の変化に基づくものであろう。山東半島西半部は商王朝の影響や商人の移動を受けて、商文化圏に入っていく。さらにその東側周辺域では商的な土器文化を受容し、膠東半島にも鬲が流入して珍珠門文化期を迎え、次第に文化的な広がりは見られなくなっていく。西周には膠東半島にも黄国など周王朝の一員としての青銅器文化を展開していくが、渤海湾を挟んだ遼東半島には西周の影響は見られず、双砣子3期の伝統を内在的に変化させながら、孤立的な文化様態を示す上馬石A地点下層、上層と変化していく。さらに遼寧式銅剣文化を受容した春秋期の楼上墓・崗上墓段階を迎えていくのである。

（2）四平山積石塚の特徴とその社会

　遼東半島先端部において龍山文化期の積石塚の分布圏は大きく二つに分かれる。旅順地域と営城子地域である。旅順地域には将軍山から老鉄山に続く尾根において積石塚が認められる。一方、営城子地域では四平山を中心として文家屯貝塚背後の丘陵部の尾根線上に積石塚が広がっている。営城子黄龍尾半島東部にあたる。旅順地域と営城子地域ではそれぞれの積石塚群に隣接した山麓部に同時期の遺跡が存在する。前者が郭家村遺跡であり、後者が文家屯貝塚である。それぞれが墓葬である積石塚の被葬者たちが生活していた集落地域であった。後者の文家屯貝塚の場合、集落の背後にある東大山積石塚はその奥津城であるが、さらに2km離れた四平山積石塚に関しては文家屯貝塚の住民であるかには疑問視がなされている〔岡村編2002〕が、現状では周辺に文家屯貝塚以外にはふさわしい集落遺跡は存在しない。また、郭家村遺跡と老鉄山・将軍山積石塚の距離からすれば、文家屯貝塚と四平山積石塚の距離はそれほど違和感を覚えるものではない。郭家村遺跡の場合、小珠山中層期から始まり呉家村期、郭家村3層期を挟んで小珠山上層（郭家村上層）期まで連続し、小珠山上層期の墓葬として将軍山積石塚や老鉄山積石塚が存在する。文家屯貝塚では呉家村期、郭家村3層期、小珠山上層（郭家村上層）期まで存続している。

　四平山積石塚の副葬土器の分析から明らかになったように、四平山積石塚は黒陶の土器型式から見れば、大汶口文化期の系譜を残す龍山文化の最も古い段階のものであった。これまで遼東半島の山東龍山文化期併行期が、小珠山上層（郭家村上層）

と双砣子1期に併行すると考えられてきたが、四平山積石塚の黒陶からの位置づけでいえば、小珠山上層は山東龍山文化前半期に相当するものになり、双砣子1期がその後半期に位置づけられることになる。四平山積石塚を含めた小珠山上層は、在地的な系統を引く紅褐陶と山東龍山文化の系統を引く黒陶に分けうるが、前者もこの段階に大きく器種構成を変化させており、山東龍山文化の地域的な受容が認められる。外来的系譜にある黒陶も、一部には在地的な特徴を見せており、さらには黒陶そのものが在地によって生産されていたものの可能性が高い。いわばこの段階に強い山東半島からの影響を受けながらも、地域的な受容を果たしていることがいえるであろう。これには山東半島からの人の動きをも十分に考慮されねばならないが、その人々がいち早く在地民と交配し、地域的な文化受容を果たしたと見なければならないであろう。こうした在地化の動きは、続く山東龍山文化後半期併行期の双砣子1期において加速的な傾向を示すが、岳石文化の影響を受ける双砣子2期には再び山東半島の外的な影響が目立っている。いわば波状的に外来文化の影響が色濃く見られる段階が認識されるが、これがそのまま人的動きの規模に反映しているかどうか不明であり、文化現象としてしか今のところ捉えるしかない。続く双砣子3期には再び在地的な展開を強くしていく。これは一方では文化発信源側である山東半島における地域文化伝統基盤が大きく変わり、中原から商代文化影響圏ないしは経済圏に山東半島が取り込まれていくことと大きく関係しているであろう。さらには西周併行期の上馬石A地点下層以降は、山東半島と遼東半島との接触は表面的には全く認められない段階となるのである。

　こうした地域間関係の中で、四平山積石塚段階の山東龍山文化初期段階には、山東龍山文化の影響は受けつつも在地的な展開を示していることが、黒陶や紅褐陶の生産、さらには在地的墓制である積石塚によって理解できるであろう。しかしながら、この時期の山東龍山文化の影響という意味で注目すべきは、目に見えない制度的な面、すなわち埋葬習俗にある。すでに社会階層を示す副葬品の構成で検討したように、黒陶や鬶を中心とする副葬土器の器種構成には規範性が存在していた。その組み合わせとその他の玉器に見られる威信財的要素の相関性から見ても、その規範性は被葬者の社会的身分を標識するものであった。その身分標識はクランなどの血縁家族を母体とするものであり、血縁家族単位での墓葬がまとまっていた可能性があり、それが積石塚の石室が列状に連なりあった単列群集墓として表現されることになったであろう。しかも、血縁家族単位での階層差は積石塚の立地にも相関し

ており、社会階層の高い血縁家族墓地はより山頂の見晴らしのよいところに位置している。こうした様相は時期と地域は違うが朝鮮半島南部の支石墓群の立地にも見いだされる〔李榮文2002〕。しかも四平山積石塚の場合は、血縁家族墓地内においてもより身分標識の高い被葬者が、相対的に山頂に近いところあるいは墓群の中心に埋葬される傾向にある。血縁家族単位あるいは氏族単位での階層化が進むとともに、被葬者個人における階層化が進展しているのである。さらにまたその階層表現あるいは身分標識は、山東龍山文化全体を通じて見られる副葬土器の器種構成規範と同じものであった。まさしく葬送儀礼における身分標識という社会規範は、山東龍山文化社会のものを採用しているということができるのである。社会の階層化を秩序づけるというソフト面を意識的に採用したのである。

　単列群集墓や多列群集墓は、埋葬地の地形的な制約に起因する可能性が高く、ともに列状ないし集塊状に墓葬を埋葬することにより一定の関連性のある血縁家族が累々として墓域を連ねることに意味がある。その点で単列群集墓が多い四平山積石塚と多列群集墓が多い老鉄山・将軍山とは異なっている。四平山積石塚に隣接する東大山積石塚〔岡村編2002〕においても集塊状の多列群集墓をなしており、単列群集墓をなしてはいない。東大山積石塚の場合、副葬品内容から見るならば、四平山に比べて相対的に社会身分は低い家族墓を構成している可能性が高い。一方で、四平山積石塚においても、被葬者一人からなるすなわち石室一つから成る単独の墓葬も存在する。これは血縁家族墓としての系統関係を保てなかった氏族やクランを示しているであろう。

（3）おわりに

　四平山積石塚の住民たちは、黒陶文化という一連の文化変容においても一定の山東半島からの渡来民によるものと考えないわけにはいかないであろう。その人々とはアワ・キビ農耕に稲作農耕を交えた複合的な初期農耕をもっていた先進的な人々であったかもしれない〔宮本2008〕。しかし、それは一過性の人の移住であり、決して植民的なものではなく、在来民との交配が急速に進んだと想定される。現象的には、それらの人々の影響の中にも、外面的には積石塚といった固有の墓葬を営み、新たなアイデンティティが形成される。また様式変化を行った紅褐陶や黒陶を在地生産しながら、新文化の受容と変容が認められるのである。その社会にあっては、比較的平等な社会ではあるが、クランなどの血縁家族あるいはさらに大きい氏族単

位での階層化・序列化が次第に進んでいく社会であった。そうした序列化の身分標識は、副葬黒陶の組み合わせに見られる階層構造のように、山東龍山文化の埋葬習俗や規範というソフト面を導入するものであったのである。これは移住者を中心とした階層構造を維持するための社会的装置であったかもしれない。しかしこうした集団関係も、新興の有力氏族集団の伸長とともに、四平山積石塚が終焉するのである。その後の遼東半島は、外的な文化波及は波状的には認められたが、内的な社会発展は墓制上にはほとんど認められない。首長のような傑出した個人が社会的な存在として表出するのは、春秋併行期の楼上墓や崗上墓段階まで待たねばならなかったのである。

(小野山節・宮本一夫)

附篇1 ●関東州内石塚分布調査報告

1　序説

　満州に於ける石塚が普く一般に紹介されたのは明治末年頃で、鳥居博士の旅順郊外南山裡将軍山石塚調査を以て嚆矢と成すであろう。それ以来石塚に関心が持たれて、将軍山は素より石塚の発掘が屢々行われるに至ったのである。然るに当時の発掘は、多く完全或はそれに近い遺物の採集が目的であって、破片の如きは殆ど顧みられなかった。以上の如く、各所で石塚発掘の行われた割合に採集遺物の少ないことはそうした事に主な原因があるのではないかと想う。尚当時の関東州は行政機関も初歩に属し、遺蹟に対する処置も緩慢であり、亦要塞当局に於ても現今の如く取締りが厳重ではなく、遺蹟の発掘も殆ど自由に任せたもののように感ぜられる。

　濱田博士の将軍山石塚発掘も、およそその頃行われたものと追想するが、博士の採集品中に偶々白陶破片の一群が含まれていた。輓近に至ってそれ等の白陶が梅原博士の研究に依って端無くも支那中原発見の白陶と密接な関係にあることに注意が向けられ、ここに於て州内石塚の再検討が呼ばれるに至ったのである。

　偶々日本学術振興会が東亜古文化研究を提唱し、その第1回の事業として関東州貔子窩管内大長山島上馬石貝塚の発掘調査を梅原博士に委嘱し、今春既に梅原、長谷部両博士監督の下に学術調査が行われた。第2回の事業としては石塚調査が委員会に提議されて、これが可決を見るに至ったので、予めその基本調査として石塚の分布調査を行うことになり、梅原博士より、余にその大任の交渉があった。これは蓋し余が今春の上馬石貝塚発掘に参与したことと、数年来この地に居を構え土地の事情に多少通じていることに起因することと思われる。余もまた予て遺蹟の分布調査を行いたき希望もあった為に、直に博士の求めに応じてこの機会に多年の宿望の一端をも果たすことにした。

　さて石塚の分布は他の遺蹟分布と大いに趣きを異にし、これが調査は体力に俟つところが多く、短時日を以て全部に亘ることは到底不可能な企である。併しながら、一旦求めに応じた以上、少なくとも関東州内隈なく調査することが当然の責務であ

り、また学徒として充分を期したい欲望はあったが、事情止むを得ず範囲を縮小して旅順郊外の老鉄山を起点に渤海に面した極部的調査に止めたのである。

　然らば調査の順序を如何に選択するかに就ては聊か考えさせられたが、時あたかも木草発芽の時期にあって、これが愈々繁茂期に至れば、跋渉にいたく困難を伴うことを考慮し、就中最も困難と認める老鉄山を先にし、遂次大連方面に向かう予定を樹てたが、聊か性急を期したことと且つまた懸念していた雨期に入り遂に予定の区域を完うし得ず、従ってその結果は遺憾ながら隔靴掻痒の感を免れない。

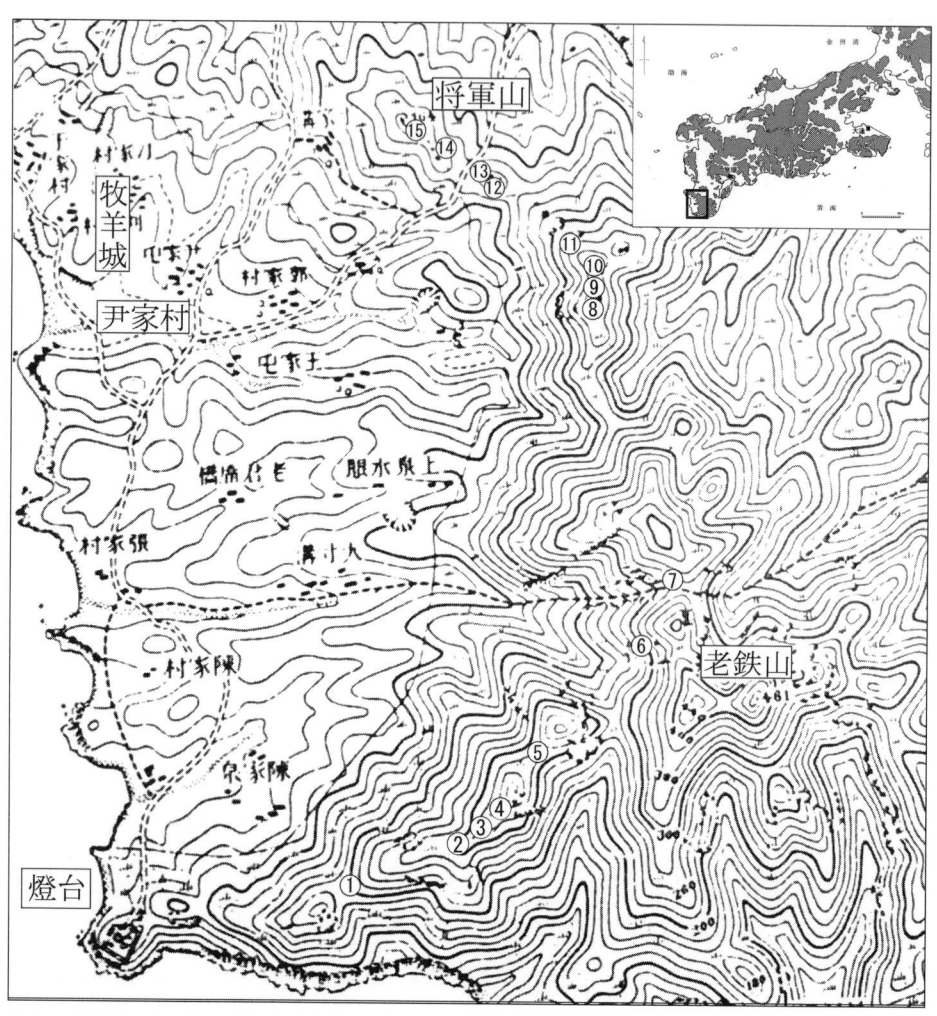

図1　裏老鉄山から混水窪に至る丘陵部（縮尺1/50000）

2 石塚の位置

(1) 裏老鉄山連峰より混水窪に至る丘陵一帯（図1）

　老鉄山は遼東半島の最南端にあって、黄海を隔てて遠く山東に相対する位置を占め、西北麓には数ヵ所の先史遺蹟並に漢代遺蹟を有する南山裡を屏風形に囲っている。

　山は標高凡そ400m内外の北砲台を中心として四方に分岐し、東するは相嵐子の部落に終り、南西北に走る各嶺は何れもその先端を海に没している。石塚はこれ等の峰に点在するのであるから、余はまず南山裡部落に面した連峰の調査に着手する予定を樹て、4月21日早朝旅順を出発したのである。旅順から南山裡警察官吏派出所に至る四里の間は比較的道路も整い乗物の利用も容易であるが派出所から燈台間の一里半は部落を鎖ぐ蜿蜒たる小径で、しかも起伏に富み殆ど乗物の利用は覚束な

図2　裏老鉄山から混水窪に至る丘陵部における積石塚の分布

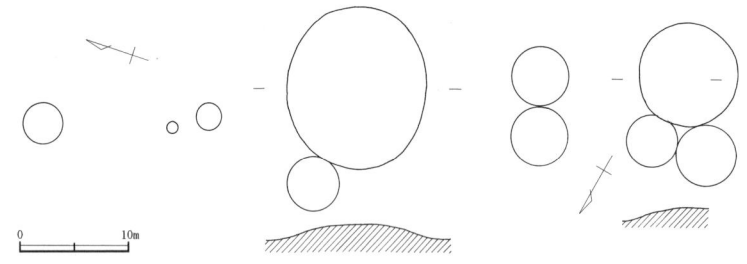

図3　老鉄山第1号墓積石塚

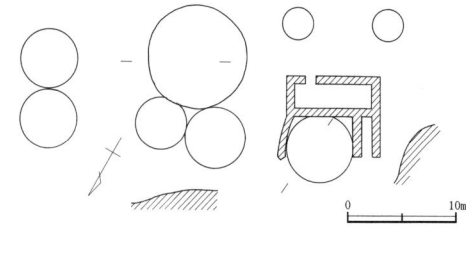

図4　老鉄山第2号墓積石塚

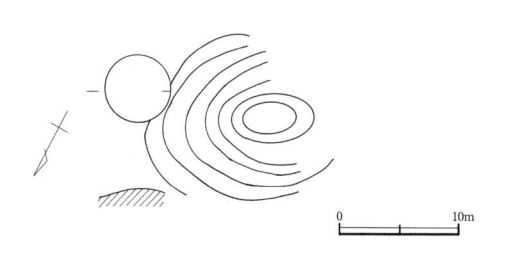

図5　老鉄山第3号墓積石塚

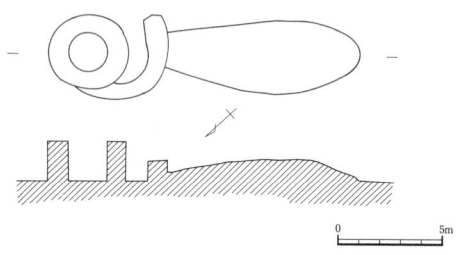

図6　老鉄山第4号墓積石塚

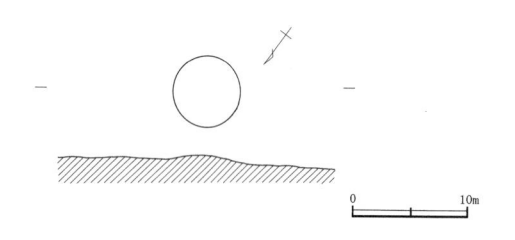

図7　老鉄山第5号墓積石塚

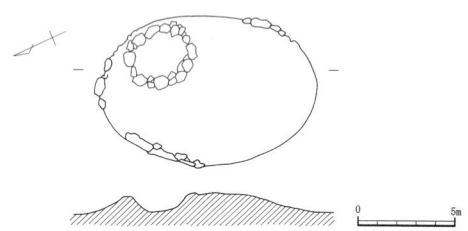

図8　老鉄山第6号墓積石塚

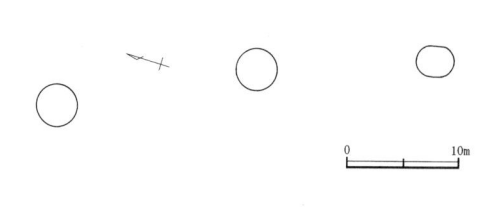

図9　老鉄山第7号墓積石塚

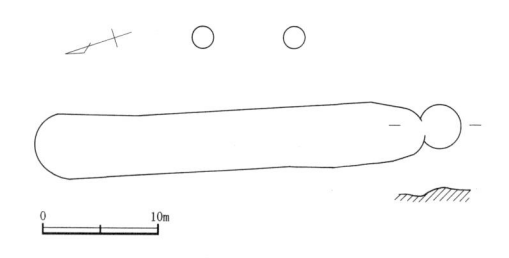

図10　老鉄山第8号墓積石塚

い状態である。沿道には張家疃、郭家套、南山頭、陳家泉の小部落があり、やがて突角に達すれば白亜の燈台が瀟洒たる容姿を以て殺風景の中に聊か景趣を添えている。この燈台の所在するところ即ち西走する支脈の突端であって、燈台裏から嶺を辿れば間もなく第一峰である。第二峰は稍々標高を増し山頂には露軍の構築かかる砲台跡が昔日を偲ばしめる。本峰を越して第三峰に繁る中間は鞍状を呈し、大小5基の石塚が遺存する。大は目測径48尺、小は3尺内外にすぎない（図2-1、図3）。第三峰の西側は梢々鞍部状を成し、8基より成る一群を見ることができるが、本石塚は図5のそれと等しく後世、石塚の石積を以て、或種の構築に利用せしものの如く、高さ5尺8寸許りを続らした家形の障壁のみが残され、近接する塹壕と共に益々その感を深からしめるものがある（図2の2、図4）。同峰を東に進めば直ちに図2の3（図5）の1基があり、やがて峰は急勾配に移るのである。急勾配に移らんとする突端に蝸牛状を呈し一種の哨所に充てたとも想像される構築物がある（図2の4、図6）。これは外貌殆ど石塚的な所を窺えないが、恐らくは前記した第三峰西側に於ける家形障壁と等しく石塚に利用されたものであろうと想われる。この急勾配を下れば、ここに南山裡方面から塩廠子を継なぐ小径が横断し、第一要塞第10号標が建てられ、標木の傍に1基の小石塚がある（図2-5、図7）。第四峰は第三峰と対峙し、勾配の急なること、更に甚だしく、山中難所の一つである。

　第五峰が即ち老鉄山の中核であって、高さ他峰を凌ぎ山頂には嘗て露軍が海陸両面の制壓を企図して砲台を構築した土塁が残っている。第六峰は前記した第四、第五の2峰と共にさながら鼎足の形にあるが何れも石塚を認めない。第七峰は老鉄山北砲台と称え、予想せざる皇軍の攻撃に具えて露軍が急造した砲塁であって、今尚海軍砲が砲口を西北にむけて当時を偲ばしめる。この砲台から南に突出した突端には図2の6（図8）の1基がある。砲台から北走する峰は次第にその高さを減じやがて鞍部と成り第八峰との間に殆ど同大の3基が相互50尺内外の間隔を保って存在する（図2-7、図9）。第八峰と第九峰の間は前記第三峰と第四峰間のそれの如く、峰の間が著しく低く、南山裡方面より柏嵐子方面に通ずる小径が横断している。

　第九峰と第十峰の間こそ老鉄山に於ける石塚の最も多数群在する地域であって、小は直径6尺より大は150尺に至りその数22基に及んでいる。就中第十峰の山頂に遺存する1基は大きさに於て恐らく老鉄山第一である（図2-8、図2-9、図2-10、図2-11、図10、図11、図12、図13）。突兀たる老鉄山もこの第十峰を以て尽きた趣があり、次の将軍山から山形を改めて丘陵風に変ずる。将軍山の石塚は

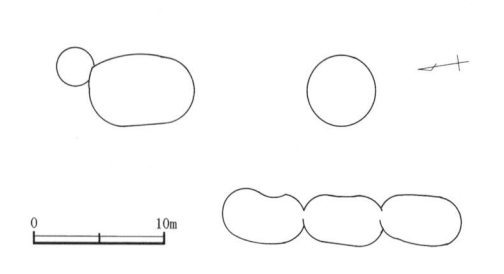

図11　老鉄山第9号墓積石塚

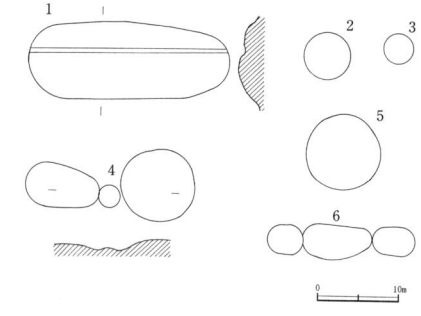

図12　老鉄山第10号墓積石塚

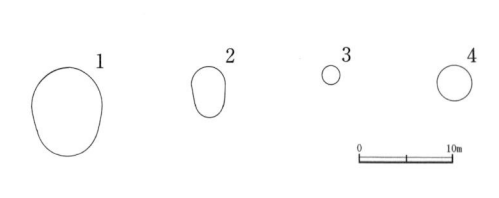

図13　老鉄山第11号墓積石塚

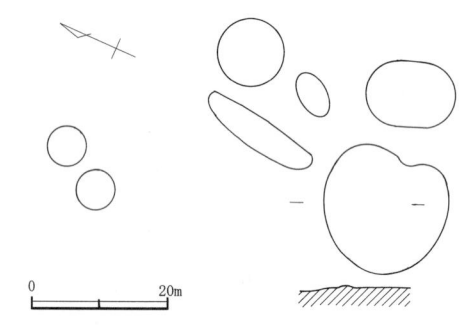

図14　老鉄山第12号墓積石塚

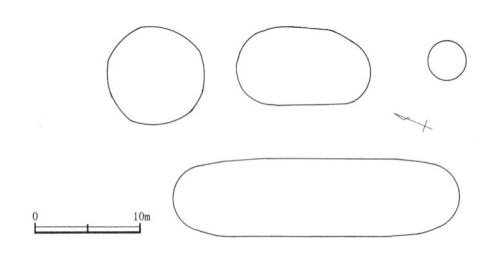

図15　将軍山第13号墓積石塚

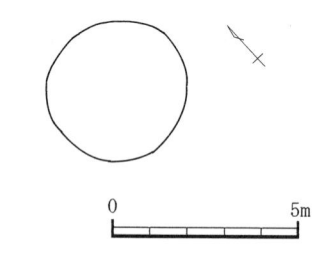

図16　将軍山第14号墓積石塚

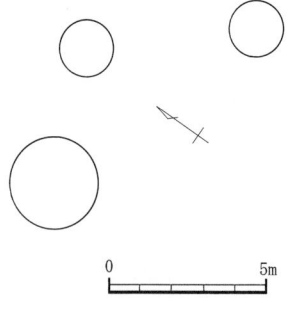

図17　将軍山第15号墓積石塚

鳥居博士の報告以来甚だ有名に成ったが、当時は凡そ7基ばかりは在ったであろう。兎も角、屢々発掘が繰返され現在に於てはその基数をも判断成し難き状態を呈し、のみならず土民の仕業か積石の大部分が何れにか持ち去られて殆ど消滅の一途を辿っている（図2-12、図14）。

ちなみに上記の石塚は従来将軍山石塚の名に於て一般に知られるも、事実将軍山はこれが北方に位する山名であって、地図に依る場合は石塚存在位置に齟齬を来す懼がある。将軍山にも南鞍部即ち7基の石塚に向かって斜面に4基（図2－13、図15）が点在する故に、それとこれとの混同を生じ易い、されば将来を慮りここに聊か向後の為注意を附記する次第である。

　尚、将軍山は先史遺物の包含地であって山の南面には土石器の破片並に焼土の散在するものがある。

　将軍山の次の一峰が本脈の北端として曹家溝に終り、石塚もまたその間の丘陵に存在する4基を以て尽きている。図2の14（図16）の1基は、図2の15（図17）と凡そ一町余を隔て共に積石の貧弱なるに加え、今日土民の一時的な墳墓と成り、棺を被ふに積石が使用され、現在僅かに石塚としての痕跡を留めるに過ぎない。

　将軍山と郭家屯貝塚との中程から将軍山と概ね相等しい高さを保ちつつ西北に延びる一線の丘陵は南山裡の西北面を巡り老鉄山と相俟って南山裡一帯の諸部落をあたかも袋状に囲繞する地形をなしている（図18）。4月23日この丘陵を踏査したが、丘陵は北面のみを残して他は悉く耕地と成り、過去は識らず現在に於ては石塚の迹だに認めない。

（2）営城子黄龍尾半島東部諸山

　黄龍尾半島は営城子から渤海に突出する半島である。半島と営城子との間は沖積層から成る低地であって半島そのものはあたかも島の感じがある。この半島を東西に二分するならば、東には黄山子、鍋頂山、于山、長山、四平山の諸山が連り（図19）、西には大角山、大頂山、大茂山、台山子の諸山がある。

　5月8日、余はまず沙崗子の浜に面する東方の突角から調査を敢行する予定を樹て、予め突角に近い文家屯に向かったのである。文家屯は戸数数十を擁する半農半漁の小部落であって、営城子から一里強を隔て、古くから貝塚の所在地として知られている。輓近に至っては、この貝塚から玉剣、玉斧、並に支那中原系の彩陶を採集して関東州石器時代研究に画期的な新例を提供している。

　黄山子は貝塚に最も近接した山であって、東鞍部には文家屯から黄龍尾屯に通ずる里道がある。黄山子の石塚は山頂に殆ど相接して2基存在し、1基は幅8尺、長さ24尺の細長い形状であり他の1基は径44尺の円形を具へ、中央二ヵ所に幅5尺、長さ11尺、深さ2尺8寸に及ぶ発掘の痕跡が認められる（図20）。この山を起点と

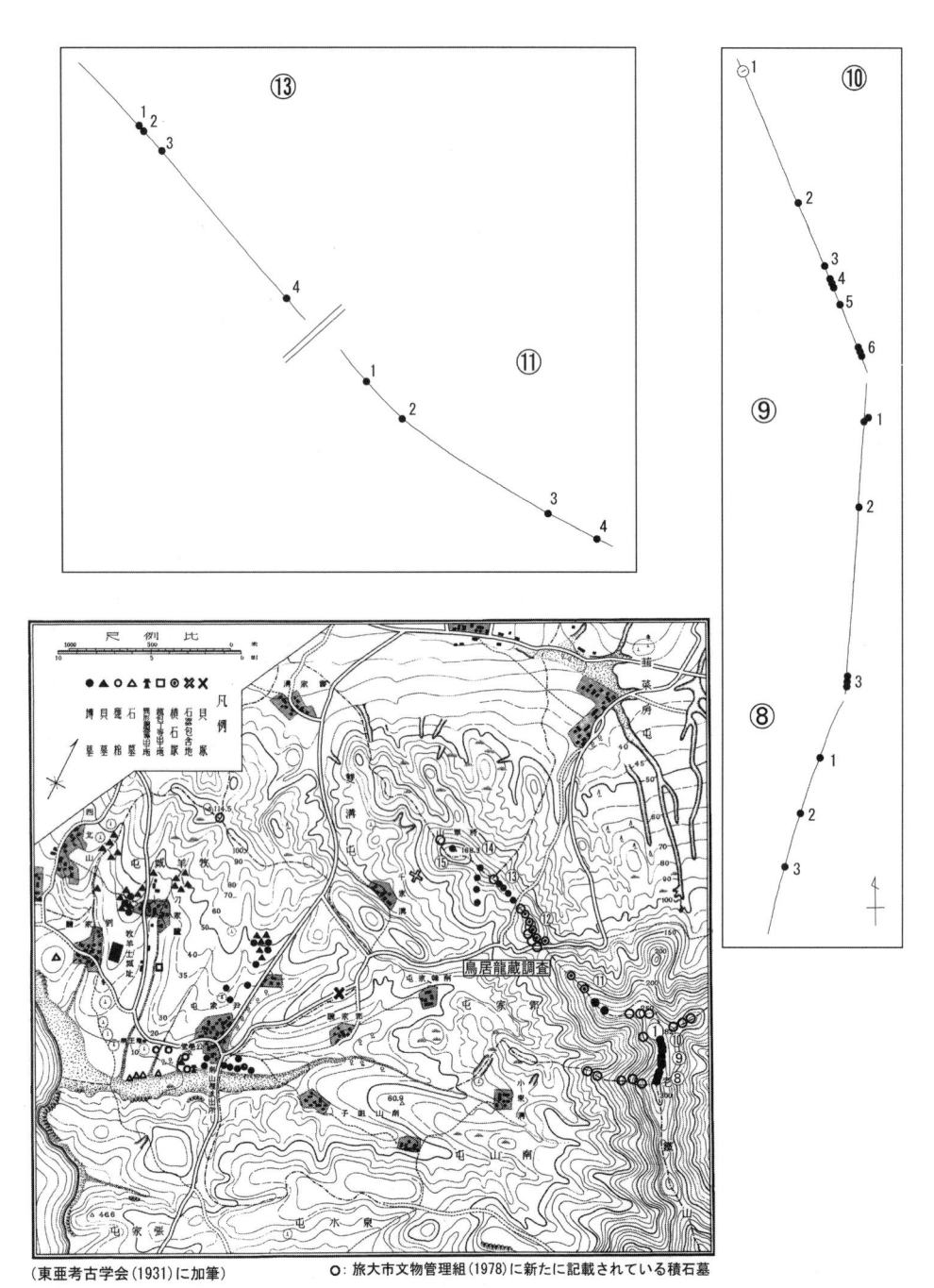

図18　老鉄山・将軍山積石塚の分布（縮尺1/45000）

(東亜考古学会(1931)に加筆)　　○：旅大市文物管理組(1978)に新たに記載されている積石墓

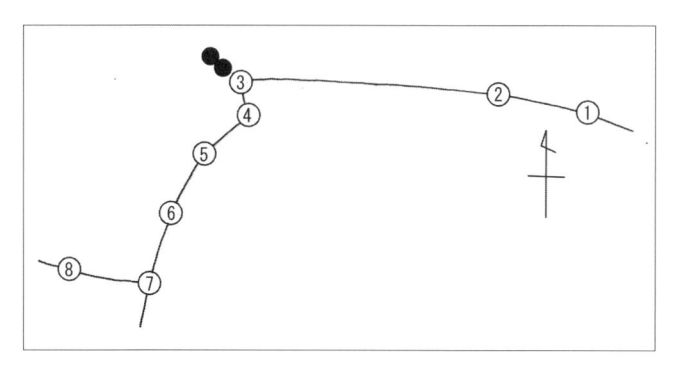

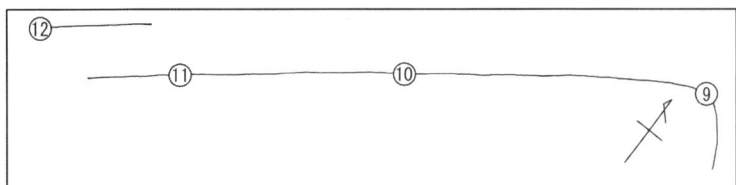

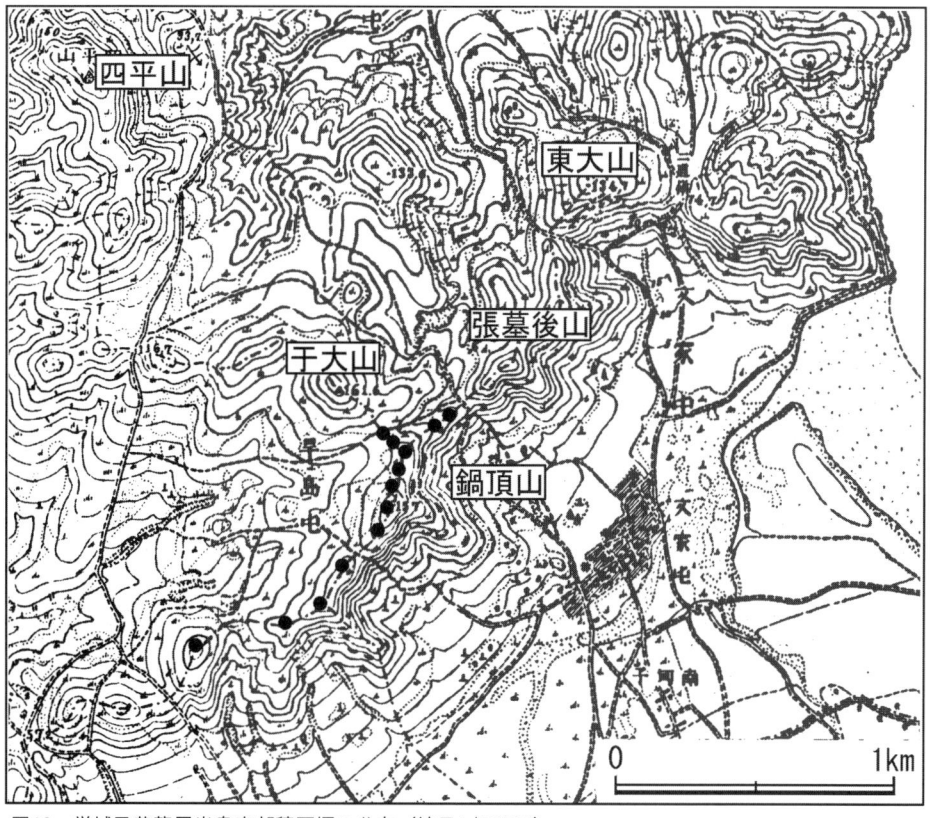

図19　営城子黄龍尾半島東部積石塚の分布（縮尺1/25000）

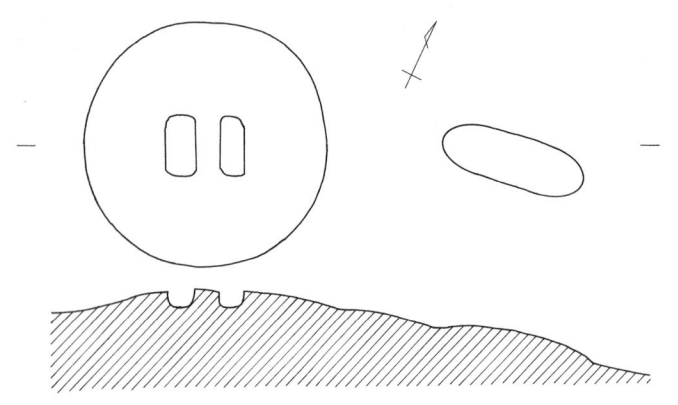

図20 黄山子積石塚（縮尺1/400）

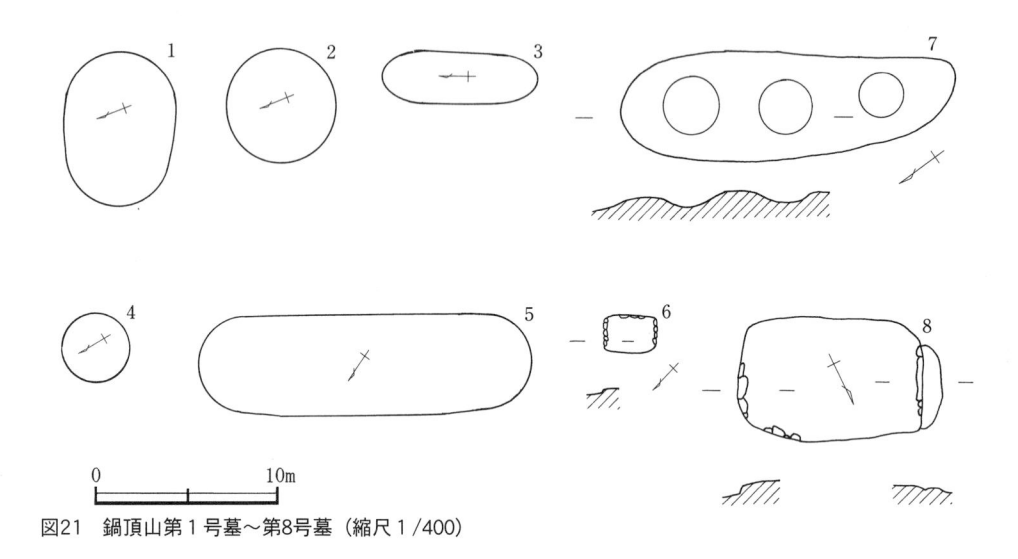

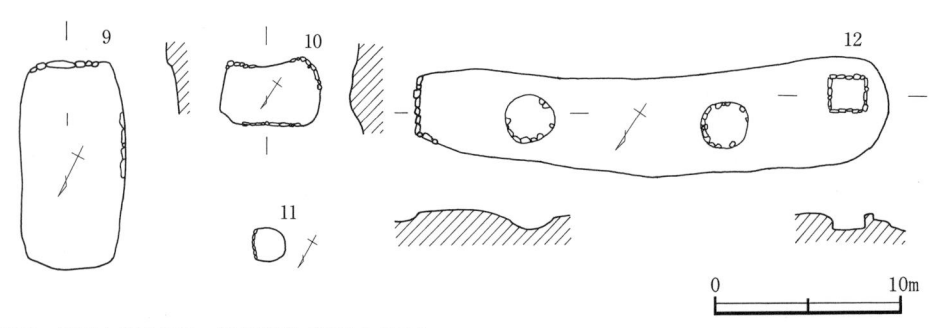

図21 鍋頂山第1号墓～第8号墓（縮尺1/400）

図22 鍋頂山第9号墓～第12号墓（縮尺1/400）

して更に峰を南西に進んだがやがて鍋頂山に達する頃から天候急変して雨さえ降り出して来た。

　鍋頂山は頂上極めて尖り特異な山形を成し、何処となく不自然である。嘗てこの頂上から彩色土器の発見例があり、土石器の包含することと相俟って或いは人為的工作に由るものかを感ぜしめる。この日は前記の如く途中降雨に阻まれて長山を以て中止せざるを得なかった。

　5月10日、前回の調査が図らずも山中雨に襲われて遂に予定の半にも達せなかった為に再び同地の調査を行った。

　鍋頂山の北側は于山と相対し、両山の間は低く連っている。于山は東から西に向かって「く」字形に走っており、峰には10基の石塚が点在している。それ等は大体に於て保存状態良好であるが図21の7の1基は既に発掘された痕跡が認められる（図21）。上記の峰から北東に向かって一峰があり、北西の方向は谷に成っていて、谷には東西に通ずる山道がある。山道を横断してから西南に向かって低い峰が鍵形に流れ、この峰には図19に示すが如くかなり相互の間隔を置いて4基が遺存して居る。図22の10と11の2基は小なれども基底の一部も残り稍完全に近く、最端の図22の12は幅18尺、長さ84尺に及ぶ大形であって、右端に長6尺、幅6尺、深さ3尺の発掘孔と、略ぼ左右均斉に二ヵ所の凹がある。図22の9は既に発掘されて上部は殆ど破壊されている。

　四平山は南大山とも称え、主脈が南北に流れて前後に二峰が相対しS字形に連っている（図23）。標高192mの主峰は北方の峰に当り南峰に勝れた高さを示している。山頂に立って北方に目を注げば、眼下には三面が山に囲まれた黄龍尾屯が耕地の中央に介在して楽土謳歌の感があり、海上には、湖平島、猪島が指呼の間に浮かんでいる。

　この四平山の主脈と支脈に遺存する石塚はその数極めて多く、それ等が嶺を伝って点在する有様は甚だ偉観を呈している。図23はその分布状態であってA、Cの2区が即ち主流でありB、Dの2区がそれぞれの支脈である。A区は山脚から南峰登る脊梁であって石塚はその中腹から始まっている。図24はA区遺存石塚の平面略図であり、図中の第8号、第10号、第11号の3基は倶にこの地区では大形に属し、第8号は幅6尺、長さ30尺の面積を有し、東寄りに径5尺深さ1尺5寸の発掘の跡がある。余はこの発掘孔から土器破片を採集した。第10号は幅12尺長さ27尺で中央部に径6尺円形の浅凹がある。第11号は山の頂上に存在し、この地区では最大のもの

であり、幅18内外、長さ凡そ110尺に至る細長形であって、前後には今尚基底の一部を遺している。前部の近くには殆ど相並び、一つは5尺方形に深さ1尺5寸、一つは径6尺、深さ4尺円形の発掘孔があり、中央部には径12尺の浅い凹がある。こ

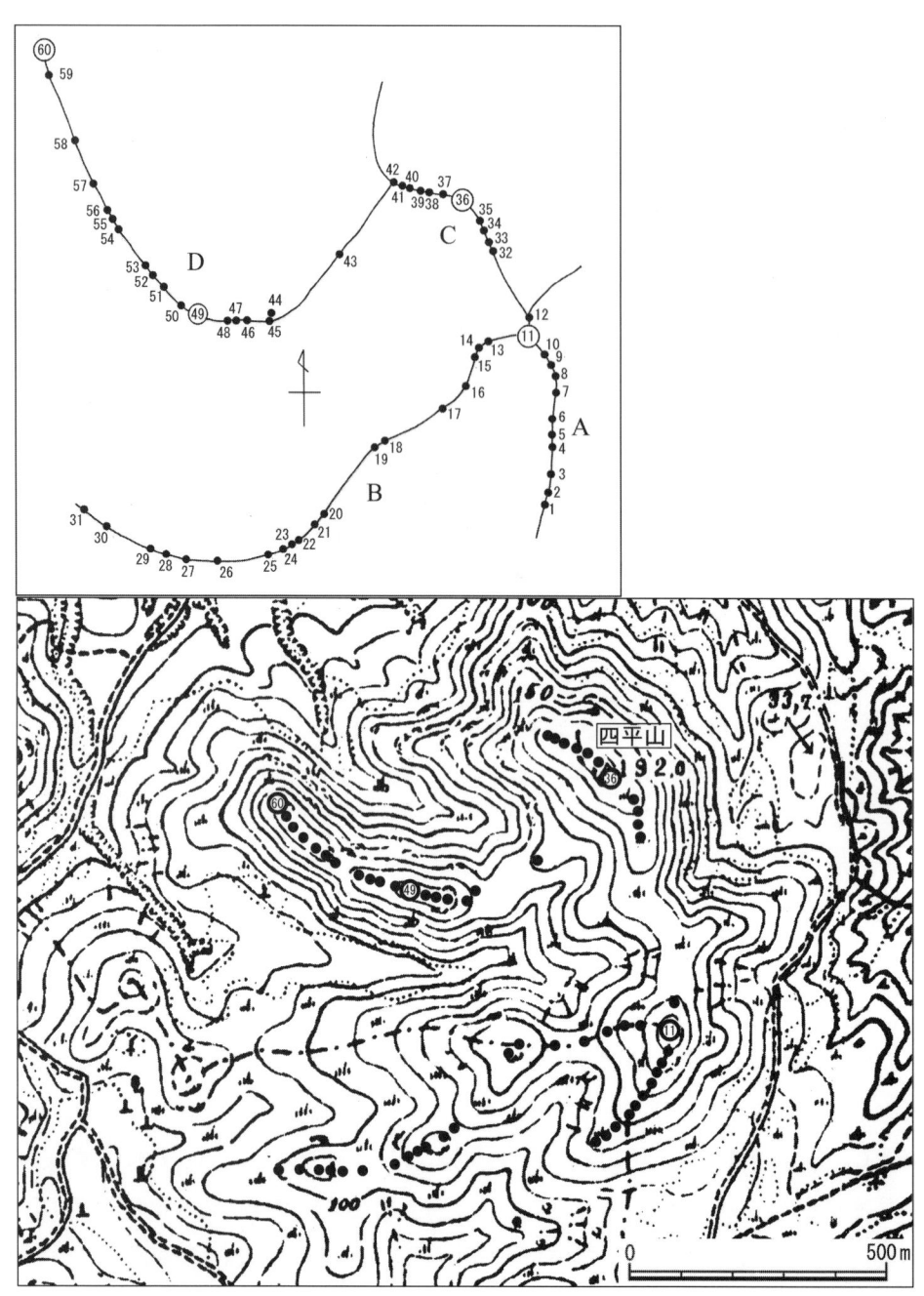

図23 四平山積石塚（縮尺1/14000）

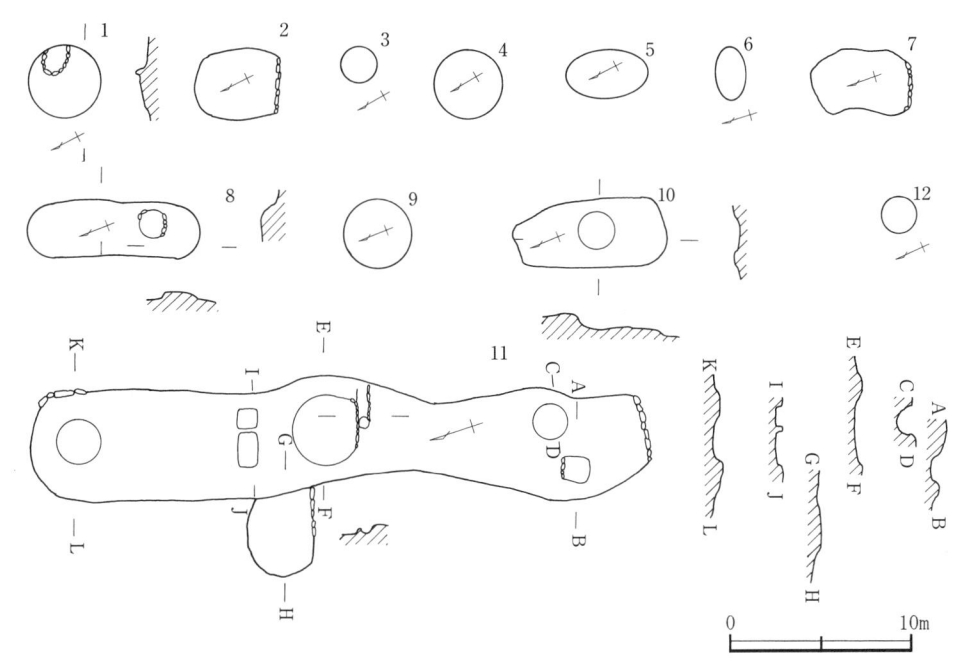

図24　四平山第1号墓～第12号墓（縮尺1/400）

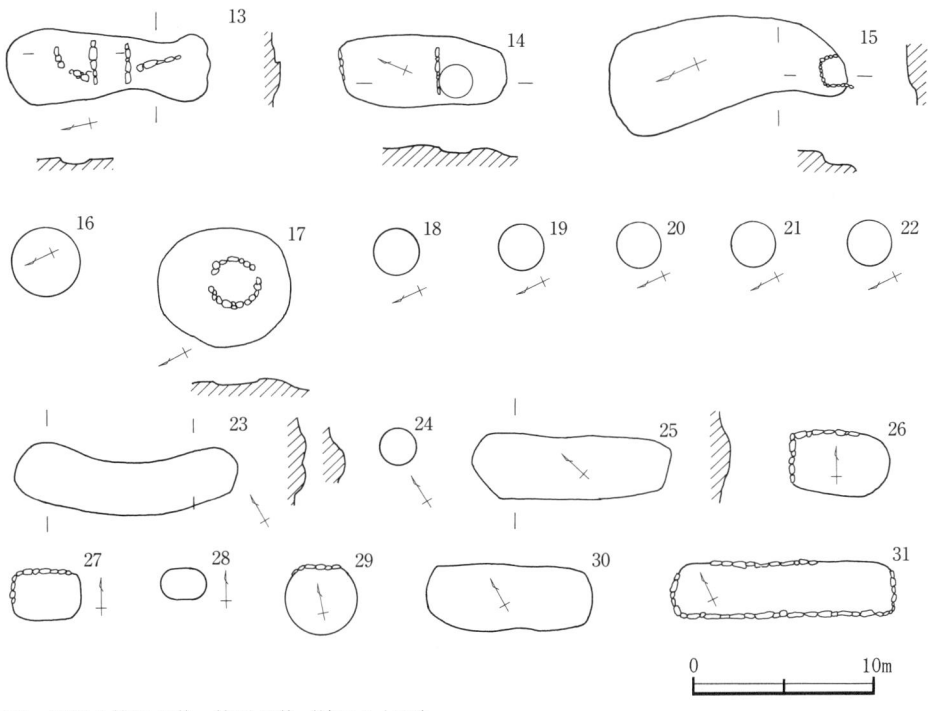

図25　四平山第13号墓～第31号墓（縮尺1/400）

れは後部の近くに遺される径6尺円形凹と共に石塚通有な凹である。尚又中央部の凹に接して幅3尺の発掘孔と凹から後部へ6尺を離れて幅4尺、長さ4尺と6尺、深さ各2尺の相並んだ発掘孔がある。この発掘は本年4月27日、沖野安造氏に依って成されたものであって、同氏に依るとこの発掘に際しては僅かに黒陶の断片を採集したのみで他に遺物を見なかったと語った。

前記第11号石塚の所在地点から支脈は起伏して西南方に延び、それがB区である（図25）。第13号は幅12尺、長さ39尺の面積があり、横に凡そ6尺の間隔を置いて三ヵ所、竪に一ヵ所の仕切りを有し、更に中央の仕切に沿ひ幅6尺深さ6寸許りの発

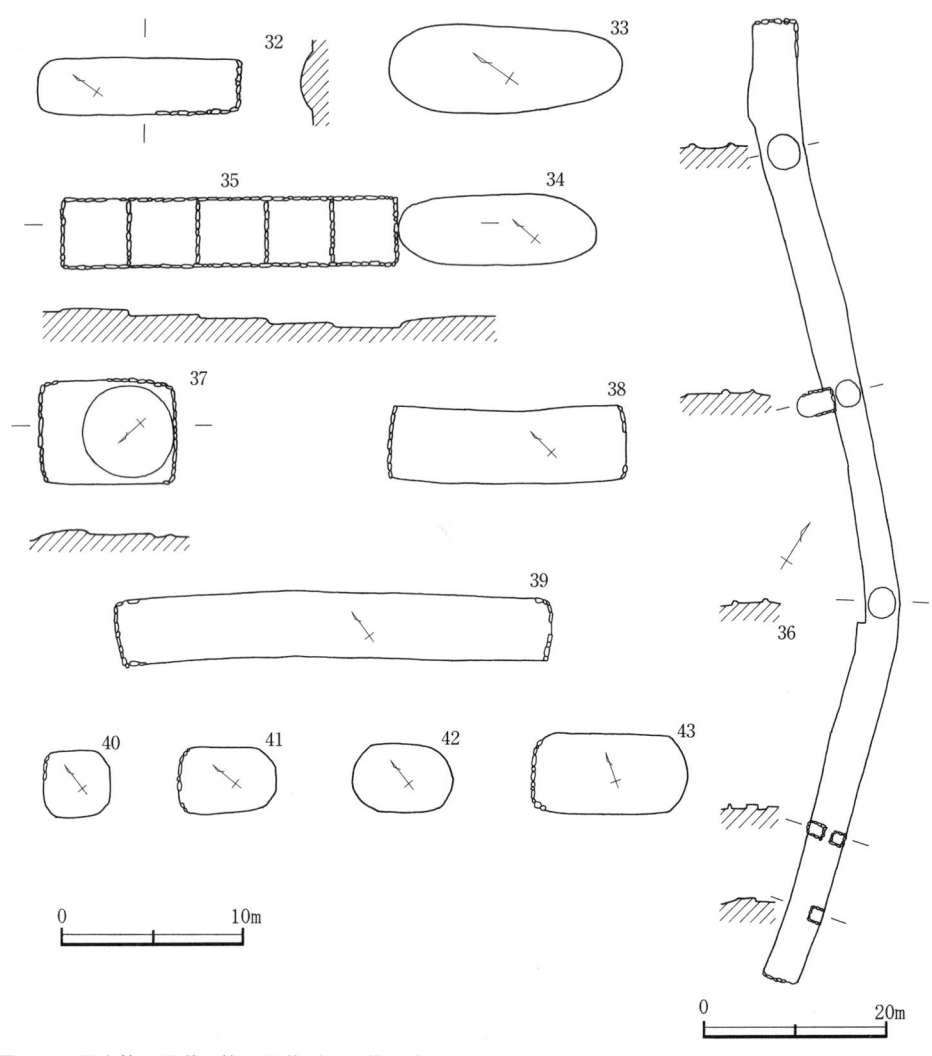

図26　四平山第32号墓〜第43号墓（36号墓：縮尺1/800、その他：縮尺1/400）

掘孔がある。第14号は幅12尺長さ30尺、中央に一ヵ所の仕切りと、仕切りに沿ふて凹があり、第15号は一方の細った形であって、その先端が多少破壊されている。第24号は中央に石塚通有な凹と北端に基底の一部が遺存し、幅21尺、長さ24尺に及んでいる。第23号は幅9尺、長さ42尺を示し、中央部から聊か湾曲し、その他に於ては第25号、第30号と共に挙ぐべき特徴を持たない。第31号は第23号と略同大であるが、これが周辺の基底部は大方その儘残っている。以上はこの地区に存在する石塚の中、まず大形のみを挙げて略記したものであって、これが必ずしも他を凌駕するものとは限らない。

　C区（図26）が所謂標高192mに当る四平山の主脈であって、更に又優秀なる石塚の最も多く遺存する地区である。就中第35号、第36号の2基は一つは形態に、一つは長さに於て石塚中の白眉とするも敢て過言ではない。劈頭の第32号から第37号、第38号、第39号の4基は大小の差こそあれ、何れも矩形を成し、第33号、第34号の2基は共に楕円形である。第35号は幅12尺、長さ60尺の平面矩形であるが、これを

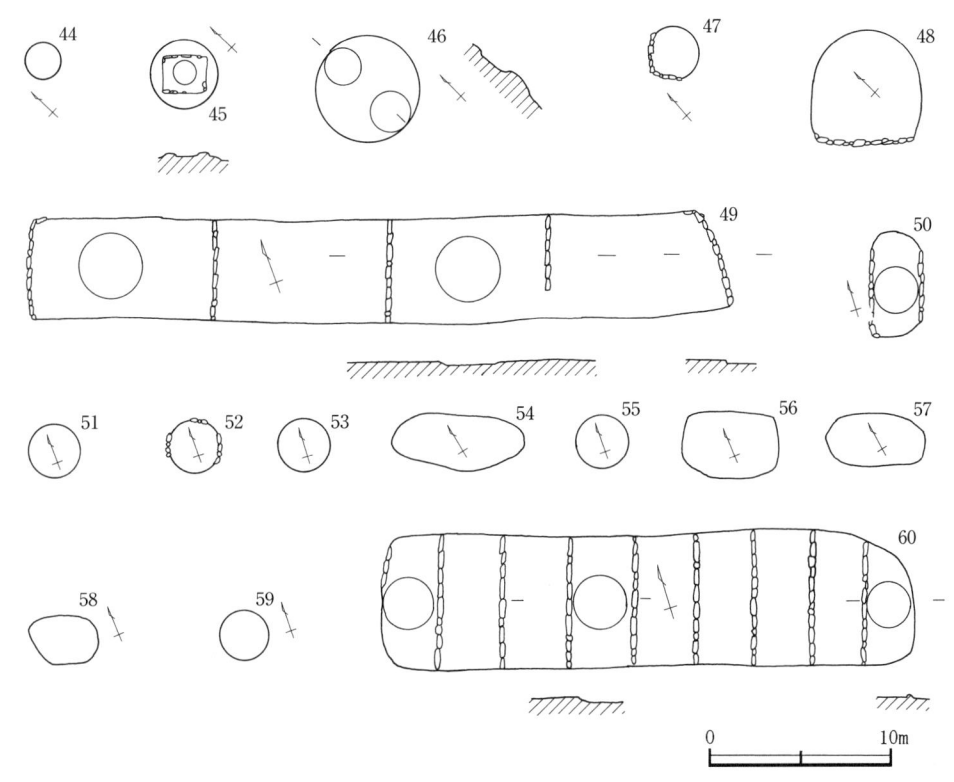

図27　四平山第44号墓〜第60号墓（縮尺1/400）

横に互いに仕切り、上部は全く他の石塚のそれと異り、表面を平坦ならしめて、五ヵ所の仕切りがあたかも階段状を呈している。第36号は山頂を跨いで略ぼ南北に延び、幅は20尺内外を示して他の石塚と大差はないが、長さは実に400尺に及び蜿蜒たる有様は宛ら長蛇の観がある。これには三ヵ所の一般的凹と、南側に三ヵ所、北側に一ヵ所の発掘孔があって、南側一番目の発掘孔は稍右側に偏し長さ6尺、幅5尺深さ2尺内外であり、次の発掘孔は長さ6尺、幅5尺、深さ5尺に達する二孔が並んでいる。この二孔は今を去る十余年前冲野安造氏の発掘にかかり当時人骨の出土した地点である。北側に見る一ヵ所の発掘孔は孔底に石を並べて平坦ならしめ更に外方へ数尺を張り出し、三面には石を積んで深さ5尺に達せしめている。或はこの現状から推して右は遺物採集を目的とする発掘孔ではないとも考えられる。

　D区（図27）は、主脈第42号石塚の附近から南西に向かって分岐し、中途から北方に湾曲した支脈であって、分岐点から次第に高さを減じている。本支脈には17基の石塚を遺存し何れも前記各区遺存の石塚と著しく全般的に保存状態は良好である。その主なるものは第49号、第60号の2基であって、第49号は幅18尺、長さ126尺の矩形で比較的大形に属し上部には三ヵ所の仕切りと二ヵ所の凹がある。この附近から屋根は西北の方向に湾曲し更に起伏しつつ第60号に於て尽きるが、本石塚は幅24尺、長さ96尺を示し、九ヵ所の仕切りと三ヵ所の凹がある。

（3）羊頭窪花山より大口井西山に至る一帯

　老北山は老鉄山と山頭会との中間に介在し、南は羊頭窪から北は双島湾の南岸に流れる主峰であって、大潘家屯、隋家屯その他の諸部落を隔てて二〇三高地の連山と相対し西は渤海に面している。主脈は大体に於て南北に流れていると謂ふものの老北山から南凡そ1000m許りのところから東に向かって湾曲した山形であって、この主脈から分岐する支脈は東西に数條を数えられ、石塚は多くこれ等の支脈に遺存し総数53基に及んでいる。併しながら西する支脈にその数少なく東方に向ふ支脈に其の大部分を占め、就中大嶺（俗称山名）を中心として最も多く異様な現象を示している（図28）。

　6月11日からこの方面の踏査に着手したが空模様が普通ではなく、それを気遣いながら出発したものの雨具の用意を怠った。空は愈々険悪化しやがて方家屯に入る頃から降雨と成り遂に途中から引返した。翌12日は山中で濃霧に襲はれて視界を遮られ予定の区域を究めることが出来ず約3分の2を残し、13日漸く目的を達し得た

のである。

6月12日は先ず予定通り花山から嶺を伝った。花山は羊頭窪北屯と夏家屯の略中間に位し、頂上の尖った小さな山であり、中腹には南面する廟があって、支脈中の最南端である。主脈に至る距離は凡そ500mもあるであろう。主脈と結ぶ中程には羊頭窪方面から大潘家屯方面を撃ぐ里道が横切っている。

花山の支脈は主脈第一峰の東鞍部に於て結ばれ、第二の支脈と並行の位置にある（図29）。

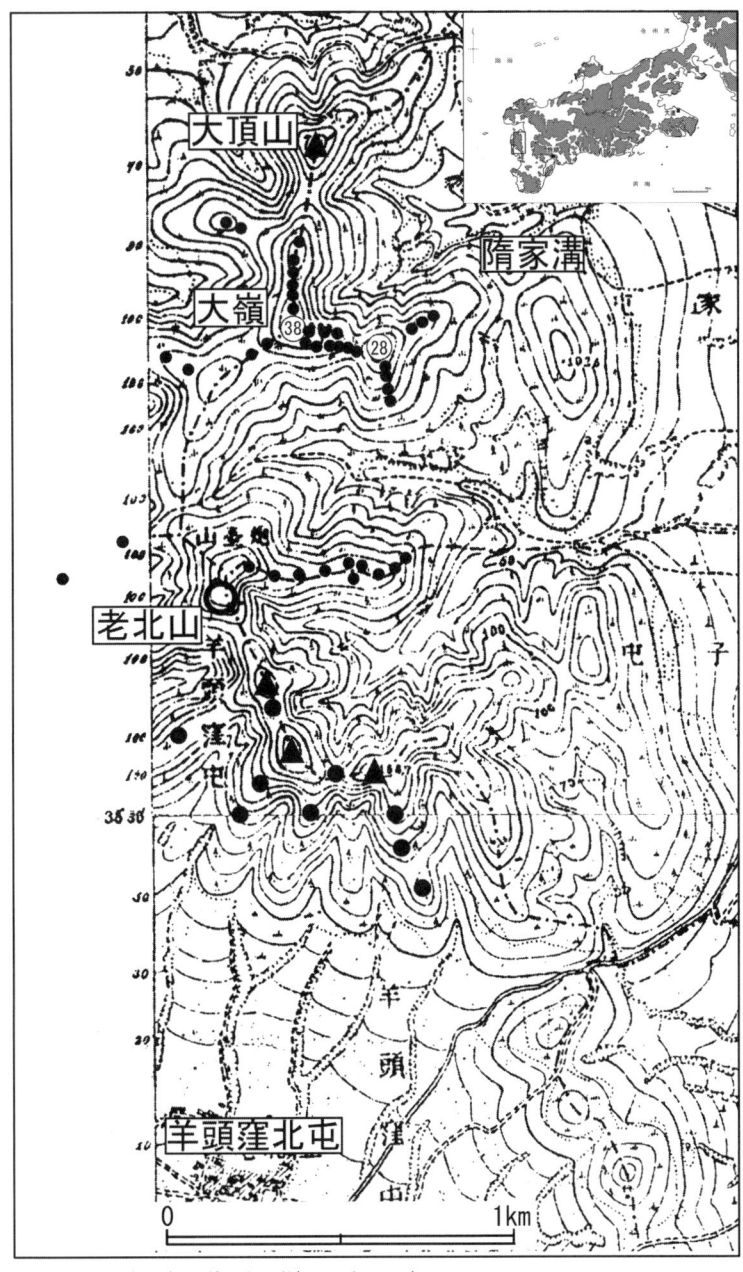

図28　羊頭窪北部の積石塚（縮尺1/21000）

　この支脈には3基の石塚が遺存し、第1号は小形ながら完形を保ち第2号と凡そ600尺を隔てている（図30-1）。第2号は土民の鷹捕獲場構築の為に積石の一部が破壊されている。西側の基底の辺から無紋土器の小破片数個を採集した（図30-2）。この石塚から第3号は凡そ300尺を隔て、本塚も亦第2号のそれと同様な目的の為

附篇1 ◆ 関東州内石塚分布調査報告 ──── 181

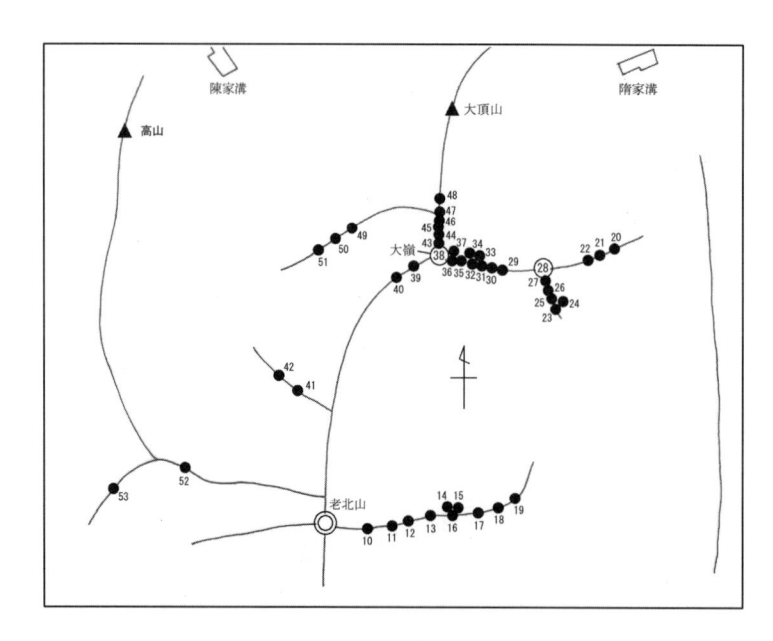

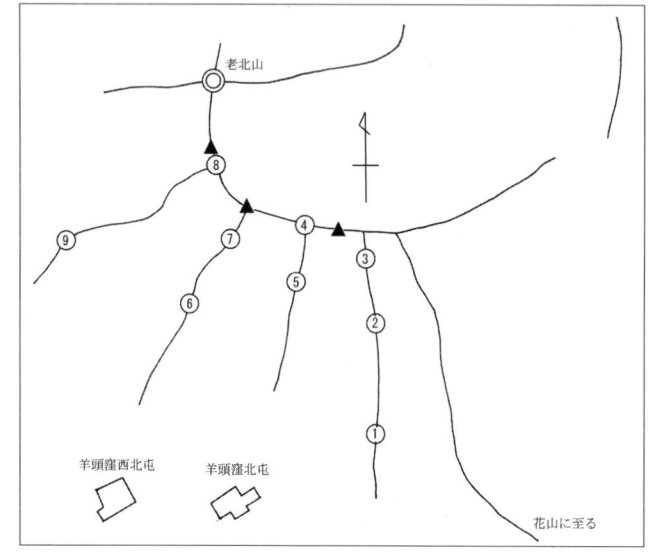

図29　羊頭窪北部の積石塚の分布

に土民に依って聊か積石の移動が行われている。壺形土器の口辺2個は中央から北に片寄った位置で採集した（図30－3）。これ等の遺物露出は恐らく積石の破壊に依るものと推考される。第三の支脈は第一峰と第二峰の中間から同じく南方に分岐し（図29）、その分岐点即ち鞍部に第4号の石塚がある（図30－4）。併しながらこれは殆ど破壊されて纔に石塚としての形貌が窺われるに過ぎない。第5号石塚はこの石塚から360尺内外を隔て小さながら形は完全に保たれている（図30－5）。第四の支脈は第二峰から稍南西の方向に分岐し（図29）峰から20尺許りを隔てて第7号（図30－7）、更に360尺を隔てて第6号石塚が遺されている（図30－6）。この支脈は石を用いた連続的な防壁が築造された関係から両基の石塚は倶に万足では無く、殊に第7号石塚の如きは防壁に依って中央から両断され、のみならず石塚の石材が防壁に利用されて石塚としての特徴は殆ど失われている。第二峰から北方凡500間を隔てて第三峰があり（図29）、

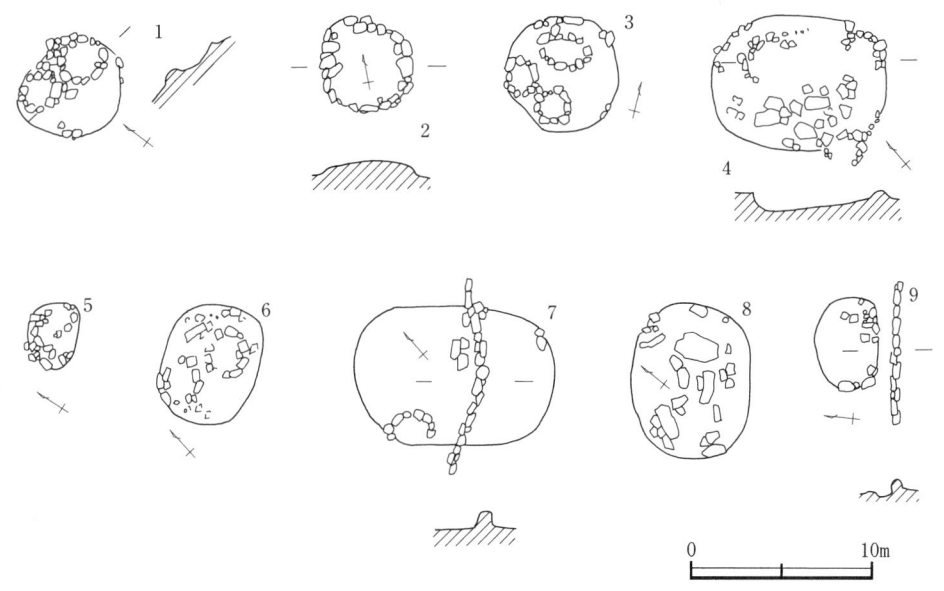

図30　羊頭窪北部積石塚第1号墓～第9号墓（縮尺1/400）

　峰から稍南に下って第五の支脈が西方に向かって分岐している（図29）。第8号の石塚はこの分岐点に遺存し大体に於て完全な形を具えている（図30－8）。第9号石塚も同じくこの支脈にあって第8号石塚から500間許りを隔てている。然るに該石塚は塹壕構築に因って破壊され、今尚塹壕は約3尺幅の溝と石材を用いた防壁が依然として残されている（図30－9）。尚、石材の散乱状態から推して、この支脈には他に2基内外の石塚が存在した様な形跡が窺われる。

　第四峰は即ち主峰であって、老北山と呼び頂上には日露役当時露軍の構築に係る陣地と塹壕とが遺されている。この峰から分岐する支脈はあたかも両腕の如く東西の二方に延び（図29）、西方の支脈には1基の石塚をも認めないが、東方に走る支脈には10基の石塚が数えられる。第10号の石塚は老北山頂から300尺許りの位置を占め外形稍完全に近く（図31－10）、第11号は前者の石塚から凡そ150尺を隔てている。この石塚は前記数基の石塚に見られると同様土民の鷹捕獲網場施設のためかなり破壊されている（図31－11）。第12号は第11号を隔てること90尺中央から西と東に片寄って径3尺内外深さ2尺5寸程度の凹はあるが、長さ38尺、幅31尺の完全な石塚であり、且つ積石も周囲に散乱せず、5尺内外に及ぶ高さが保たれている（図31－12）。更に150尺の間隔を以て第13号があり（図31－13）、300尺を隔てて第14号、第15号、第16号の3基が相互凡そ6尺の間隔を置いて鼎足の位置に遺存し（図31－14、15、16）、就中第14号は完形を保っている。第17号は前者から120尺を隔て、上

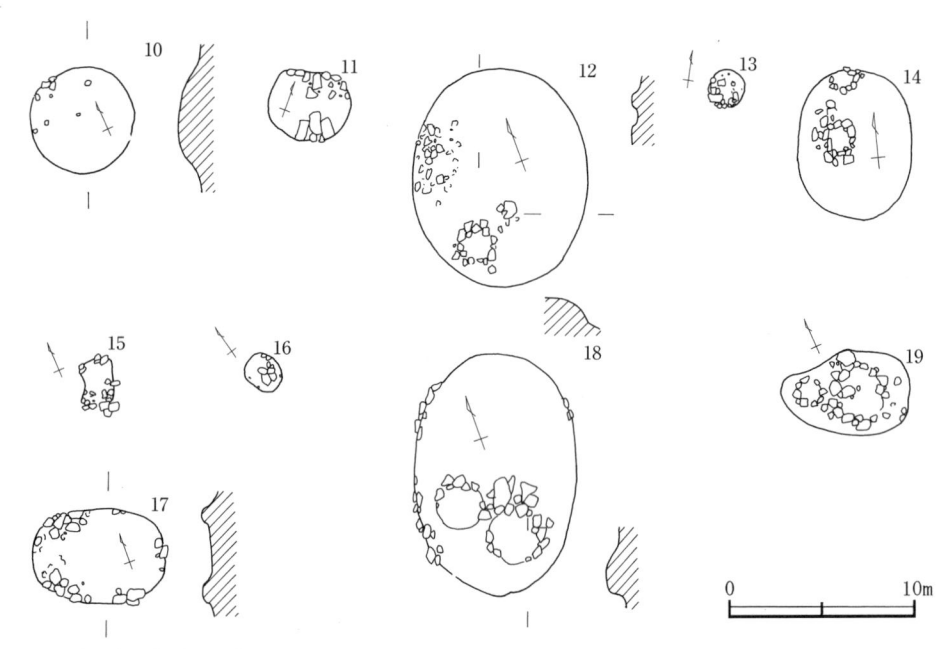

図31　羊頭窪北部積石塚第10号墓〜第19号墓（縮尺1/400）

部一帯が凹でいる（図31-17）。第18号は長さ42尺、幅28尺を示し、本支脈中最大且つ完全な石塚である。中央から南寄りに径8尺及び径7尺の凹がある（図31-18）。峰はこの附近から北と東に分岐し、東120尺の位置に本支脈最後の1基第19号が遺存している（図31-19）。本石塚も稍中央に径10尺に及ぶ凹こそ認められるが破壊された痕跡は認められない。

　6月13日は所謂満州晴で恵まれた天候であった。前日は霧に災され調査が予定通り進捗しなかった為に、本日は予定以上を踏査せなければならない。由って午前6時に出発し、山中では殆ど休むことなく、全く文字通りの奮闘を続け午後7時漸く全山を踏破し終ったのである。この日は大潘家屯の背後の山即ち第20号石塚（図29、図32）から調査に着手したが、本嶺は図29の示す如く、主峰老北山から北行した主脈が第38号石塚の所在する大嶺（通俗山名）から東方に向かって分岐した支脈であって、先端は溝家屯の南で終っている。第20号、第21号、第22号の石塚は各々の間隔60尺内外を保ち、前期の支脈に遺存するが、これ等は何れも殊更挙ぐべき特徴を持たない（図32）。第23号から第27号に至る5基の石塚は、第28号の石塚から南に向かって殆ど連続的な状態に依存し殆ど相接した小形な石塚である（図29、図32）。第28号石塚は大体に於て南北に長い形状を具え、老北山山脈に於ては最大の石塚であり、長さ161尺に及び幅は南北に依って同一ではなく、南から北に闊がり南は15

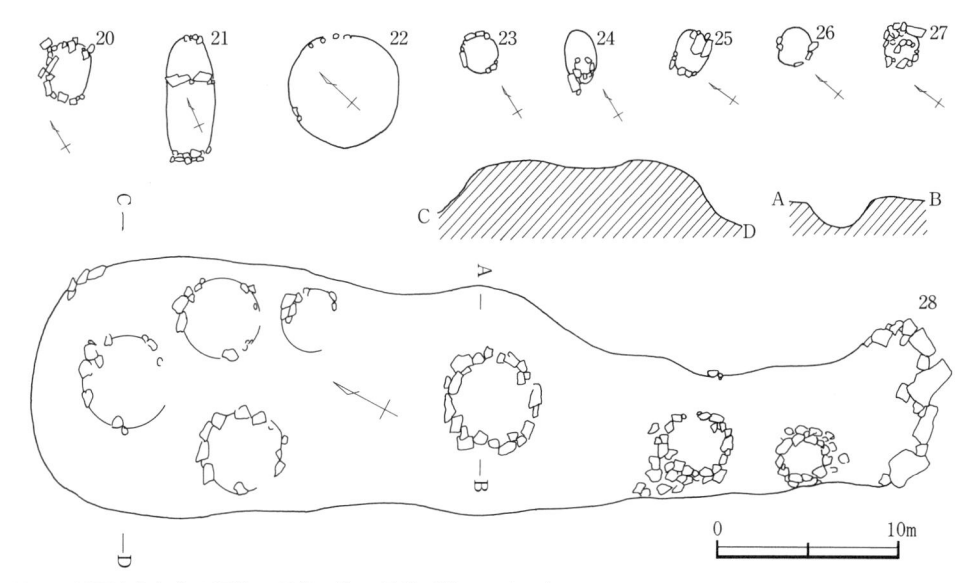

図32　羊頭窪北部積石塚第20号墓～第28号墓（縮尺1/400）

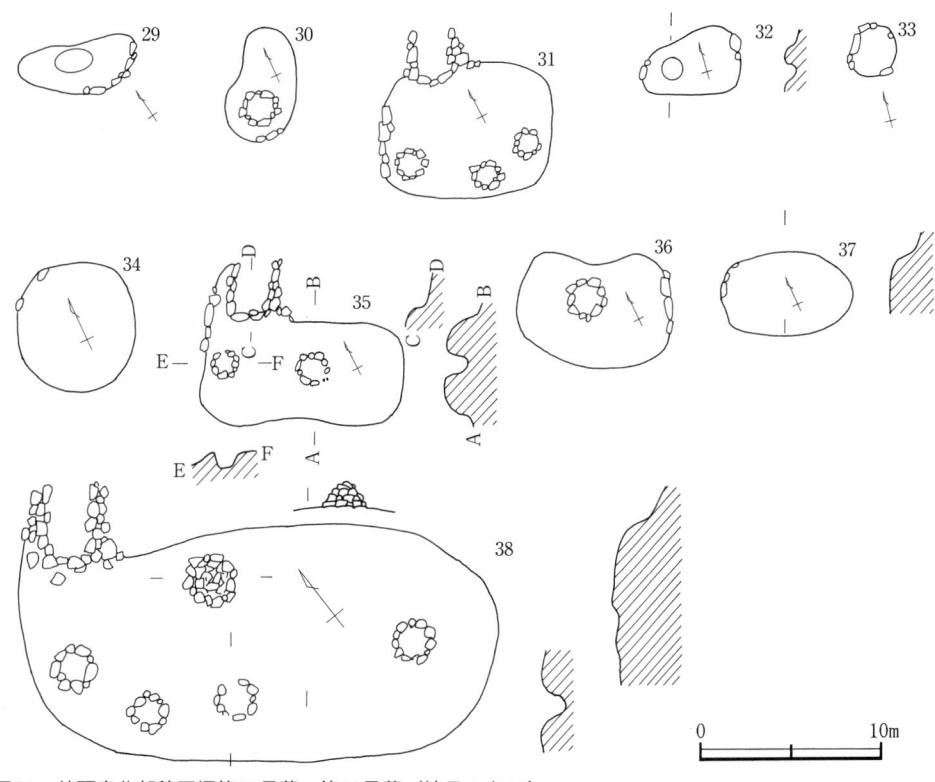

図33　羊頭窪北部積石塚第29号墓～第38号墓（縮尺1/400）

尺、北は45尺に亙っている。上部には図の示すが如く、小は径4尺から大は径15尺に及ぶ七ヵ所の凹はあるが、保存状態は極めて良好であって積石の周辺に散乱するもの少なく、今尚高さ8尺内外を残している（図29、図32）。

　第28号石塚の所在する嶺と第38号石塚の所在する大嶺とは凡そ二町の距離があり、その中間は鞍部となっている。鞍部を過ぎて大嶺の斜面に第29号から第37号に至る9基があり（図29、図33）、就中第33号、第34号の2基を除く外は殆ど完全に遺されている。尚、右の2基は第32号から右方に9尺を隔てて互に相接し、又第36号、第37号の2基は略4尺幅に石を並べて両塚間12尺を連続せしめている。兎に角これ等の9基はそれぞれにの間隔が比較的近接し、のみならず中間の5基は斜面の中程が少しばかり平地状を成す箇所に群在し、あたかも老鉄山将軍山の7基石塚と同一な趣がある。

　大嶺頂の第38号は前記第28号に次ぐ異数な石塚であって、長さ84尺、幅42尺を示し、且つ又8尺に近い高さを持っている。上部には四ヵ所の凹と高さ4尺に石を積み上げて突起状を呈する一ヵ所とがある。この突起がこの石塚に如何なる関係を有つか、又工作が後世に係るか否かはすみやかに断じ難いが、基底の径が凹部の口径と略同大であり比較的石の積方が整然たる点から推考して、或は凹部と一脈相通ずるところがある様にも想われる。尚、中央×印の凹部から無紋土器の小破片を石の間に発見した。

　この大嶺は概して勾配が緩く標高100m内外であろうが、背後には老北山を負い、東方は大潘家屯、隋家屯の諸部落を控えて二〇三高地の連山に対し、西方は高山を越して遠く渤海を望み、北方は東大山並に西山を控えて遙かに山頭の連山が一望の裡に収められる間に結構な位置を占めている。

　大嶺から北行する峰は大頂山（俗称山名）で終るが、その間凡そ一町半の間に6基が遺存し第46号以下は高さ2、3尺に過ぎないが、他は4尺から6尺に達する高さを保ち総じて完全に遺されている（図29、図34）。更に第47号石塚の地点から西方に向かって流れる支脈の殆ど突端に近く、第49号以下3基があり、就中第51号の1基は3基中最も保存状態良く積石の如きも4、5尺に及んでいる。

　次に方向を転じて高山方面を踏査する関係上再び大嶺に引返し老北山に続く尾根を南行した。この尾根は起伏も稀であって歩行には頗る楽であるが、石塚は至って少なく大嶺から180尺を隔てて第39号の1基と更に180尺を隔てて第40号の1基が存在するに過ぎない（図29）。右の2基は倶に塹壕構築の為に全く破壊され辛じて過

図34　羊頭窪北部積石塚第39号墓〜第48号墓（縮尺1/400）

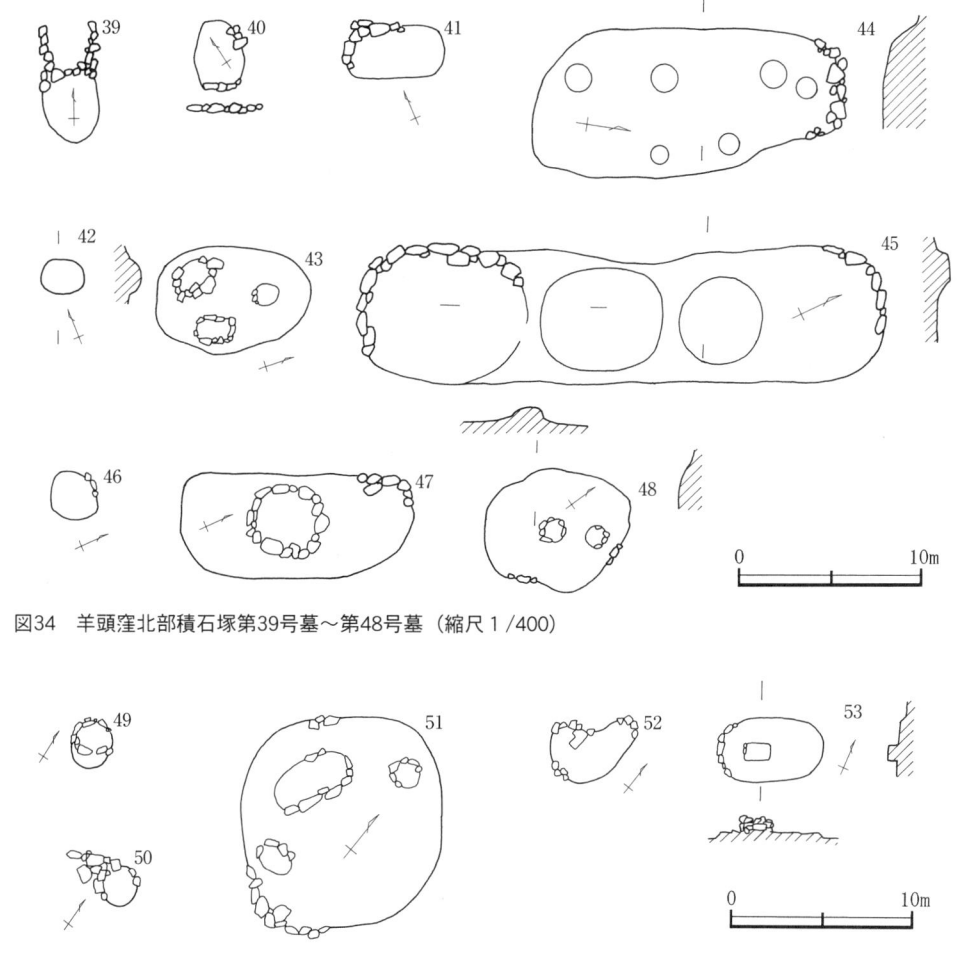

図35　羊頭窪北部積石塚第49号墓〜第53号墓（縮尺1/400）

　去の石塚を偲ばしめる程度である（図34）。更に南行してやがて西に向かって短く分岐した地点に小形ながら形貌の整った第41号、第42号の2基がある（図29）。

　老北山から高山に向かった支脈は老北山の北側を降って殆ど直角に西に折れ数百mのところから北方に湾曲するのであって起伏も多く蜿蜒と延びている。併しながらこの支脈に遺される石塚は至って少なく、第52号、第53号の2基を数えるに過ぎない（図29、図35）。第53号は小形ながら未だ嘗て類例を見ない外形を具え、塁石の上に長さ4尺7寸、幅2尺7寸、高さ1尺7寸の積石が施され聊か興味を感じたが次に東大山を踏査するに及び、これが後世の加工に由ることを識り同時に興味を失ってしまった。第52号は鷹獲の為に破壊されている。

　高山は支脈の北端であって山麓の陳家溝から北方双島湾に向かって谷に成って居

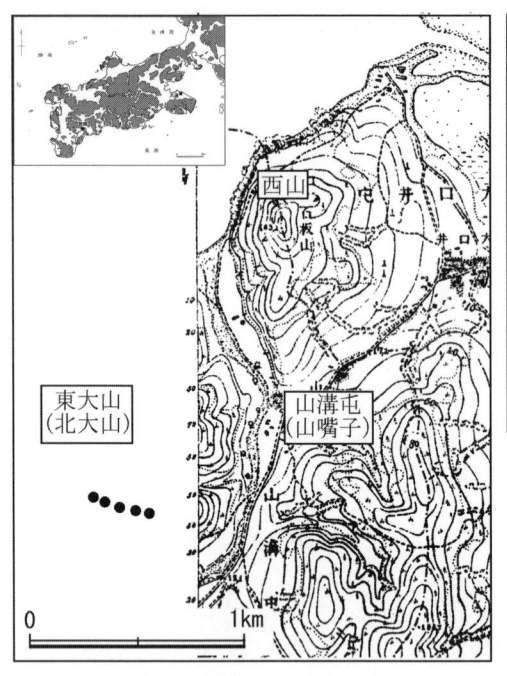

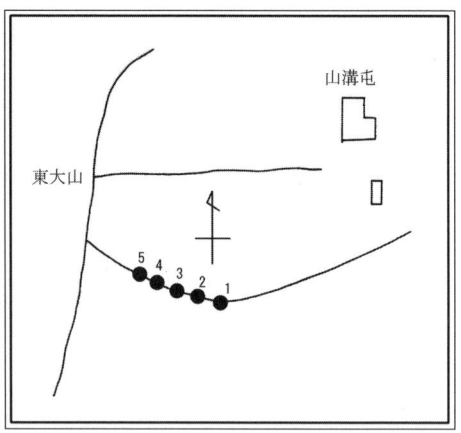

図36　東大山積石塚（縮尺1/34000）

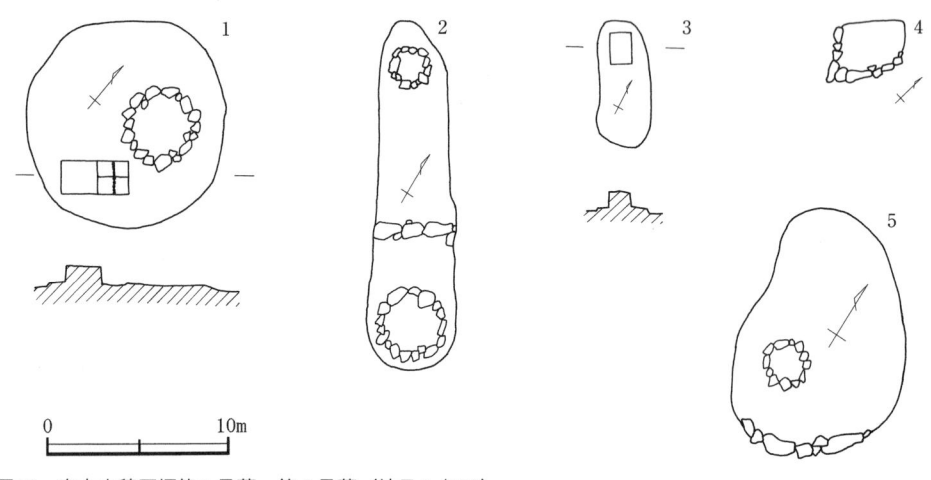

図37　東大山積石塚第1号墓～第5号墓（縮尺1/400）

り陳家溝から凡そ500mの距離に山溝屯（或は山嘴子）がある。山溝屯の背後には南北に流れた独立的な恰好をした一山があって、東大山（俗称北大山）と呼ばれ頂から東方即ち山溝屯に向かって並行した二つの短い支脈がある。南側支脈の略中間に一間から二十間内外の間隔を置いて5基の石塚が遺存し（図36）、第3号並に第4号の他は決して小規模ではないが完存なものとは謂われない。第1号と第3号に

は土民に由って石塚の石材を用い上部の或る一箇所に高さ3尺内外に及ぶ長方形の祈願的な祭壇が設置され、第1号の如きはその2分の1を壁状に造り内部を四区に仕切った念入りな工作である。これ等は何れも最近施設されたものの如く、総てが極めて生々しく、且又祭文を墨書した白紙の一部が残っている（図37）。

　東大山と近接して同じく独立した西山は双島湾に面して東拓塩田の西南隅に位している。山の西北面は勾配はなはだ急でその一部は断崖と成り山脚を海に没し、東麓には大口井、南麓に山溝屯の部落がある。十数年前はこの山頂に南北に流れた長手の石塚が遺存したが、現在に於ては採石場と化し、石塚は全く消滅している。元東拓塩業会社員甲斐氏は嘗て塩田の堤防構築の為この石塚から採石し、その際偶々壺及び紡車形石器を発見した例がある。

（4）三澗堡会石灰窰屯より営城子会双台溝に至る諸山

　三澗堡会許家屯の北方から営城子会双台溝に渉る山脈は、石灰窰屯背後から大黒石屯に終る一脈と、石灰窰屯の東南方向即ち許家屯の背後か双台溝ゴルフ場背後に終る一脈とが両脈1000mから2000mの間隔を保ち西から東に同一の方向に流れている。記述の便宜上この両脈を「A、B」に別ち、海岸に沿ふ山脈を「A」と成し、他を「B」とする（図38）。この両脈に遺される石塚はその数至って多く、「A」に於ては43基（図39）、「B」に於ては81基に及び（図40）、尚保存状態は総体的に良好である。

　7月2日は石灰窰屯の背後即ち「A」の西端から調査を行った。山脈は東北に向かって延び、北は渤海に面し、南は韓家屯を隔てて巍にたる城山に脈に相対している。西端から凡そ200mを伝って尾根は稍北東に湾曲し、南面は急勾配ながら懐状を呈して自ら冬期の寒風を遮ぎる地形を形成しているが、この所に貝塚がある。貝塚所在地から東方1000m前後を進みやがて鞍部があり、許家屯方面から小黒石屯に通ずる小さな山道が横断していて、道から凡そ150間の斜面にA脈劈頭の第1号石塚がある（図41－1）。塚は長さ20尺、幅13尺の小形に過ぎないが、基底部も大体残って保存状態は先ず良好と謂ってよい。第1号から凡そ二、三百間を隔てて峰と成り第2号が遺存し、東に分岐する短い支脈がある。支脈に第3号、第4号の2基があり第3号は殆ど破壊され、第4号は小形である（図39、図41－2・3・4）。第2号は長さ25尺、幅23尺を示し、基底も良く残っており、北辺の西隅に後世の工作かと覚しき径5尺、高さ2尺5寸の積石が施され、尚一部が鉤手に築造されている。

第2号から数百mを隔てて第5号石塚の所在する峰となる。即ち将軍王山がこれであって、土民は西北山或は砲台山と呼び、A山脈に於ては最も高く、勾配の急な特に頂の尖った山である。塚はこの頂点に径22尺の方形に構築され西の一辺を除く他の三辺は高さ3尺内外の石崖状積石が遺存し、更に上部東南の一部に周辺から5尺

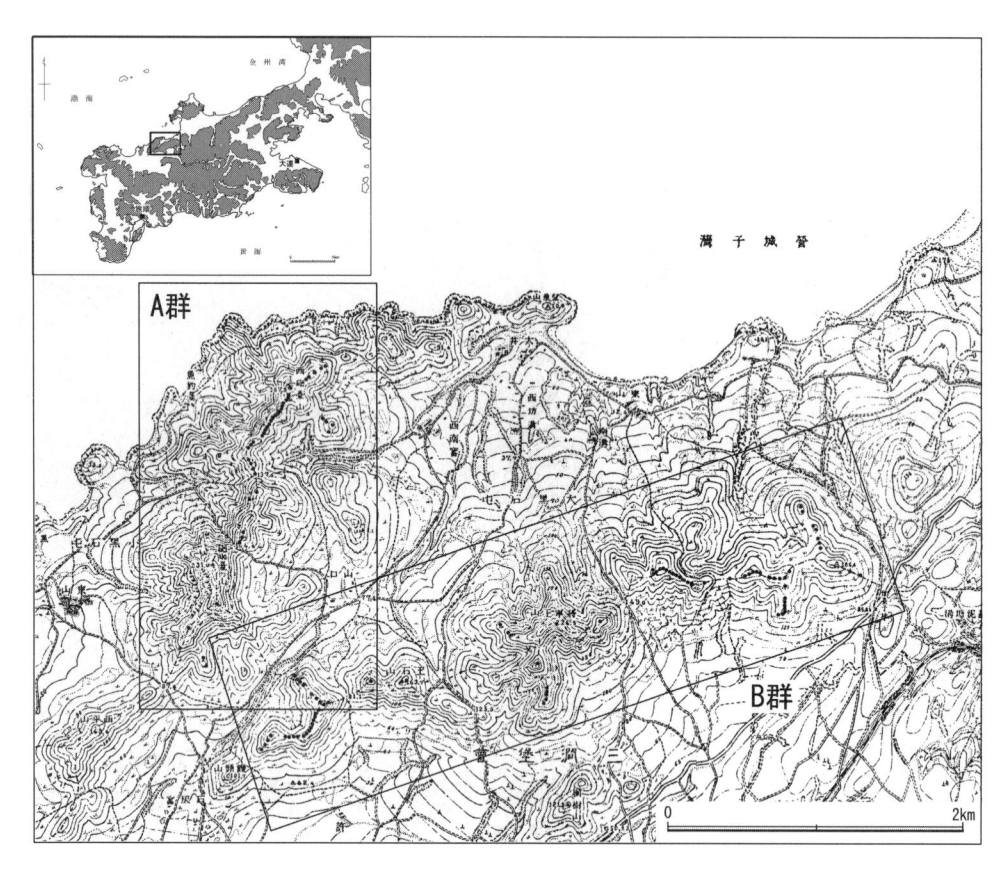

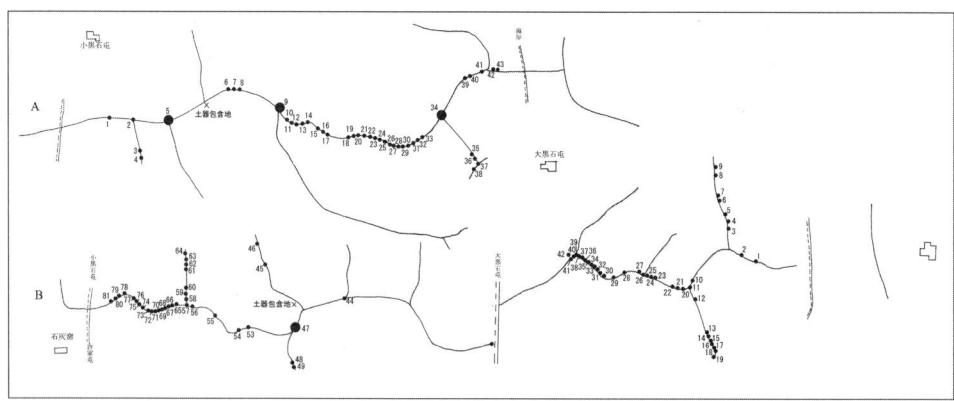

図38　三澗堡会石灰窰屯から営城子会双台溝における積石塚（縮尺1/50000）

を隔て１尺２寸の高さに積石が遺って居り、当初壇形に築造されたことが窺われる。尚、南辺には長さ４尺５寸、幅４尺の張出しがある（図39、図41－５）。右の峰から急に高さを減じ凡そ300mにして次の峰に到達するが、その中間の鞍部から峰の南面及び北面及び北西面に亙る一帯には多少の貝殻を含む先史遺物の包含する地域がある。注意深く表面採集を試みたが石器は遂に発見するに至らなかった。併しながら土器の破片は可なり多量に散乱し、稀には獣骨片並に焼土が露われている。面積は決して狭隘ではない、が少しも発掘の痕跡を認めない、又記録も無い、恐らくは未知の遺跡であろうと考察する。こ処から勾配は甚だ急をつげやがて許家屯方面から海岸に通ずる山道が横断し、次の峰に移る斜面に30尺内外の近距離を保って、第６号から第８号に至る３基の石塚がある。何れもこれ等は一部分の基底露出に由

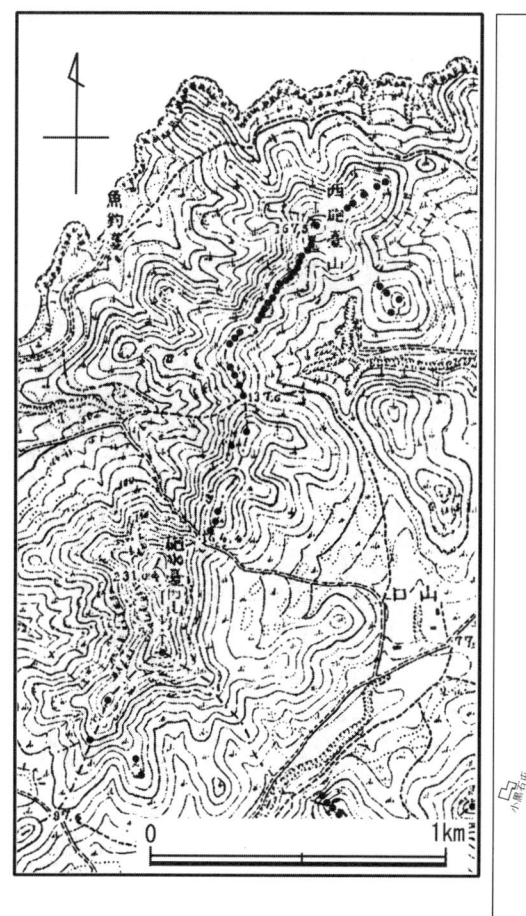

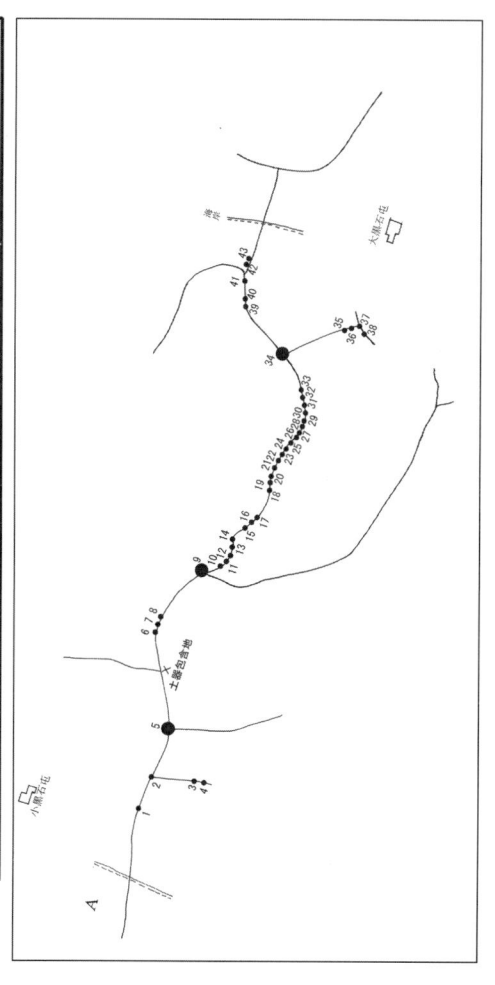

図39　Ａ群積石塚（縮尺１/25000）

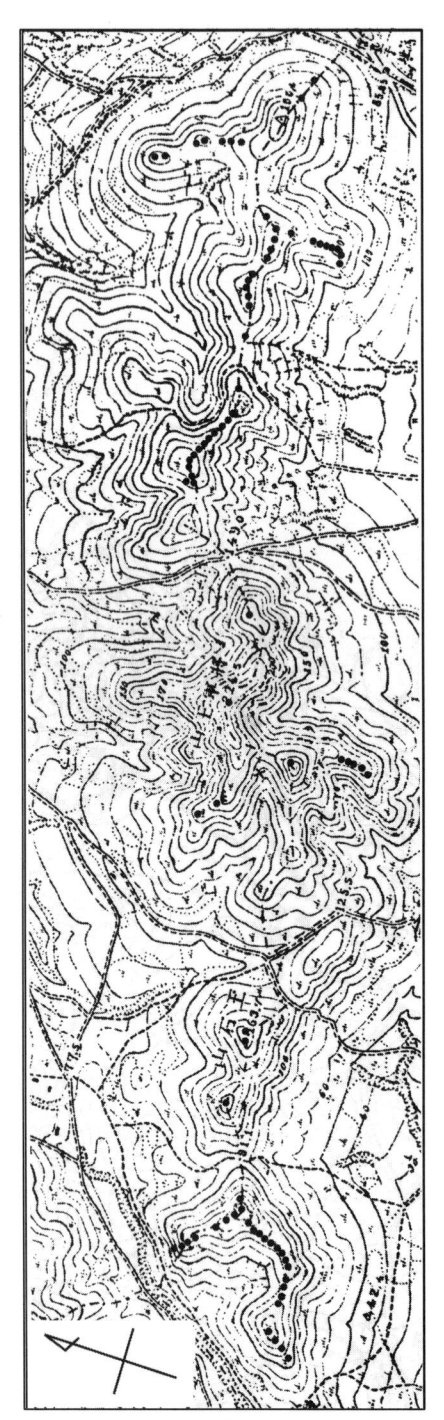

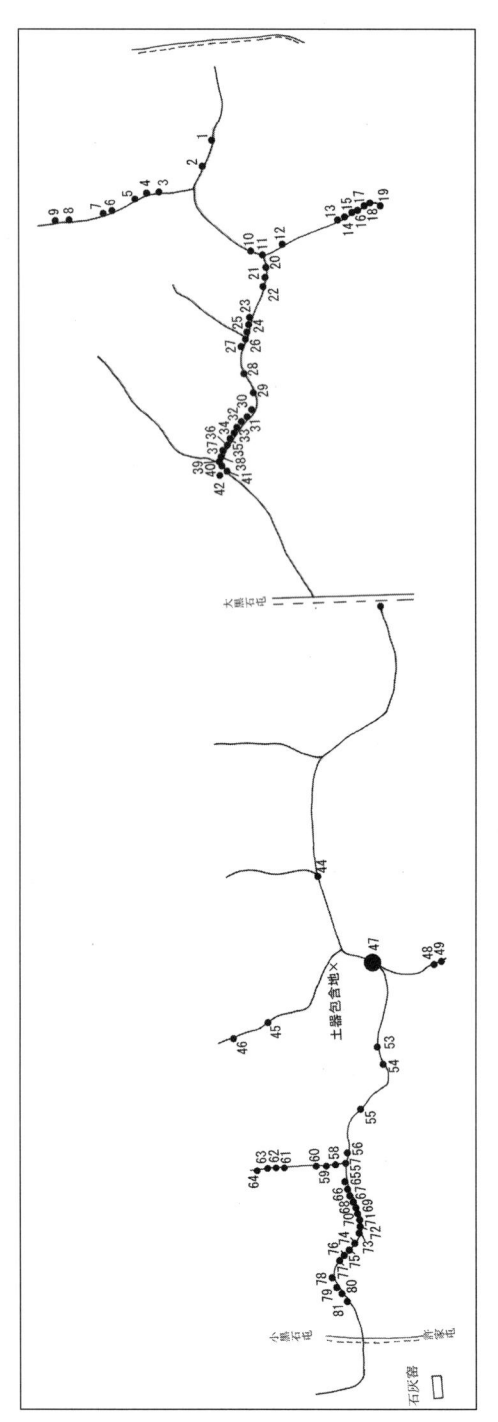

図40　B群積石塚（縮尺1/25000）

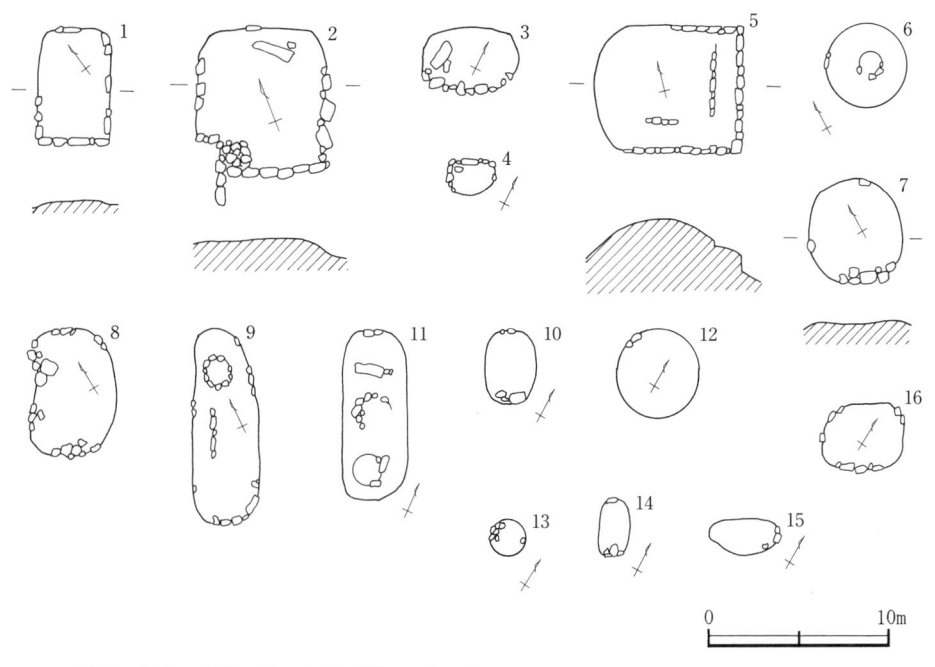

図41　A群積石塚第1号墓〜第16号墓（縮尺1/400）

って、これが石塚であることが認識される程度に土に覆われている（図39、図41－6・7・8）。第9号は次峰に頂に遺存し長さ34尺、幅12尺を示し、北辺から5尺の位置に後世の加工と覚しき径5尺円形に石を積み上げた囲が設けられている（図39、図41－9）。

　本脈に於てはこの第9号所在の峰から第34号所在峰に亘る凡そ800m内外の間が石塚の中心地帯であって、殆ど大部分がこの地域に構築されている。第9号石塚から峰は緩く北西の方向に湾曲し10数尺乃至30数尺前後の間隔毎に、第10号から第14号の5基がある（図34－A）。この内第11号は長さ30尺を示し上部二ヵ所に環状石壁がある。他は何れも小形に属し尚多少破壊された痕跡が認められる（図41－10〜14）。次に84尺の間隔を置いて第15号があり、第16号、第17号と近距離に続いている。就中前者の2基は小形であって且つ第15号は完全ではない（図41－15、16）。第17号は略ぼ中央に径5尺の環状石壁があり、全長48尺、幅24尺に達している（図42－17）。第18号から第33号に至る16基は殆ど連続的に構築され大小混じ合って存在している。併しながら大体に於て保存状態は良好であり、僅かに第18号、第21号の2基に多少の破壊を見る程度である。その主なるものとしては第19号、第26号、第31号であって、第19号は規模は大きくないが特徴ある形態を具え、前記第2号と

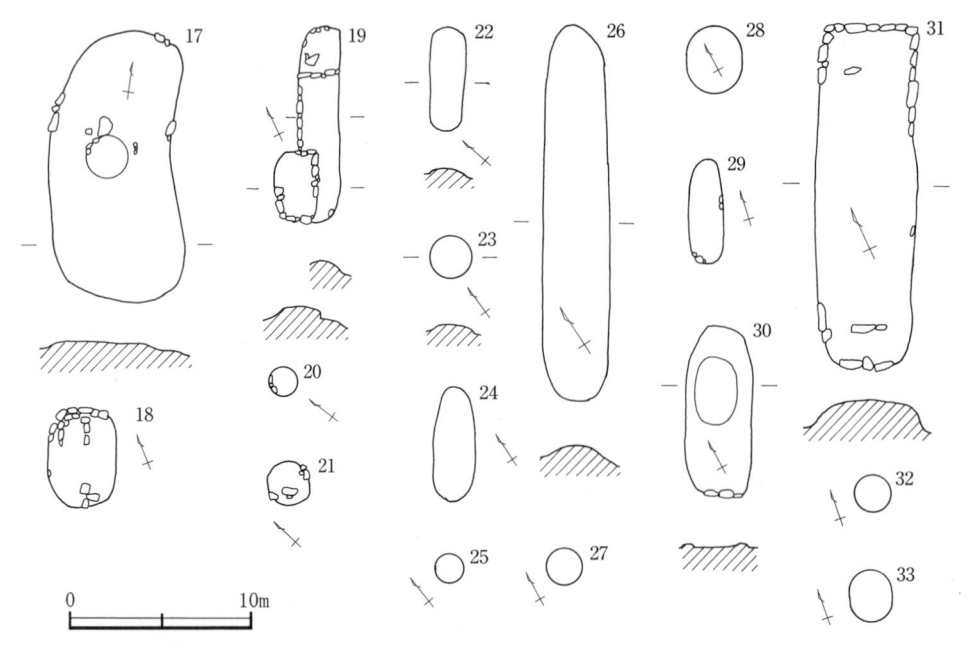

図42　A群積石塚第17号墓〜第33号墓（縮尺1/400）

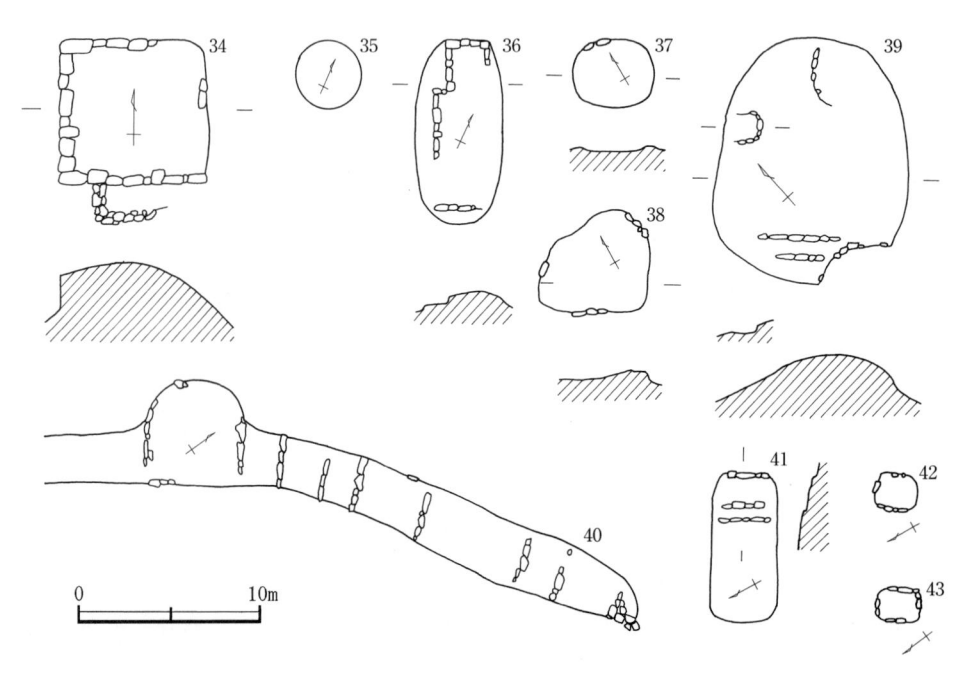

図43　A群積石塚第34号墓〜第43号墓（縮尺1/400）

稍々類似して鉤形を形成している（図42－19）。第26号は全長66尺に達する長手細形の構造で他に挙ぐべき特徴を窺われないが積石の高さも崩壊せず良好な保存状態にある（図42－26）。第31号は長さに於て聊か前者に及ばないが、幅に勝り基底も一部は判然と遺り高さも亦長く保たれて先づ完全に近いものである（図42－31）。この石塚から尾根は次第に高さを加へ凡そ300mで次ぎの峰となり、頂上に第34号がある。塚は形態並びに大きさ倶に前記第5号と略ぼ同一であるが保存の良好な点は遥かに第5号を凌ぎ周囲の積石も東辺の一部と東北隅が崩壊した程度に止まり、他は旧態を遺し、殊に西辺の如きは未だ6尺の高さを保ちA山脈異数な存在である。尚南辺には径5尺の石垣状張出が敷設されている（図43－34）。右石塚所在の峰から東方に向ふ支脈は、先端に向かって次第に高さを減じ遂には丘状に変じて小部落の背後に終っている。この先端には第35号から第38号に至る4基があり、第35号と第36号間は120尺内外の隔たりを保ち、余の2基は殆ど相接している。就中後者の2基は最も部落に近接する関係で常に家畜の繁鎖場に使用され為めに大部分の積石が散乱して漸く石塚としての俤を留めるに過ぎない。第36号は鉤形式に属し基底の遺存も稍々良好であり高さも比較的良く保たれている。

　主脈に戻って第34号から数百mの間は旦に起伏した尾根が続きやがて第39号、第40号と殆ど接着して相並び更に20mを隔てて第41号がある（図39）。第39号は長さ40尺、幅36尺を算し、周辺に後世の加工と見る可き三ヵ所の凹はあるが、大体完全に近く看過出来ない一つである（図43－39）。第40号は幅12尺であって他の石塚と異らない、但し長さに於てはA山脈唯一的であって126尺に及び尾根に伴れて自らく字形に曲っている。周辺は多少整備を欠く憾はあるが、上部数ヵ所の区画が判然たる状態から推して殆ど後世の被害を蒙らないものと考える（図43－40）。第41号は小形ながら整った形を具へ、尚東辺から階段状に区画した構造である（図43－41）。峰は更に東北に延び第42号、第43号の小形石塚を以て最終と成し（図43－42、43）、大黒石屯背後に於てA山脈は尽きている（図39）。

　7月3日。この日は前日に引続きB山脈の調査を行った。同山脈は既記の如く三澗堡会石灰窰屯から営城子会双台溝を繋ぎA山脈と並行して東西に流れている。直線距離にすれば二里半許りに過ぎないが、屈曲と起伏の多い山脈であるから、自らこれが踏破は直線距離の数倍に相当するのは勿論のことである。同日は旅大道路北線をバスに乗車し双台溝に下車、背後の山から調査を開始した。この山はB山脈の東端ながらあたかも独立した形を成し山麓一帯は耕地であって北麓はゴルフ場に続

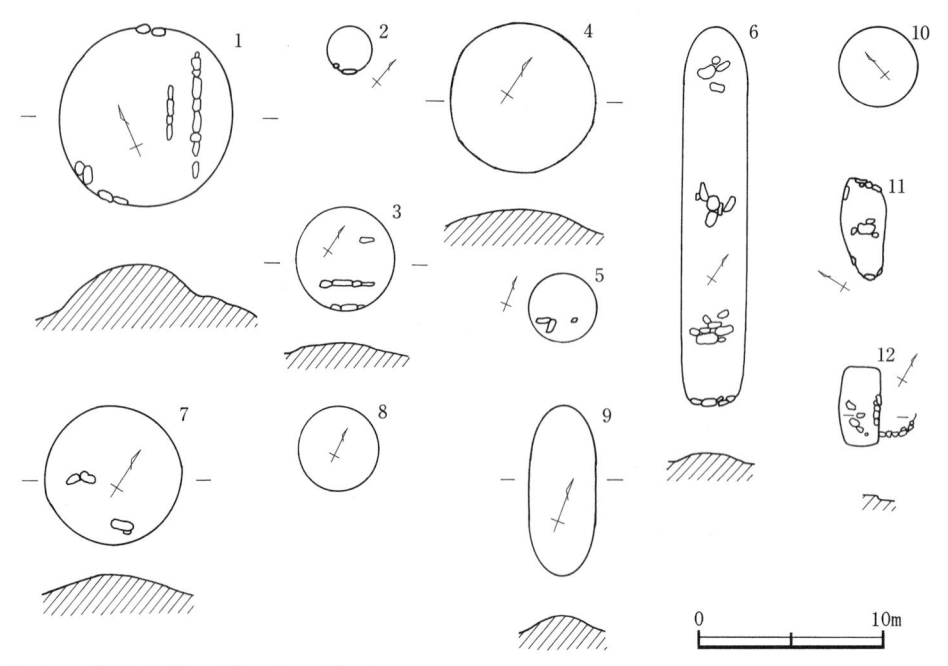

図44　B群積石塚第1号墓～第12号墓（縮尺1/400）

　いている。B山脈はこの山の西に隣りしてその中間の耕地には旅大道路からゴルフ場即ち海岸に向かう里道が横断し、里道から直ちに勾配の急な松樹林であってやがて第1号石塚の所在する第一峰である（図40）。
　この峰から東方を望めば営城子の諸部落から黄龍尾半島の諸山が一眸の裡に納められ、南は城山、北はA山脈に相対している。
　却説第1号石塚は上部の積石が周囲に拡がって直径30尺にも及ぶが、当初はA山脈に於ける、第5号、第34号と等しく或る高さを持つ矩形に築造されたものであって東辺の一部に残る積石の状態に由って明らかである（図44-1）。第2号の石塚は前記の石塚から30尺を隔て、径8尺の小形であって地表から僅かに隆起している（図44-2）。この石塚から間もなく北方に延びた支脈があり第3号から第9号に至る7基の石塚が凡そ700mの間に点在する（図40）。第6号を除いては第2号と同じく特に高くは隆起しないが、何れも申合せた様に薄く土を被って初な感じがある（図44）。第6号は長さ66尺に及び、長さに於ては本支脈第一位を占めるが、上部数ヵ所に計画的な作業とまではいかないが積石を動かした様子がある（図44-6）。第2号石塚から第3号石塚間は鞍部であって南北両面は松樹と胡藤が密生し稀に見る狼糞が神経の緊張を覚えしめる。第10号石塚は頂上に尚120尺を離れた斜面に所

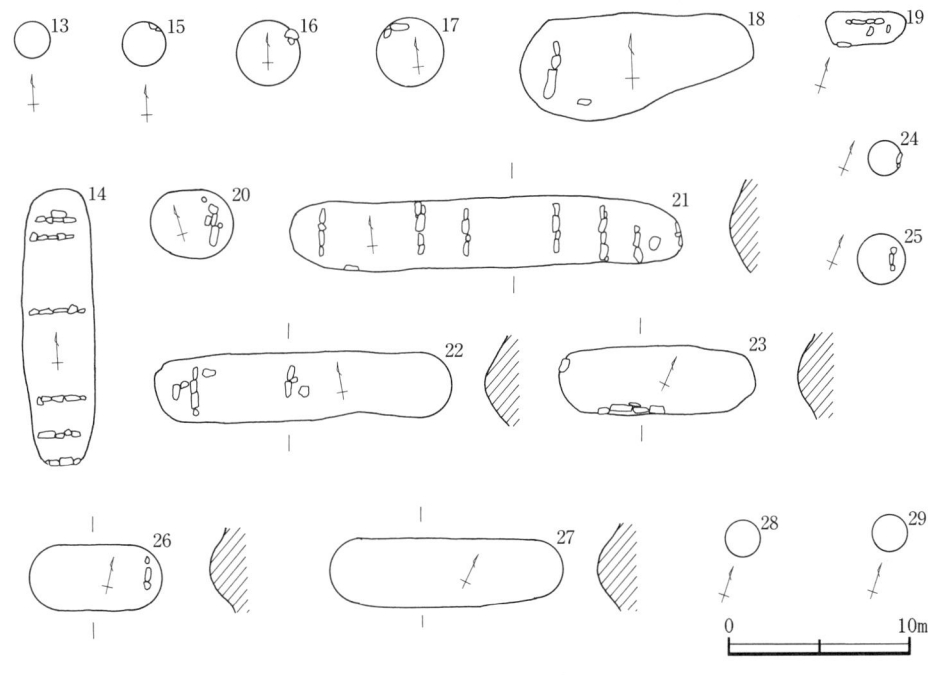

図45　B群積石塚第13号墓～第29号墓（縮尺1/400）

在し、第11号は登り詰めた頂上に第12号と並列している（図40、図44）。この所から一脈南方に分岐してその先端に近く第13号から第19号に至る7基が殆ど相接して存在している（図40）。第11号、第12号の両基は上部に破壊の跡があって完全ではないが、支脈の9基は比較的破壊の程度も少なく就中第14号、第18号の2基は仕切り及び高さを良く遺している（図45）。

第11号の所在する峰から第42号間はB山脈東部に於ける石塚の集中箇所であって23基が殆ど連続的に築造されている（図40）。右は大小を混じ合ってはいるが保存状態極めて良好であって、総体的に完全せるものが多数を占めている（図45、図46）。第42号の所在地は北面が大黒石屯と対合い、南面は長嶺子と相対し峰から大黒石屯に通ずる里道が横断している。里道を越して次ぎの山腹は勾配愈に急を遂げやがて突角に近く第43号がある（図40、図46-43）。この突角から湾曲が多く且つ両面は断崖的な形状でこの間1000m許りは僅かに第44号の1基を遺すに止り詢に寂寞たるものがある（図40、図46-44）。

第44号所在の峰と第47号所在の峰との中間稍々西寄りの箇所は、西北に走る支脈の為に南北が北風を避けるに恰好な地形を成し、一帯は少量の貝殻を含む遺物の包含地である（図40-B）。支脈の殆ど先端に第45号、第46号の2基があり倶に小形

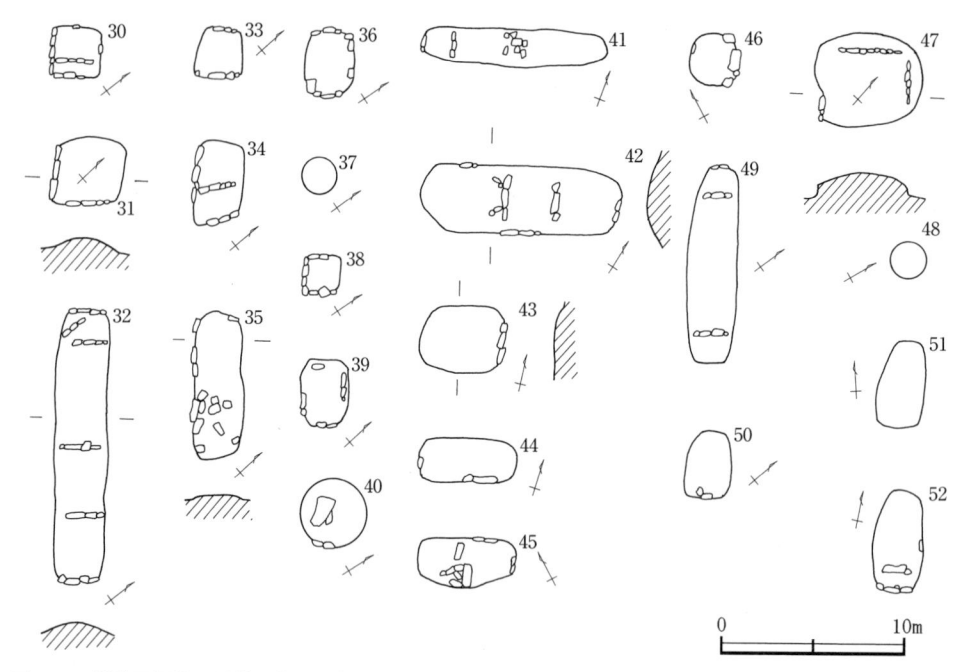

図46　B群積石塚第30号墓〜第52号墓（縮尺1/400）

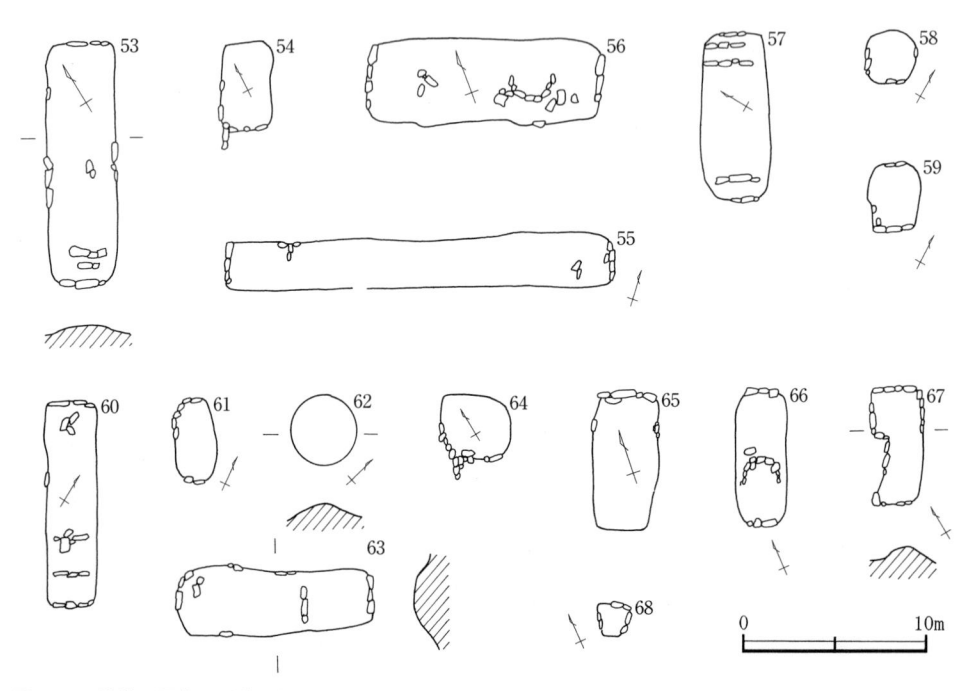

図47　B群積石塚第53号墓〜第68号墓（縮尺1/400）

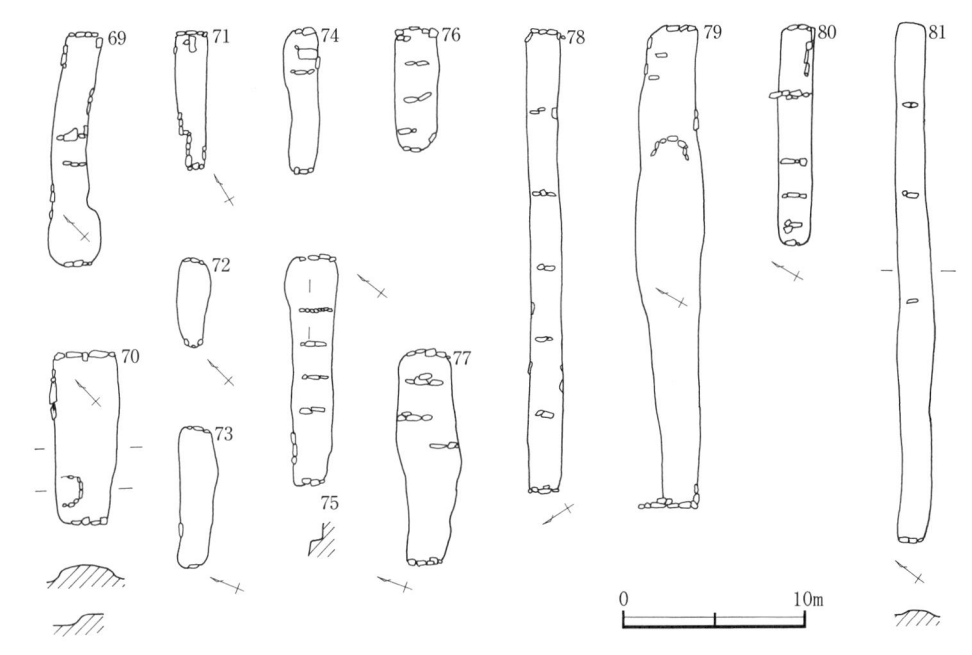

図48　B群積石塚第69号墓～第81号墓（縮尺1/400）

　ながら完形を保っている。第47号所在の峰はA山脈第5号、第34号所在峰に等しく殊更に尖った頂であって、所在する石塚が亦形態を同じうし周辺を矩形に積み上げた形式である。周辺の積石が崩れ落ちて余程周囲に広がってはいるが、構築当初の形貌を窺うには尚充分である（図46－47）。この峰から南方に分岐する支脈には第48号から第52号に至る5基が10尺内外の間隔を以て構築されている（図40、図46）。

　B山脈に於ては第47号の所在峰が最高峰であって土民はこれを北山と呼んでいる。北山から第56号間は凡そ800mを出る距離であろうがその間には第53号から第55号の3基を見るに過ぎない（図40）。第53号は長さ42尺、幅12尺を示し、第55号は幅9尺長さ70尺に及ぶ長手の築造に係り何れも完形が保たれる（図47）。第56号から最後の第81号に至る支脈並びに主脈の石塚は、東部に於けると同様西部での集中箇所である（図40）。支脈の第58号から第64号に及ぶ7基は全体的に小形に属するも第66号から第81号に亘る主脈のそれ等は大形を以て占め、就中第78号、第79号、第81号の3基は倶に長さ80尺を突破する長手の構築である。第56号、第66号、第70号、第75号、第79号の5基には多少後世の加工と見るべき凹部並に壁状箇所が認められる。併しながらそれ等は極部的であって大勢に支障を来す類いではない（図47、図48）。

ここに於てＡ、Ｂ両山脈に遺存するところの石塚を通観すれば、前記諸山脈のそれ等に比し総じて狭幅であって重厚感に乏しい憾はあるが、完形を保つ点に於ては決して劣るものではない。
　以上は今回の調査に際して余の目に触れた全部の石塚をあげたもので、仮に所在が明瞭であっても実際の調査を遂げずして他人の知見に基づくものの如きは一つとして加えてない。尚、調査の結果各山何れを見ても石塚構築は主として高地を選択し、構築が単独に行われている場合もあり、亦同所に数基が群在することもある。併しながら全般的には峰を中心として前後に或る間隔を置き嶺を伝って連続的に構築する場合が最も多くを占めている。

結語
　石塚調査今回の予定は、前記諸山の他に半島の南端老鉄山に対峙する北端即ち山頭会の諸山、並に大連市背後から老虎灘及び伝家庄に亘る一帯にも及ぶ計画であったが、時あたかも雨期と草樹の繁茂期に入り遂に予定の調査を不能ならしめるに至ったのである。兎に角調査途上にあってこれを中断することは未完成のまま放棄することにもなるが、それは永遠の意ではなく他日再び調査を進める積りである。故に以上の如く未調査方面に於ける石塚の有無に就ては以下少しく推考と仄聞とを記して聊かその欠を補っておく。
　山頭会方面では大台山に石塚の存在することから推し且又南に双島湾を控へ北は渤海に山脚を洗う地形から観密して先住民族の生息に適応し貝塚の存在する実際から同地の諸山に石塚の皆無であるとは信じられない。また大連市背後の諸山は沖野安造氏等の発掘が石塚の存在を証拠だてる。従って老虎灘及び伝家庄に連る両山脈に分布することは殆ど過たざるところであろうと思う。
　次に石塚の外形と既調査山脈に於けるそれぞれの特徴をあげると老鉄山では後世或種の利用の為に概ね形状を変じ当初の形貌を窺うに足るものは至って少ないが、これが築造に当っては全般的に大形の石が用いられている。それ等の石材は石質その他から見て特に遠隔の地から運搬したものではなく、手近な場所から適当に集めたものに過ぎない。尚構築当初形状が円形であったか矩形であったか、それは今日外容から覗いただけでは推測出来ないが稀には底辺に稍規則正しく石を並列したものと然らざるものの二種がある。方家屯会老北山々脈の石塚は老鉄山のそれと大同小異な外貌を具えるも老鉄山の石塚が後世の工作に依ってその大部分双態の変化を

来すに反し、原形を良く遺存し大嶺所在の第28号、第38号は同山を代表するものである。営城子会四平山、並に三澗堡会将軍王山ABの両山脈遺存の石塚は老鉄山、老北山石塚の重厚に対し総括して軽快であって聊か外容を異にし狭幅細長の築造がその大部を占めている。更に保存状態甚だ良好で上部の区画及び基底の如きも整然たるもの多く当初の形状を窺うに足るものが少なくない。四平山ではA区第11号、C区第35号、第36号、D区第49号、第60号は同山を代表し、将軍王山に於てはA山脈第5号、第31号、第34号、第40号、B山脈第47号、第78号、第79号、第81号は倶に同山を代表するものである。

　要するに外容から覗いた石塚を綜合するならば円形、楕円形、矩形の三様があり、矩形には封土に当る部分を高目に積み上げる形式と平坦に築く両様がある。更に平坦なる場合は表面が数個に仕切られ中にはそれが階段状を呈する特殊な様式が含まれている。四平山はそれ等の諸様式の悉くを網羅し殊に全般的に良好な保存状態を示して学術的調査上甚だ興味ある資料に充たされている。

（森　修）

編者注：原文を尊重しながら、句読点を加え、旧字体を新字体に変更し、現代仮名使いに改めた。また地形図上の積石塚の位置は、編者の現存資料からの推測によるものであり、現地調査による検証はなされていない。なお、本文中の1間は181.82cm、1尺は30.30cm、1寸は3.03cmである。

附篇2 ● 第2回関東州史前遺跡 ─石塚─ 調査概報

　第1回調査は昭和16年春大長山島上馬石貝塚を中心として行われたが、引きつづいて更に今年秋第2回調査として州内石塚の発掘がなされたのである。第1回の調査は支那史前文化たる黒陶文化の波及探査を目的としたものであったが所期の目的を如実に達して黒陶系文化遺物を検出し得たのであるが、はからずも同調査に於いて黒陶文化の波及の直前に北方系の櫛目文土器の伝播せる事実を知ることを得たのである。而も上馬石貝塚発掘遺物殊にその土器のその後の整理並びに考察により上馬石貝塚の黒陶系と考えられた主要土器なるものが器形その他の技法に於いて黒陶をそのまま模倣しながら尚且櫛目文土器系統の意匠を摂取した性格を持つものであることを知り得たのである。即ち従来東亜古代土器として特殊な位置を占め、従ってその系統不明なりし関東州史前土器の系統が、先ず支那黒陶との関連に於いてその全貌を明らかにする端緒が把握され、更にその関連追及の実際調査に於いて、北方系文化の存在並びに影響を示す資料が採集されたわけである。かくて第1回調査に於いてその調査前支那黒陶との関連を主として重視した吾人は、調査結果により併せて州内史前文化に於ける北方系文化の影響を看過し得ないことを知ったのである。

　上述の第1回調査により獲得した知見もて吾人は第2回調査として州内石塚の簡明を期したのである。かねて黒陶の石塚埋葬の事実を窺知せる吾人は、先ず黒陶系遺物の充分なる検出を期すと共に、第1回調査により得たる知見に本づきその石塚なるものの実体─特に構造─を明らかにすることにより、北方系文化との関連がより把握されることを期待して臨んだのである。

　昭和16年8月27日大連に集合を終わった隊員一行は翌28日2班に分かれてそれぞれに現地に赴き9月17日現地を引き上げるまでの調査期間中両班は適当に連絡して調査をなした。

　　　　調査組織
　　隊長　京城帝国大学教授　　藤田亮策
　　第1班（旅順管内方家屯会南山裡老鉄山及び将軍山石塚調査）

旅順博物館嘱託　　　島田貞彦
　　京都大学文学部助手　小林行雄
　　京城帝国大学嘱託　　今関光夫
　　第2班（旅順管内営城子会黄龍尾屯四平山石塚調査）
　　東京帝国大学理学部講師　八幡一郎
　　旅順博物館嘱託　　　森　修
　　京都帝国大学大学院生学生　澄田正一

　かかる2地の選定は隊員森修の予備踏査に基づきなされたものであり（本書附篇1）、かつ調査隊の2班に分かれた理由は主として時季あたかも農繁期間近くであり、農繁期ともなれば、現地における人夫使用が不可能になることを慮り、農繁期直前に調査を終了せしめんがために外ならなかった。

　さて老鉄山並びに将軍山（従来老鉄山石塚と呼称されたものは実は主として将軍山の石塚を指す）両石塚に関しては既に早く明治末年に鳥居・濱田両博士の調査をはじめとして一般人士の手を加えられること多く従ってよく人口に膾炙されていた。これに反して四平山石塚は地理的辺陬に位置するため、地方人士の手を加える機会も少なくわずかに大連市在住の沖野安造氏等により昭和4年頃より一部の小試掘に伴う遺物の採集がなされた程度にすぎなかった。しかも先に一言触れたが隊員森修は独力第1回調査たる大長山島の発掘調査調査終了後今年4月末より5、6、7月にかけて州内の石塚分布調査を企画したのである。踏査せる地域次の如し。

　1　裏老鉄山連峰より混水窪口に至る丘陵一帯
　2　営城子黄龍尾半島東部諸山
　3　羊頭窪花山より双島湾西山に至る諸山
　4　三澗堡会石灰窰屯より営城子会双台溝屯に至る諸山

　更に最初の計画では老鉄山に対峙する山頭会の諸山並びに大連市背後から老灘及び傳家庄に亘る予定であったが、雨期と草樹繁茂期に入ったため予定を中絶せざるを得なかった。かくて森の予察に基づき老鉄山並びに将軍山石塚いわば石塚調査の歴史的な意義を顧慮し、四平山は未着手の処女地として遺跡の保存良好なるための理由と共に、更に両地石塚の築造状態が趣をやや異にすることを看取してその比較検討を兼ねたためであった。

　第1班は主として将軍山石塚を中心として発掘をなし老鉄山の一部にも及びかねて将軍山山頂の史前遺跡、同山麓の郭家屯貝塚の試掘と遺物採集を行った。

将軍山に於いては2石群を発掘した。一辺小は2m前後より大は7ないし8mに及ぶ方形あるいは長方形の区画が大体八つくらい互いに接続して周囲に拡大し一群を形成している。四平山の如く山上の稜線に築造される結果なら一列に連互する場合と異なり、比較平闊地に営まれるため四方に接続拡大する結果を生じたのである。石材は片麻岩あるいは珪岩である。区画周壁は石垣状に積成されるが内部の槨室壁は認められない。深さ約1mにして地山に達す。石塚は過去に於いて盗掘されたる痕明らかにして従って採集遺物は黒陶及び茶褐色厚手土器の2種類の土器以外に石剣、石斧、玉製品1個等を採集したにとどまる。しかも黒陶は黒褐色厚手土器に比して極めて微量であった。なお老鉄山の石塚も3基ばかり着手したがやはり過去の盗掘に禍いされて充分なる成果を挙げ得なかった。

　将軍山山頂の史前遺跡は羊頭窪の史前遺跡土器に似た土器を出土し、全て非常な加熱を被り赤変し歪んだ形のもの多く、従って一見窯跡かを思わしめる。しかし石器の多量なることを配慮せば（更に羊頭窪系の土器は元来壁面黒色であり従って窯跡とせば土器は黒色を呈すべきに赤褐色に変色せるは第二次的な加熱を受けたことを思わしめる）火災に遭いたる住居趾と認むべきか。しかもこの土器は相当の距離ある羊頭湾遺跡の土器と同一にして反って近接した山麓郭家屯貝塚の土器とやや異なることが注意される。

　さて郭家屯貝塚の土器類には石塚出土の土器と同様なものを含みおそらく石塚併行の住居遺跡と考えられる。

　第2班は主として四平山山嶺に長く連互する石塚群中の区画を適当に選択して発掘し、兼ねて四平山に連接する高麗城、旗山大牛巻二峰の石塚一部に及び結局発掘せるもの総計20余基である。更に付近一帯の諸峰の石塚に併行する住居址と推される文家屯貝塚の表面採集を行った。

　石塚を築造せる石材は同山各所路頭せる黒色石灰岩を使用し、その脈理ある性質に従い切り割ったる板状石塊もて周壁並びに槨室壁を石垣状に積成したものである。一辺小は2ないし3mより大は7，8mに及ぶ大小種々の方形ないし長方形の周壁は石垣状に直立して区画され、その周壁内に普通楕円形の槨室を設けて石塊を積み重ねたものである。1基の石塚に1槨室を原則とする。而して単独な石塚として築造されたもの以外に更に2基の石塚壁間を利用せるものあるいは1基の石塚の1側壁を利用して継ぎ足してできたものを含み、従って自ら狭長な山嶺に一列を成して連互する結果となり恰も蜒々たる長蛇の観を呈する。槨室は山嶺の方向に対し

て直角なるものと平行なるものとあって一定しない。槨室底の岩盤地山に割石塊を敷き並べて床を平滑にし、数枚の板石もて蓋せるを原則とするのかある場合には更に板石もてあたかも組合式石棺の如く結構せしものと認められるものをも有す。屍体は殆ど腐朽し去り僅かに歯牙片・骨片が痕跡的に残存するにとどまる。ただ歯牙片の存在位置により頭位を推し得たが屍体頭位は一定しない。

　副葬遺物は槨室内に転落充填せる石塊のため殊に土器は破損散乱して発掘調査はかなり困難を極めてその副葬状態を充分明確にし得なかったが大体の全貌を知り得た。副葬遺物の豊富さは蓋し予期以上のものがあり良質黒陶の多量の採集以外に玉製品の夥しき検出－40余点に及ぶ－という思わざる収穫に恵まれたのである。土器は良質薄手の黒陶と茶褐色厚手土器と2種類であり、而も将軍山石塚の場合と反して良質黒陶が数量的に多い点が注意される。茶褐色厚手土器が比較的蓋石上部ないし更には石塚頂上部位置より採集された傾向にあるに対して、良質黒陶はむしろ玉製品と共に槨室下底部に近く存したことはこれらの土器性質観の一端を示すものであろう。また元来黒陶に伴う赤褐色薄手の特殊なる器形上いわゆる「鬹」と共に白陶片も採集することができた。玉製品は軟玉にしていわゆる牙壁をはじめとして佩飾品ないし笄のごとき身体装飾品などを主として頭部ないし身体上半位置と思われる箇所に殆ど原則的に検出された。そのほか石斧、土製紡錘車、貝製装飾品等を副葬していた。

　採集された良質黒陶は様々なる器形を含み黒陶の型式学的考察はここに確実なる資料を手にして一段の進展を約束され、かつまた石塚の構造をかなり具体的に闡明することを得たのである。而して従来文家屯貝塚よりは良質黒陶及び玉製品の出土が報ぜられ吾人の同貝塚予備調査の結果はさらに徹底的発掘調査の価値あることを痛感せしめた。

　第1回調査に於いて黒陶波及並びに北方系文化との交流を知り、さらに第2回調査に於いては石塚の構造を明らかにすると共に、黒陶資料を本格的に蒐集し得たのである。而も予備踏査の結果は、老鉄山並びに将軍山両石塚群に併行する住居地として郭家屯貝塚、四平山その他石塚群に相応ずるものとして文家屯貝塚を比定し得たのである。ここに於いて第3回調査としてこの両貝塚の発掘が計画されるべきであり、それは実に種々の点に於いて第2回調査の知見を拡充せしめるものと信ずるからである。

（森　修）

Postscript　あとがき

　1941年の発掘以来既に60年以上の年月を経ることになったが、山東半島全体を見回してもこれほど精緻な卵殻黒陶が多量に出土した墓葬を知らない。山東半島全体の龍山文化を検討するにあたっても四平山積石塚は重要であるだけでなく、遼東半島の先史時代の歴史的評価を行う上にも重要な遺跡であることは今さら申すまでもないだろう。また、四平山積石塚の文化内容は、東北アジア全体においても重要なエポックを示すものであり、我が国の弥生時代の開始を考えるにあたっても重要な比較になるものである。その点でも、遼東半島先史時代遺跡の一連の調査には意味があったのである。

　ここに四平山積石塚の発掘調査成果をまとめるにあたり、発掘調査にあたられた方々、さらには黒陶の復元や土器実測などの整理調査にあたられた方々のご努力をたたえ感謝するとともに、何よりも早くの刊行を望まれていた澄田正一先生のご遺志に遅ればせながら報えればと願うのみである。

　なお、本書はここ数年最終の編集段階にあたっていたが、平成16～19年度科学研究費基盤研究（A）「日本水稲農耕の起源地に関する総合的研究」（研究代表者　宮本一夫）の研究の一環とすることにより、刊行することが可能となった。最終の編集過程で作図やトレースにあたってくれたのは、谷直子・上條信彦（九州大学大学院人文科学府博士課程学生）の両君であった。中国語要旨の翻訳は李作婷（九州大学大学院比較社会文化学府博士課程学生）にお願いした。また、本書の刊行にあたっては柳原出版の木村京子さんのご尽力があった。序文を書いていただいた有光教一先生、さらにこれら関係者の方々に深く感謝申し上げたい。

　また、資料整理にあたってお世話いただいた京都大学の上原真人先生、山中一郎先生、阪口英毅氏、京都大学総合博物館・京都大学埋蔵文化財研究センターの諸氏にも感謝申し上げます。

　　　2008年1月3日

　　　　　　　　　　　　　　　　　　　宮本一夫

辽东半岛四平山积石墓的研究

摘要

　　四平山积石墓伫立在大连市甘井子区营城子的黄龙尾半岛，沿着海拔192公尺高的四平山山棱建造。1941年透过日本学术振兴会的骬助进行了发掘调查。从这个发掘当中，在四平山山顶上共发现了36号墓等18座石室。以及在四平山支棱上发现了高丽城48号墓等。

　　积石墓是仅分布在辽东半岛南部金州湾以南，非常具地域性色彩的墓葬，盛行于新石器时代末期到青铜器时代的春秋时期并行期。四平山积石墓的年代是龙山文化并行期的新石器时代末期，属于积石墓发展的初期阶段。1941年当时，属于龙山文化期的积石墓也只有老铁山和将军山较为人所知，也由于如此相对于这两处遗址盗掘严重的情形，四平山则几乎完全未遭到盗掘，因此出土了许多的玉石器和黑陶等随葬品。

　　和山东龙山文化期并行的有辽东半岛的小珠山上层（郭家村上层），这时期的辽东半岛，可以区分为以旅顺附近的老铁山，将军山积石墓，以及以郭家村遗址，营城子附近的四平山积石墓和文家屯遗址这两大据点。大致上这两个地域区分在史前时代就已存在，并且这个区分延续至战国末期到汉代成为郡治的两大行政单位。汉代时前者有牧羊城和南山里汉墓，后者的营城子则有多数汉墓存在。

　　1941年春，森修先生对辽东半岛一带积石墓进行踏查的结果，发现到四平山积石墓保存状况良好，确认该处为这个地区具代表性的积石墓之后，选定作为发掘调查的对象。发掘设计是以位在四平山顶的列状积石墓36号墓为中心，依保存状况的优劣，依次发掘了35号墓，36号墓，37号墓等。

　　这些墓分为在山棱上呈列状相连的单列群集墓，和仅有一个石室的单独墓。各个石室内基本上仅埋葬一个个体。人骨虽然有受到低温的火烧痕迹，但是这却不是火葬的痕迹，而可能是埋葬后受到山林火灾波及的结果。积石墓是沿着山的棱线分布，在呈方坟状坟丘内构筑石室。也有的是在石室上部以数块板状石板做为闭合的石盖。可能也在石盖上放置随葬陶器，并且石室内部也随葬玉石器和黑陶，红褐色陶等。石室内虽然没有放置木棺的痕迹，但是从石室内发现有腐植土的残留，因此也不能忽略存在木棺的可能性。这样的积石墓的构造，和新石器中期广布于辽西的红山文化积石墓不

同，是属于辽东半岛独有的墓制。

单列群集墓的出现，也是先有方坟状的积石丘单独墓的存在，而后出现积石石室连结在这些单独墓之间，结果创建出列状的单列式群集墓。以单独墓为基本型逐渐构建成的单列群集墓之间，应该存在有某种关系。这种关系很有可能就是以氏族为单位的血缘关系。

这些积石墓的年代相当于山东龙山文化的年代，当地的编年则相当于小珠山上层期。山东龙山文化大致可分为早期和晚期，随葬的鬶和黑陶来看是相当于山东龙山文化早期的器物。甚至从鬶的型式差异和钵、小型罐等在地系统的红褐陶的型式学检讨，以及以石室为单位的共伴遗物群的比较，还可以再划分出三个阶段的编年时期。由此可知龙山文化前期分为三阶段来构筑了四平山墓地。

另外，随葬品的鬶和黑陶等山东龙山文化系统的随葬品器种组成具有阶层差异。A类：杯（饮酒器），B类：杯＋罐，壶（贮藏器），C类：杯＋罐．壶＋钵．盆（供膳器），D类：杯＋罐．壶＋钵．盆＋鬶（温酒器），E类：杯＋罐．壶＋钵．盆＋鬶＋鼎（炊器），器种构成上有明确的阶层差异。这样的阶层差和陶器总数及玉器特别是牙璧之间，由于具有相关关系，这样的器种构成可能显示出被葬者在社会上的阶层差异。因此，E类为第1阶层，D类为第2阶层，C类为第3阶层，B类为第4阶层，而出现A类和红褐陶的石室则为第5阶层。

基于这个假说来看石室的位置，第1阶层和第2阶层的36号墓位在接近四平山顶的位置上，第3阶层的35号墓等位在低于36号墓的斜坡面上，而第5阶层的32号墓则位在更低位置上。社会阶层和墓葬位置呈现对应关系，表示了是根据社会阶层高低来安排墓葬位置。36号墓和35号墓是单列群集墓，显示出存在着以氏族为单位的阶层差异。甚至同列单列群集墓当中，也有像36号墓P，Q石室那样位在山顶部属于第1阶层的，以及较为下位的第2阶层，而更为下位的第3阶层，甚至配置在更下位，显示出同一氏族当中也有严密的阶层关系。36号墓所见的第1阶层和第2阶层，以精致的鬶和黑陶显示出阶层关系，然而另一方面，前者当中随葬有牙璧等玉石器，而后者虽然没有随葬玉石器却有数量最多的陶器随葬，这可能表示了同一集团内以性别差异为基础的阶层差。

再者，依年代轴来复原这些墓葬的形成过程的话，则有以下的发现。第1阶段中，四平山山顶的第1阶层的36号墓Q石室是最早单独构筑成的。其随葬品当中猪形鬶和A型式鬶等的特征来看，是近似于类似大汶口文化的龙山文化最早阶段。其次第2阶段时，36号墓P石室等的第1阶层石室在四平山顶构筑的同时，也在山顶的较低

处构筑了36号墓的第2阶层，第3阶层等社会下位阶层的墓葬，显示出墓葬配置和阶层差异有严密的规范。第1阶层的37号墓是邻接36号墓构筑，阶层稍低的38号墓是在邻接37号墓的斜面上建造。而且，更为阶级下位集团的35号墓和39号墓，则是在距离36号墓很远的场所，构筑了代表第3阶层的35号墓B石室和35号墓C石室。像这样以36号墓为盟主的阶层构造，透过以四平山山顶为顶点的墓葬配置表现出来。另外，37号墓则是属于在后来没有形成后续墓地的没落家族集团，成为一个单独墓。第3阶段时，尽管作为四平山墓地群盟主身分存在的36号墓的家族集团，继续构筑了第1阶层的S石室，然而新兴的家族集团38号墓也构筑了第1阶层的E石室。这个现象显示出到第3阶段时，严谨地身分秩序开始衰退的前兆，随着集团内部的身分统制的崩坏，四平山墓地也步向衰落的阶段。

　　四平山积石墓的住民，受到了山东龙山文化强烈影响。不只在黑陶和鬹这些陶器上，牙璧和锥形器等玉石器，其分布也可见于黄海沿岸的山东东南部到烟台地区及辽东半岛。这样的传播路径，正和杂谷农耕当中复合了水稻农耕的农耕文化传播路线一致。以黑陶代表的强烈山东龙山文化的影响，和黄海沿岸所见的杂谷和水稻复合化的农耕传播一致，这显示出了人群从烟台地区向辽东半岛移住。不只在黑陶和牙璧这些器物上具有类似性，随葬贝等等的埋葬习俗这些点上，也和山东东南部具有相似性。甚至于葬送行为上所见以黑陶和鬹的陶器组合表现的阶层规范这点，也和山东龙山文化所见完全相同。

　　另一方面，在地陶器的红褐陶，在这个时期也从过去在辽东半岛以筒型罐炊器为中心的陶器组合，开始转变为以瓮为中心的陶器组合的趋势。显示出辽东半岛在这时期开始进入物质文化的转换期。然而这当中，当然是以人群的移动为媒介。透过人群移动的媒介，新进的文化和制度，信仰等逐渐融合进来。但是，在这里却可见到的是保留着在该地区独有的新墓制－积石墓的外表，而其中的内在随葬品却完全融合了山东龙山文化的葬送规范这样的二元性。这种现象，是在新来的人群和在地人群融合当中所产生的，其中文化变迁的过程深具意义。这也是说，在新的集团自我认同形成的过程当中，利用了山东龙山文化的社会规范，可解读为是新来移民为了维持其集团为中心的阶层构造所采取的的社会策略，而当世代变迁，既有的社会构造崩坏的同时，新的氏族关系也不断的重新构建起来。

（李作婷　译）

A Study on the Cairns of Sipingshan, Liaodong Peninsula, China

Summary

The cairns of Sipingshan, which stand 192 meters high, are located on the ridge of Mt. Sipingshan in the Huanglongwei Peninsula near Yingchengzi, Dalian city. They were excavated by the Japan Society for the Promotion of Science (JSPS) in 1941. Eighteen burial sites have been excavated here, including the No. 36 cairn on top of Mt. Sipingshan. At the same time, the No. 48 cairn of Gaolicheng, which is located on the extended ridge of Mt. Sipingshan, and other cairns were also excavated.

The cairns are located south of Jinzhou Bay on the southern part of the Liaodong Peninsula. They were constructed dating from the end of the Neolithic period through the Spring Autumn Era. The Sipingshan cairns correspond to the Longshan Culture at the end of the Neolithic period on the Shandong Peninsula. They are the earliest cairns in Liaodong Peninsula. Even in 1941, the Laotieshan and Jiangjunshan cairns were well-known, but these two sites were already looted at that time. On the other hand, the Sipingshan cairns were not disturbed and a large number of items were found in the graves, including jade and black pottery, at this excavation.

The upper layer of Xiaozhushan Culture in Liaodong Peninsula corresponds to the Longshan Culture of Shandong Peninsula. During this period, there were two cultural centers located at Liaodong Peninsula: the Laotieshan, Jiangjunshan, and Guojiacun sites near Lushun, and the Sipingshan and Wenjiadun sites near Yingchengzi. Roughly speaking, these two cultural centers were perpetuated from prehistoric times to the historic eras. The administration units (called "jun") were divided into two areas defining these prehistoric cultural centers from the end of the Warring States Period to the Han Dynasty. The former sites are the Muyanchen site and Nanshanli Han tumuli, and the latter sites are the Yingchengzi Han tumuli.

Based on a general survey of cairns in Liaodong Peninsula by Mr. Osamu Mori in the spring of 1941, the Sipingshan cairns were found to be in good condition and to be typical cairns of the area. As a result these cairns were selected for excavation. The burial sites at the No. 32, No. 35, No. 37, and No. 36 cairns, which were located centrally amongst all the cairns of the area on top of Sipingshan Mountain, were chosen for excavation based on the good state of preservation of the burial sites .

These cairns are divided into two types: burials concentrated in a line located on the ridge, and a single burial site that has only a single burial pit. Every burial pit contains one skeleton. Though the human skeletons found were fired at low temperatures, there is no evidence of cremation. Instead, it appears that the ground was burned after burial as in a forest fire. The cairn was constructed with a stone mound on the ridge and a burial pit was constructed inside the stone mound. Some burial pits had stone covers on top. The pottery found at the graves was likely placed on the stone cover, and objects such as jade, black pottery, and red pottery were buried inside the burial pit. There is no evidence of wood coffins in the burial pits, yet there remains the possibility of such coffins having existed due to the presence of black soil on the bottom of the burial pit. The construction of cairns in Liaodong Peninsula is different than that of the cairns of the Liaoxi district Hongshan Culture, which dates to the middle Neolithic period. Due to these factors, these cairns are believed to be indigenous burial sites of the Liaodong Peninsula region.

The cairns forming a line feature a single stone mound, and these are linked to each other in a line at the end. A single mound cairn is the basic structure at these sites, but the fact that the cairns are lined up indicates a relationship between these graves, e.g. clan unit relationships or blood relations.

The dating of these burials corresponds to the Longshan Culture in Shandong Peninsula or the upper Xiaozhushan Culture in the local chronology. Based on the type of gui and the black pottery of the items found in the graves, these burials are assumed to belong to the former half of the Longshan Culture. The Longshan Culture in Shandong is divided into early and late periods. In addition, according to differences in types of locally made red pottery and a comparison of assemblage at the burial sites, the culture can also be divided into three chronological phases. We believe that the Sipingshan cairns were constructed gradually over the three phases of the early period of Longshan Culture.

The combination of gui and the black pottery grave items of the Sipingshan cairns indicates affiliation as well as hierarchical differences. It is divided into five groups: A type bey wine glasses, B type bey, guang, and hu, plus pottery for storage, C type bey, guang, and hu, plus bo as serving pottery, D type bey, guang, hu, bo and gui, plus pottery for heating wine, E type bey, guang, hu, bo, and gui, plus ding pottery for boiling. There are clearly hierarchical differences in pottery combinations, e.g. the amount of pottery and the existence of jade such as yabi. Therefore it is assumed that the difference in pottery combinations indicates the social status of the dead. The E type pottery combination is believed to be for people of the highest rank, followed by the D, C, B, and A types, for a total of five ranks.

Applying this hypothesis to our examination of the grave sites, it is assumed that the first or the second ranked burials are located on the top or near the top of the mountain, while the third ranked burials like No. 35 cairn are located on the lower slopes, and at the No. 39 cairn and No. 32 cairn on the lower slopes. Social hierarchy relates to the location of cairns, and this location is assumed to be determined by social ranking. The Nos. 35 and 36 cairns form a line, and here the clan unit is assumed to be related to social rank. Even amongst the cairns forming a line, the burials located on the mountaintop such as the P and Q burial sites of No. 36 cairn are of the first rank, while the second ranked burials are positioned lower, and the burial sites below the third rank are located much lower on the mountain. This indicates that even within the same clan, the social hierarchy was strictly defined. In addition, the No. 36 cairn, which contains first and second-ranked burial sites is clearly indicative of social stratification based on the combination of grave items like gui and black pottery. While the first ranked burials are buried with jade items such as yabi, the burial sites of the second ranking contained a great deal of pottery but not jade. There are also differences between the sexes in the same clan.

Next, now we attempt to reconstruct the chronology of how the graves were constructed. The Q burial pit of the No. 36 cairn, which is the first ranked burial site, was constructed ahead of the others on the top of the Sipingshan Mountain in the first stage. The arrangement of grave items of the earliest Longshan Culture is similar to that of the Dawenkou Culture in terms of the particularity of the pig type gui and A type gui. In the next (the second) phase, the first ranked graves like the No.36 P burial were constructed on the top or near the top of the mountain. At the same time, the second and the fourth ranked burial sites in the same No. 36 cairn were constructed in a lower position on the peak. Grave position is therefore clearly associated with social stratification. The first ranked No. 37 cairn was constructed near the No. 36 cairn, but the No. 38 cairn, which are of slightly lower rank than the No 36 cairn and No. 37cairn, were constructed on the slope near No. 37cairn. The much lower ranked Nos. 35 and 39 cairns were constructed at a lower position than the No. 36 cairn and the No. 35 B burial site, and the No. 35 C burial, which is typical of the third ranked burials, were constructed in this phase. Our conclusion here is that the socially stratified No. 36 cairn was the burial site of leaders as indicated by the position of the burial sites located at the top of Sipingshan Mountain. In addition, the No. 37 cairn contained only a single burial site. Construction of a second site was halted due to the demise of the clan, so only the one site remains. Although the leading clan of No. 36 proceeded to construct the highest-ranked S burial site in the third phase, the newly prominent clan associated with No. 38 cairn constructed the first ranked E burial site. These circumstances indicate that the strict social stratification found before the second phase had declined, indicating the end of the Sipingshan cairns as well as the associated ranking system.

Archeological evidence indicates that the people of the Sipingshan cairns were influenced by Shandong Longshan Culture. The distribution of not only pottery such as black pottery and gui but also jade such as yabi and a gimlet type jade are found to be from the south-eastern Shandong along the coast area of the Yellow Sea, travelling through the Yantai district to the Liaodong Peninsula. This route of pottery and jade corresponds to the route of early agriculture (a mix of millet agriculture and rice agriculture). The strong influence of the black pottery of the Shandong Longshan Culture on the Liaodong Peninsula attests to the spread of early agriculture incorporating rice agriculture. In the process of the spread of early agriculture, the people of the Yantai district likely immigrated to the Liaodong Peninsula. This is the reason why the similarity of not only artifacts such as black pottery and yabi but also other burial customs such as shell burial items are recognized. In addition, the social stratification of burial custom as indicated by the combination of black pottery and gui is the same as that of the Shandong Longshan Culture.

On the other hand, changes in trends in local pottery such as red pottery shifted from a focus on cooking pottery, such as Tongxingguan, to a focus on pots. Significant cultural changes of the Liaodong Peninsula region also took place during this period. In this situation the movement of people is clearly a key factor, and upcoming cultures as well as new systems and religions were carried through the movement of new immigrants. In this situation, however, we can observe a dual structure, i.e. that a new burial system such as a cairn was invented independently in this area, but that burial customs of the Shandon Longshan Culture were brought by outside groups and could not be viewed from outside of a grave. In this process, it is most important to understand that the acculturation of the immigrants with the native people of the region yielded new cultural customs, yet though a new identity was established, it is assumed that these people employed a strategy to maintain the social structure and social customs of the Longshan Culture while incorporating the immigrants. This social structure, however, gradually degraded generation by generation, developing into a new clan system.

(Kazuo MIYAMOTO)

参考文献

日本語

江上　波夫・駒井　和愛・水野　清一：1934「旅順双台子新石器時代遺跡」(『人類学雑誌』第49巻第1号　学理学院地質科学系研究報告第33期)

岡村　秀典：1993「中国先史時代玉器の生産と流通―前三千年紀の遼東半島を中心に―」(『東アジアにおける生産と流通の歴史社会学的研究』中国書店)

岡村　秀典：1999「龍山文化後期における玉器のひろがり―陝北出土玉器を中心に」(『史林』第82巻第2号)

岡村　秀典編：2002『文家屯　1942年遼東先史遺跡発掘調査報告書』(遼東先史遺跡発掘報告書刊行会)

小川(大貫)静夫：1982「極東先史土器の一考察」(『東京大学文学部研究室研究紀要』第1号)

大貫　静夫：2007「上馬石上層文化の土器編年」(『遼東を中心とする東北アジア古代史の再構成』(平成16年度～平成18年度科学研究費補助金(基盤研究B)研究成果報告書)東京大学大学院人文社会研究系研究科考古学研究室)

大貫　静夫編：2007『遼東を中心とする東北アジア古代史の再構成』(平成16年度～平成18年度科学研究費補助金(基盤研究B)研究成果報告書　東京大学大学院人文社会研究系研究科考古学研究室)

金関　丈夫・三宅　宗悦・水野　清一：1943『羊頭窪』(東方考古学叢刊乙種第三冊)(東亜考古学会)

神原　庄一：1953「古代人歯牙の研究　南満州に於ける先史時代殊に黒陶を含有する四平山石塚発掘歯牙に就て」(『臨牀歯科』201号)

清水　芳裕：1998「須恵器の焼成と海成粘土」(『国立歴史民俗博物館研究報告』第76集)

下條　信行：1988「日本石包丁の源流―弧背弧刃系石包丁の展開―」(『日本民族・文化の生成』六興出版社)

下條　信行：2000「遼東形伐採石斧の展開」(『東夷世界の考古学』青木書店)

下條　信行：2002「北東アジアにおける伐採石斧の展開―中国東北・朝鮮半島・日本列島を繋ぐ文化回路を巡って―」(『朝鮮半島考古学論叢』すずさわ書店)

澄田　正一：1979「遼東半島先史遺跡」(『橿原考古学研究所論集』第4、吉川弘文館)

澄田　正一：1986「遼東半島の先史遺跡(調査抄報)―大長山島上馬石貝塚―(1)」(『愛知学院大学人間文化研究所紀要　人間文化』第2号)

澄田　正一：1987「遼東半島の先史遺跡(調査抄報)―文家屯遺跡―(1)」(『愛知学院大学文学部紀要』第16号)

澄田　正一：1988「遼東半島の先史遺跡(調査抄報)―大長山島上馬石貝塚―(2)」(『愛知学院大学人間文化研究所紀要　人間文化』第3号)

澄田　正一：1989「遼東半島の先史遺跡(調査抄報)―大長山島上馬石貝塚―(3)」(『愛知学院大学人間文化研究所紀要　人間文化』第4号)

澄田　正一：1990a「遼東半島の先史遺跡―貔子窩付近分布調査―」(『愛知学院大学人間文化研究所紀要　人間文化』第5号)

澄田　正一：1990b「遼東半島の積石塚―老鉄山と四平山―」(『愛知学院大学文学部紀要　人間文化』第20号)

千葉　基次：1988「遼東半島積石墓」(『青山考古』第6号)

鳥居　龍蔵：1910『南満州調査報告』(東京帝国大学)

鳥居　龍蔵：1915『考古学民族学研究・南満州の先史時代人』(東京帝国大学理科大学紀要第36冊第8編)

濱田　耕作：1911「旅順刁家屯の一古墳」(『東洋学報』第1巻第2号)

濱田　耕作：1922「支那古銅器研究の新資料―殷墟発見と伝ふる象牙彫刻と土器破片―」『国華』第379号(『東亜考古学研究』1930年所収)

濱田　耕作：1926「殷墟の白色土器(壺―東亜古代土器の概説三)『民族』第1巻第4号(『東亜考古学研究』1930年所収)

濱田　耕作：1929「旅順石塚発見土器の種類に就いて―白色土器と陶質土器の存在―」『人類学雑誌』第44巻第6号(『東亜考古学研究』1930年所収)

濱田　耕作編：1929『貔子窩』(『東方考古学叢刊』第1冊、東亜考古学会)

濱田　耕作・島田　貞彦：1933『南山裡』(『東方考古学叢刊』第3冊、東亜考古学会)

濱田　耕作・水野　清一：1938『赤峰紅山後』(『東方考古学叢刊』甲種第6冊、東亜考古学会)

林　巳奈夫：1984『殷周時代青銅器の研究　殷周青銅器綜覧一』(吉川弘文館)

林　巳奈夫：1991『中国古玉の研究』(吉川弘文館)

林　巳奈夫：2002『中国古代の神がみ』(吉川弘文館)

林　巳奈夫：2006「中国古代の太陽紋」(『中国考古学』第6号)

原田　淑人：1931『牧羊城』(『東方考古学叢刊』第2冊、東亜考古学会)

藤田　恒太郎：1949「歯の計測基準について」(『人類学雑誌』第61巻第1号)

古澤　義久：2007「遼東地域と韓半島西北部先史土器の編年と地域性」(『東京大学考古学研究室研究紀要』第21号)

穂坂　恒夫：1940「満人の歯牙」(『臨床歯科』第12巻第2号)

三宅　俊成：1936「長山列島先史時代の小調査」(『満州学報』巻四)

三宅　俊成：1975『東北アジア考古学の研究』(国書刊行会)

三宅　俊成：1985『在満二十六年　遺跡探査と我が人生の回想』(三宅中国古代文化調査室)

宮本　一夫：1985「中国東北地方における先史土器の編年と地域性」(『史林』第68巻第2号)

宮本　一夫：1990「海峡を挟む二つの地域-山東半島と遼東半島、朝鮮半島南部と西北九州、その地域性と伝播問題」(『考古学研究』第37巻第2号)

宮本　一夫：1991「遼東半島周代併行土器の変遷―上馬石貝塚A・BⅡ区を中心に―」(『考古学雑誌』第76巻第4号)

宮本　一夫：1995ａ「遼寧省大連市金州区王山頭積石塚考古測量調査」(『東北アジアの考古学的研究』同朋舎出版)

宮本　一夫：1995ｂ「極東新石器時代土器編年の再検討」(『東北アジアの考古学的研究』同朋舎出版)

宮本　一夫：2000『中国古代北疆史の考古学的研究』(中国書店)

宮本　一夫：2003「膠東半島と遼東半島の先史社会における交流」(『東アジアと『半島空間』―山東半島と遼東半島―』思文閣出版)

宮本　一夫：2006「華北新石器時代の墓制上にみられる集団構造(二)―山東新石器時代の階層表現と礼制の起源―」(『史淵』第143輯)

宮本　一夫：2007「中国・朝鮮半島の稲作文化と弥生の始まり」（『弥生時代はどう変わるか』学生社）
宮本　一夫：2008「東北アジアの農民化」（『講座日本の考古学　第6巻　弥生時代（下）』青木書店）
宮本　一夫・村野　正景：2002「九州大学考古学研究室蔵松永憲蔵資料―文家屯遺跡採集玉器・石器資料を中心として―」（『中国沿海岸における龍山時代の地域間交流』平成12度～平成13年度科学研究費補助金基盤研究C（2）研究成果報告書）
森　修：1927「関東州旅順管内山頭村会大台山遺蹟」（『考古学雑誌』第17巻第5号）
森　修・内藤　寛：1934『営城子』（『東方考古学叢刊』第4冊　東亜考古学会）
八木　奘三郎：1928「南満州の古蹟と遺物」（『満州考古学』岡書院）
李　権生：1992「山東竜山文化の編年と類型―土器を中心として―」（『史林』第75巻第6号）
渡部　正気：1958「関東州文家屯の石器」（『九州考古学』第4号）

中国語

安　志敏：1993「中国遼東半島的史前文化」（『東方学報』京都　第65冊）
安　志敏：1998「牙璧試析」『東亜玉器』第1巻（香港中文大学）
于　臨祥：1958「営城子貝墓」（『考古学報』第4期）
于　臨祥：1965「旅順李家溝西漢貝墓」（『考古』第3期）
王　暁毅・厳　志斌：2006「陶寺中期墓地被盗墓葬搶救性発掘紀要」（『中原文物』第5期）
王　時麒・段　体玉・閻　欣：1998「岫岩軟玉的初歩研究」（『珠宝科技』第2期）
王　時麒：2001「岫岩軟玉与紅山文化」（『海峡両岸古玉学会議論文専輯（Ⅰ）』国立台湾大学理学院地質科学系研究報告第33期）
王　冰・万　慶：1996「遼寧大連市王宝山積石墓試掘簡報」（『考古』第3期）
大貫　静夫：1989「東北亞洲中的中国東北地区原始文化」（『慶祝蘇秉琦考古五十五年論文集』）
岡村　秀典：2001「遼東新石器時代的玉器」（『海峡両岸古玉学会議論文専輯（Ⅰ）』国立台湾大学理学院地質科学系研究報告第33期）
華　玉冰・王　琺・陳国慶：1996「遼寧大連市土龍積石墓地1号積石塚」（『考古』第3期）
夏　鼐：1984「所謂玉璿不会是天文儀器」（『考古学報』第4期）
韓　榕：1989「試論城子崖類型」（『考古学報』第2期）
吉　平：「内蒙古扎魯特旗南宝力皋吐墓地」（『2006中国重要考古発現』文物出版社）
呉　汝祚・杜　在忠：1984「両城類型分期問題初探」（『考古学報』第1期）
許　玉林・許　明綱・高　美琁：1982「旅大地区新石器時代文化和青銅器時代文化概述」（『東北考古与歷史』第1輯）
山西省考古研究所・芮城県博物館：「山西芮城清涼寺墓地玉器」（『考古与文物』2002年第5期）
山東省文物管理処・済南市博物館編：1974『大汶口』（文物出版社）
山東省文物考古研究所・臨朐県文物保護管理所：1989「山東臨朐県史前遺址普査簡報」（『海岱考古』第1輯）
山東大学歷史系考古学専業教研室：1990『泗水尹家城』（文物出版社）
周　暁晶：1999「遼東半島地区新石器時代玉器的初歩研究」（『北方文物』第1期）
周　仁・張　福庚・鄭　永圃：1964「我国黄河流域新石器時代和殷周時代制陶工芸的科学総結」

（『考古学報』1964年第 1 期）

施　昕更：1938『良渚（杭県第二区黒陶文化遺址初歩報告）』（浙江省教育庁出版）

昌灘地区文物管理組・諸城県博物館：1980「山東諸城呈子遺址発掘報告」（『考古学報』第 3 期）

浙江省文物考古研究所・遂昌県文物管理委員会：2001『好川墓地』（文物出版社）

大連市文物考古研究所：1994「遼寧大連大潘家村新石器時代遺址」（『考古』第10期）

大連市文物考古研究所：2000『大嘴子　青銅時代遺址1987年発掘報告』

大連市文物考古研究所・遼寧師範大学歴史文化旅游学院：2006「遼寧大連大砣子青銅時代遺址発掘報告」（『考古学報』第 2 期）

中国社会科学院考古研究所：1988『膠県三里河』（中国田野考古報告集考古学専刊丁種第33号）、（文物出版社）

中国社会科学院考古研究所：1996『双砣子与崗上—遼東史前文化的発現和研究』（科学出版社）

中美両域地区聯合考古隊：2004「山東日照市両域鎮遺址1998～2001年発掘簡報」（『考古』第 9 期）

趙　輝：1993「龍山文化的分期和地方類型」『考古学文化論集（三）』（文物出版社）

陳　全家・陳　国慶：1992「三堂新石器時代遺址分期及相関問題」（『考古』第 3 期）

傅　斯年・李　済ほか：1934『城子崖』（中国考古報告集之一）（国立中央研究院歴史語言研究所）

佟柱臣：1961「東北原始文化的分布与分期」（『考古』第10期）

麦　戈文、方　輝、欒　豊実、于　海広、文　徳安、王　辰珊、蔡　鳳書、格里辛・霍爾、加　里・費曼、趙　志軍：2005「山東日照市両城鎮遺址龍山文化酒遺存的化学分析―兼談酒在史前時期的文化意義」（『考古』第 3 期）

聞　広：1993「中国古玉地質考古学研究的続進展」（『故宮学術季刊』第11巻第1期）

三原　正三、小池　裕子、宮本　一夫、欒　豊実：2006「海岱龍山文化黒陶碳素的稳定同位素分析」（『東方考古』第3集: 299-305. 科学出版社）

宮本　一夫：1997「遼寧省大連市金州区王山頭積石塚考古測量調査」（『東北亞考古学研究―中日合作研究報告書』文物出版社）

尤　仁徳：1991「"璿璣"新探」（『考古与文物』第6期）

楊　伯達：1986「中国古玉研究議五題」（『文物』第9期）

欒　豊実：1997『海岱地区考古研究』（山東大学出版社）

欒　豊実：2005「牙璧研究」（『文物』第7期）

欒　秉璈：1984『怎様鑑定古玉器』（文物出版社）

李　百勤・張　恵祥：『坡頭玉器』（《文物世界》雑誌社　2003年）

劉　謙：1990「遼寧錦州漢代貝殻墓」（『考古』第8期）

劉　俊勇：1989「大連出土的岫玉器及有関問題」（『故宮博物院院刊』第2期）

劉　俊勇・王　樅：1994「遼寧大連市郊区考古調査簡報」（『考古』第4期）

劉　敦愿：1958「日照両城鎮龍山文化遺址調査」（『考古学報』第1期）

旅順博物館・遼寧省博物館：1981「旅順于家村遺址発掘簡報」（『考古学集刊』 1 ）

旅順博物館・遼寧省博物館：1983「大連于家村砣頭積石墓地」（『文物』第9期）

旅大市文物管理組：1978「旅順老鉄山積石墓」（『考古』第 2 期）

遼寧省博物館・旅順博物館：1984「大連市郭家村新石器時代遺址」（『考古学報』第 3 期）

遼寧省博物館・旅順博物館・長海県文化館：1981「長海県広鹿島大長山島貝丘遺址」（『考古学報』第1期）

遼寧省文物考古研究所・吉林大学考古学系・旅順博物館：1992「遼寧省瓦房店市長興島三堂村新石器時代遺址」（『考古』第 2 期）

臨沂文物組：1975「山東大範荘新石器時代墓葬的発掘」（『考古』第 1 期）
黎　家芳・高　広仁：1979「典型龍山文化的来源、発展及社会性質初探」（『文物』第11期）

朝鮮語

朝中共同発掘隊：1966『中国東北地方의遺跡発掘報告』（東北アジア考古学研究会訳1986『崗上・楼上─1963－1965中国東北地方遺跡発掘報告─』（六興出版）
社会科学院考古研究所・歴史研究所1969「紀元前千年紀前半期의古朝鮮文化」（『考古民俗論文集』第1輯）
李　榮文：2002『韓国支石墓社会研究』（学研文化社）

英　語

Bender, M. M. 1971 Variations in the 13C/12C ration of plants in relation to the pathway of photosynthetic carbon dioxide fixation. *Phytochemistry*, 10:pp.2239-2244.

Lucas, A. 1962 *Ancient Egyptian Materials and Industries*, pp.372-376（fourth edition）

Mihara, S., Nakamura, T. and Koike, H. (2006) Carbon contents in the manufacturing process of modern black pottery at San Nikolas, northern Luzon, the Philippines. 名古屋大学加速器質量分析計業績報告書(XVII). 名古屋大学年代測定総合研究センター: pp.111-129.

O'Leary, M. M. 1981 Carbon isotope fractionation in plants. *Phytochemistry*, 20(4): pp.553-567.

Park, R. and Epstein, S. 1961 Metabolic fractionation of C-13 and C-12 in plants. *Plant Physiology*, 36(2): pp.133-138.

Parker,P.L. 1964 The biogeochemistry of the stable isotopes of carbon in a marine bay. *Geochimica et Cosmochimica Acta* 28 : pp.1155-1164

Petrie,W.M.Flindes. 1910 *The Arts and Crafts of Ancient Egypt*. (second edition), p.131

Richter, 1987 G.M.A. *A Handobook of Greek Art*. (fifth ed.), pp.305-310

Smith, B. N. and Epstein, S. 1971 Two categories of C-13/C-12 ratios for higher plants. *Plant Physiology*, 47: pp.380-384.

巻頭図版一覧
巻頭図版1　四平山積石塚出土の黒陶と紅褐陶鬻
巻頭図版2　1 四平山積石塚出土玉石器
　　　　　　2 四平山積石塚出土玉石器

図版一覧
図版1　1　四平山遠景（東大山より）
　　　　2　四平山遠景（黄龍尾屯より）
図版2　1　四平山北峰遠景(南から)
　　　　2　大頂山（左）と于大山（右）遠景
図版3　1　高麗城（左）と旗山（右）の遠景（四平山南峰より）
　　　　2　鍋頂山（左）と大牛巻山の遠景（四平山南峰より）
図版4　1　四平山32号墓発掘後の状況
　　　　2　四平山35号墓にて記念撮影の
　　　　　　梅原末治教授（左）と澄田正一（右）（1942年10月文家屯貝塚調査時）
図版5　1　四平山35号墓全景（南から）
　　　　2　四平山35号墓Ｃ・Ｄ石室外壁
　　　　3　四平山35号墓南端の状況
図版6　1　四平山35号墓東外壁（南から）
　　　　2　四平山35号墓Ｃ石室内牙璧出土状況
　　　　3　四平山35号墓Ｃ石室内牙璧出土状況
図版7　1　四平山36号墓全景
　　　　2　四平山36号墓Ｅ石室内土器出土状況
図版8　1　四平山36号墓Ｐ石室蓋石出土状況
　　　　2　四平山36号墓Ｐ石室外壁
　　　　3　四平山36号墓Ｐ石室内鬻出土状況
図版9　1　四平山36号墓Ｐ石室内壁
　　　　2　四平山36号墓Ｑ石室内牙璧出土状況
図版10　1　四平山36号墓Ｓ石室内牙璧出土状況
　　　　2　四平山36号墓Ｗ石室内状況
図版11　1　四平山37号墓発掘前の状況
　　　　2　四平山37号墓近景
図版12　1　四平山37号墓蓋石出土状況
　　　　2　四平山37号墓蓋石出土状況
　　　　3　四平山37号墓石室内状況
図版13　1　四平山38号墓Ｇ－Ｈ石室内蓋石落下状況
　　　　2　四平山38号墓Ｇ－Ｈ石室内状況
図版14　1　四平山38号墓Ｅ石室内出土状況
　　　　2　旗山積石塚近景
図版15　1　四平山積石塚出土土器
　　　　2　四平山積石塚出土土器

図版16　四平山積石塚出土黒陶鼎（1・4・12）・鉢（21）・豆（24・26）
図版17　四平山積石塚出土黒陶豆（23）・高柄杯（36）・杯（37～40・42）
図版18　四平山積石塚出土黒陶杯
図版19　四平山積石塚出土黒陶杯
図版20　四平山積石塚出土黒陶壺（88・89・92）・罐（108・109・112・117）
図版21　四平山積石塚出土黒陶蓋（120・121）、紅褐陶鉢（163・164）・
　　　　豆（183・207）
図版22　四平山積石塚出土紅褐陶鬶（216）・杯（235・237）・有蓋壺（277）
図版23　四平山積石塚出土紅褐陶杯（238）・罐（319・322・337・341）・
　　　　蓋（354・357・368）
図版24　四平山積石塚出土白陶鬶（211～214）・紅褐陶鬶（217・219～222）
図版25　四平山積石塚出土紅褐陶鬶
図版26　四平山積石塚出土玉石器
図版27　四平山積石塚出土玉石器
図版28　四平山積石塚出土玉石器
図版29　四平山積石塚出土玉石器
図版30　四平山積石塚出土玉石器・骨角器・貝製品
図版31　1　四平山32号墓Ｃ石室出土人骨
　　　　2　四平山35号墓Ｂ－Ｃ石室出土人骨
　　　　3　四平山36号墓Ｅ石室出土人骨
図版32　四平山積石塚出土貝・動物骨

挿図一覧

図1　四平山の位置（縮尺1/80000）……7
図2　四平山積石塚の配置（縮尺1/15000）……8
図3　四平山積石塚と周辺の遺跡（縮尺1/65000）……9
図4　遼東半島主要先史時代遺跡（縮尺140万分の1）……11
図5　四平山西側の積石塚……17
図6　四平山西側の積石塚の配置（縮尺1/44000）……18
図7　四平山積石塚の配置……22
図8　四平山積石塚32号墓から41号墓の配置（縮尺1/2000）……23
図9　四平山積石塚36号墓から41号墓の配置（縮尺1/1000）……24
図10　四平山積石塚32号墓から36号墓の配置（縮尺1/1000）……25
図11　四平山32号墓（縮尺1/80）……26
図12　四平山32号墓（縮尺1/30）……27
図13　四平山32号墓出土遺物（縮尺1/4）……27
図14　四平山35号墓（縮尺1/150）……28
図15　四平山35号墓Ａ石室（縮尺1/30））……29
図16　四平山35号墓Ａ石室出土遺物（縮尺1/4）……30
図17　四平山35号墓Ａ－Ｂ石室（縮尺1/50）……31
図18　四平山35号墓Ａ－Ｂ石室出土遺物（縮尺1/4）……31

図19　四平山35号墓B石室（縮尺1/80）……32
図20　四平山35号墓B石室出土遺物（縮尺1/4）……33
図21　四平山35号墓B－C石室（縮尺1/50）……34
図22　四平山35号墓B－C石室出土遺物（縮尺1/4）……34
図23　四平山35号墓C石室（●：黒陶、○：牙璧、縮尺1/80）……35
図24　四平山35号墓C石室出土遺物（縮尺1/4）……35
図25　四平山36号墓発掘前の状況……36
図26　四平山36号墓E石室（縮尺1/40）……36
図27　四平山36号墓E石室出土遺物（縮尺1/4）……37
図28　四平山36号墓E石室出土遺物（縮尺1/4）……38
図29　四平山36号墓E石室出土遺物（縮尺1/4）……39
図30　四平山36号墓E石室出土遺物（縮尺1/4）……40
図31　四平山36号墓K－L石室出土遺物（縮尺1/4）……41
図32　四平山36号墓K－L石室出土遺物（縮尺1/4）……42
図33　四平山36号墓P石室（縮尺1/50）……43
図34　四平山36号墓P石室出土遺物（縮尺1/4）……43
図35　四平山36号墓P石室出土遺物（縮尺1/4）……44
図36　四平山36号墓Q石室（縮尺1/30）……45
図37　四平山36号墓Q石室出土遺物（縮尺1/4）……45
図38　四平山36号墓Q石室出土遺物（縮尺1/4）……46
図39　四平山36号墓Q石室出土遺物（縮尺1/4）……47
図40　四平山36号墓S石室（●：黒陶、縮尺1/20）……48
図41　四平山36号墓S石室出土遺物（縮尺1/4）……49
図42　四平山36号墓U－V石室出土遺物（縮尺1/4）……49
図43　四平山36号墓V石室（縮尺1/50）……50
図44　四平山36号墓V石室出土遺物（縮尺1/4）……51
図45　四平山36号墓W石室（縮尺1/50）……52
図46　四平山36号墓W石室出土遺物（縮尺1/4）……52
図47　四平山37号墓（縮尺1/100、縮尺1/50）……53
図48　四平山37号墓出土遺物（縮尺1/4）……54
図49　四平山38号墓E石室
　　　　　（●：黒陶、○：玉石器、▲：骨角器、縮尺1/30、縮尺1/40）……55
図50　四平山38号墓E石室内板石出土状況（縮尺1/30）……56
図51　四平山38号墓E石室出土遺物（縮尺1/4）……57
図52　四平山38号墓G－H石室（●：黒陶、縮尺1/50）……58
図53　四平山38号墓G－H石室出土遺物（縮尺1/4）……58
図54　四平山39号墓（縮尺1/150、縮尺1/30）……59
図55　四平山39号墓出土遺物（縮尺1/4）……60
図56　高麗城48号墓（縮尺1/50）……60
図57　高麗城積石塚配置図（縮尺1/1000）……61
図58　高麗城48号墓（縮尺1/30）……62

図59	高麗城48号墓出土遺物（縮尺1/4）……62
図60	高麗山65号墓（縮尺1/50）……63
図61	旗山積石塚配置図（縮尺1/1000）……64
図62	旗山60号墓（縮尺1/30）……65
図63	大牛巻山積石塚（縮尺1/50）……66
図64	鍋頂山積石塚（縮尺1/1000）……67
図65	四平山積石塚出土黒陶鼎（縮尺1/4）……71
図66	四平山積石塚出土黒陶鉢（14～22）・豆（23～34）（縮尺1/4）……72
図67	四平山積石塚出土黒陶高柄杯（36）・杯（35・37～46）（縮尺1/4）……73
図68	四平山積石塚出土黒陶杯（縮尺1/4）……74
図69	四平山積石塚出土黒陶杯（縮尺1/4）……75
図70	四平山積石塚出土黒陶壺（縮尺1/4）……77
図71	四平山積石塚出土黒陶罐（縮尺1/4）……78
図72	四平山積石塚出土黒陶蓋（縮尺1/4）……79
図73	四平山積石塚出土黒陶底部（縮尺1/4）……80
図74	四平山積石塚出土紅褐陶鼎（144～147）・鉢（148～164）（縮尺1/4）……82
図75	四平山積石塚出土紅褐陶盆（縮尺1/4）……83
図76	四平山積石塚出土紅褐陶豆（縮尺1/4）……84
図77	四平山積石塚出土紅褐陶鬶（縮尺1/4）……85
図78	四平山積石塚出土紅褐陶鬶（縮尺1/4）……86
図79	四平山積石塚出土紅褐陶杯（縮尺1/4）……87
図80	四平山積石塚出土紅褐陶壺（縮尺1/4）……88
図81	四平山積石塚出土紅褐陶ミニチュア罐（縮尺1/4）……90
図82	四平山積石塚出土紅褐陶罐（縮尺1/4）……91
図83	四平山積石塚出土紅褐陶罐（345～353）・蓋（354～369）（縮尺1/4）……92
図84	四平山積石塚出土紅褐陶底部（縮尺1/4）……93
図85	四平山積石塚出土玉牙璧（縮尺1/2）……94
図86	四平山積石塚出土玉器（縮尺1/2）……97
図87	四平山積石塚出土玉石器（縮尺1/2）……101
図88	四平山積石塚出土土製品（縮尺1/2）……103
図89	四平山積石塚出土貝・骨角牙器（縮尺1/2）……104
図90	胎土中の岩石鉱物……106
図91	遼寧省・山東省の黒陶の炭素含有率および炭素安定同位体比の測定結果……112
図92	遼寧省・山東省の黒陶の炭素安定同位体比の平均値と標準偏差……112
図93	遼寧省・山東省の龍山文化における遺跡の分布と炭素安定同位体比の平均値と標準偏差……114
図94	四平山35号墓Ｂ－Ｃ石室出土人骨歯牙……121
図95	四平山積石塚35号墓の平面・断面図……127
図96	山東龍山文化黒陶の編年（1・3・4・7：M302、2・6・7：M282、8～12：M2113、13～16：M2108、17～22：M2124、23～27：M134、28～37：M2100）……132
図97	四平山積石塚の紅褐陶の土器変遷図……136

図98　四平山積石塚の石室構築変遷図……*138*
図99　牙璧の分類……*144*
図100　牙璧の諸例
　　　　（1呉家村、2殷虚婦好墓、3南宝力皋吐、4石峁、5陶寺、6清涼寺）……*145*
図101　牙璧・錐形器の分布……*149*
図102　四平山積石塚の階層関係（縮尺1/1500）……*155*
図103　四平山積石塚の時間軸と階層関係……*157*

表一覧
表1　遼東半島土器編年表……*10*
表2　出土牙璧一覧表……*95*
表3　出土環一覧表……*96*
表4　出土指輪一覧表……*98*
表5　出土小珠一覧表……*98*
表6　出土管玉一覧表……*99*
表7　出土片刃石斧一覧表……*102*
表8　出土紡錘車一覧表……*103*
表9　土器胎土分析資料……*105*
表10　中国新石器時代の土器の化学組成……*108*
表11　黒陶分析試料……*111*
表12　四平山35号墓B－C石室出土歯牙計測値……*121*
表13　上顎切歯歯冠計測値の比較……*122*
表14　四平山積石塚出土動物遺存体一覧表……*125*
表15　四平山積石塚の石室規模……*129*
表16　黒陶土器編年対応表……*133*
表17　四平山積石塚紅褐陶・鬲の型式の組み合わせ……*137*
表18　四平山積石塚紅褐陶の型式変遷……*137*
表19　四平山積石塚黒陶・鬲の器種組成……*151*
表20　四平山積石塚紅褐陶組成表……*152*
表21　四平山積石塚玉石器組成表……*153*
表22　四平山積石塚の副葬品からみた階層関係……*154*

挿図一覧（附篇1）
図1　裏老鉄山から混水窪に至る丘陵部（縮尺1/50000）……*166*
図2　裏老鉄山から混水窪に至る丘陵部における積石塚の分布……*167*
図3　老鉄山第1号墓積石塚……*168*
図4　老鉄山第2号墓積石塚……*168*
図5　老鉄山第3号墓積石塚……*168*
図6　老鉄山第4号墓積石塚……*168*
図7　老鉄山第5号墓積石塚……*168*
図8　老鉄山第6号墓積石塚……*168*

図 9　老鉄山第 7 号墓積石塚……*168*
図10　老鉄山第 8 号墓積石塚……*168*
図11　老鉄山第 9 号墓積石塚……*170*
図12　老鉄山第10号墓積石塚……*170*
図13　老鉄山第11号墓積石塚……*170*
図14　老鉄山第12号墓積石塚……*170*
図15　将軍山第13号墓積石塚……*170*
図16　将軍山第14号墓積石塚……*170*
図17　将軍山第15号墓積石塚……*170*
図18　老鉄山・将軍山積石塚の分布（縮尺1/45000）……*172*
図19　営城子黄龍尾半島東部積石塚の分布（縮尺1/25000）……*173*
図20　黄山子積石塚（縮尺 1 /400）……*174*
図21　鍋頂山第 1 号墓～第 8 号墓（縮尺 1 /400）……*174*
図22　鍋頂山第 9 号墓～第12号墓（縮尺 1 /400）……*174*
図23　四平山積石塚（縮尺1/14000）……*176*
図24　四平山第 1 号墓～第12号墓（縮尺 1 /400）……*177*
図25　四平山第13号墓～第31号墓（縮尺 1 /400）……*177*
図26　四平山第32号墓～第43号墓（36号墓：縮尺 1 /800、その他：縮尺 1 /400）……*178*
図27　四平山第44号墓～第60号墓（縮尺 1 /400）……*179*
図28　羊頭窪北部の積石塚（縮尺 1 /21000）……*181*
図29　羊頭窪北部の積石塚の分布……*182*
図30　羊頭窪北部積石塚第 1 号墓～第 9 号墓（縮尺 1 /400）……*183*
図31　羊頭窪北部積石塚第10号墓～第19号墓（縮尺 1 /400）……*184*
図32　羊頭窪北部積石塚第20号墓～第28号墓（縮尺 1 /400）……*185*
図33　羊頭窪北部積石塚第29号墓～第38号墓（縮尺 1 /400）……*185*
図34　羊頭窪北部積石塚第39号墓～第48号墓（縮尺 1 /400）……*187*
図35　羊頭窪北部積石塚第49号墓～第53号墓（縮尺 1 /400）……*187*
図36　東大山積石塚（縮尺 1 /34000）……*188*
図37　東大山積石塚第 1 号墓～第 5 号墓（縮尺 1 /400）……*188*
図38　三澗堡会石灰窰屯から営城子会双台溝における積石塚（縮尺 1 /50000）……*190*
図39　A群積石塚（縮尺 1 /25000）……*191*
図40　B群積石塚（縮尺 1 /25000）……*192*
図41　A群積石塚第 1 号墓～第16号墓（縮尺 1 /400）……*193*
図42　A群積石塚第17号墓～第33号墓（縮尺 1 /400）……*194*
図43　A群積石塚第34号墓～第43号墓（縮尺 1 /400）……*194*
図44　B群積石塚第 1 号墓～第12号墓（縮尺 1 /400）……*196*
図45　B群積石塚第13号墓～第29号墓（縮尺 1 /400）……*197*
図46　B群積石塚第30号墓～第52号墓（縮尺 1 /400）……*198*
図47　B群積石塚第53号墓～第68号墓（縮尺 1 /400）……*198*
図48　B群積石塚第69号墓～第81号墓（縮尺 1 /400）……*199*

執筆者紹介　(＊は物故者)

有光教一	京都大学名誉教授
大藪由美子	京都大学大学院理学研究科研修員
岡村秀典	京都大学人文科学研究所教授
小野山節	京都大学名誉教授
片山一道	京都大学大学院理学研究科教授
＊神原庄一	歯科医師
菊地大樹	京都大学大学院人間・環境学研究科博士課程
小池裕子	九州大学大学院比較社会文化研究院教授
清水芳裕	京都大学埋蔵文化財研究センター准教授
＊澄田正一	名古屋大学名誉教授
藤田正勝	独立行政法人国立文化財機構奈良文化財研究所客員研究員
松井　章	独立行政法人国立文化財機構奈良文化財研究所埋蔵文化財センター上席研究員、京都大学大学院人間・環境学研究科准教授
三原正三	筑波大学研究基盤総合センター応用加速器部門研究員
宮本一夫	九州大学大学院人文科学研究院教授
＊森　修	元旅順博物館嘱託
＊八幡一郎	東京教育大学教授

遼東半島四平山積石塚の研究

発行日	2008年3月31日　　初版第1刷
編　者	澄田正一・小野山節・宮本一夫
発行者	柳原喜兵衛
発行所	柳原出版株式会社
	〒615-8107　京都市西京区川島北裏町74
	電話　075-381-2319
	FAX　075-393-0469
印刷／製本	亜細亜印刷株式会社

http://www.yanagihara-pub.com
© 2008　Printed in Japan
ISBN978-4-8409-5020-6　C3020

落丁・乱丁本のお取り替えは、お手数ですが小社まで直接お送りください
（送料は小社で負担いたします）。